자크 랑시에르의 시선

교육의 평등, 제3의 길

Jacques Rancière: Education, Truth, Emancipation by Charles Bingham and Gert Biesta
© Charles Bingham and Gert Biesta, 2010
All rights reserved

Korean edition © CIR, Inc., 2023
This translation of Jacques Rancière: Education, Truth, Emancipation, First Edition published
by arrangement with Bloomsbury Publishing Plc.
All rights reserved

Jacques Rancière :
Education, Truth,
Emancipation

자크 랑시에르의 시선
교육의 평등, 제3의 길

찰스 빙햄(Charles Bingham)
거트 비에스타(Gert Biesta) 저
이민철 역

씨
아이
알

일러두기

1. 이 책은 『Jacques Rancière: Education, Truth, Emancipation』(Charles Bigngham and Gert Biesta, Bloomsbury Publishing Plc., 2010)의 우리말 번역이다.
2. 외래어는 외래어표기법에 따랐으나 관용적인 표기와 동떨어진 경우 절충하여 실용적 표기를 하였다.
3. 본문에서 **진한 글씨**로 표기된 부분은 역자에 의한 강조이다.
4. 본문 괄호 안 참고문헌 표기 중 (이 책)은 본 한글 번역서를 가리킨다.
5. 내용 중에서 주의가 미쳐야 할 곳이나 중요한 부분에 대하여 '작은따옴표'로 표시하였다.
6. 원서의 이탤릭체 표기 중 저서는 『겹낫표』, 에세이는 「홑낫표」로 표기하였다.
7. 원서의 주석은 번역본에서도 동일하게 본문 마지막에 미주로 삽입하였으며, 독자의 이해를 돕기 위해 한국어판 옮긴이의 주석을 본문과 미주에 추가하고 – 옮긴이 또는 (옮긴이)로 표시하였다.

옮긴이 서문

지적 장애가 조금 있는 4학년 학생들의 수업시간이었다. 선생님이 "아버지가 없는 아기 오리"의 일상에 관한 동화를 읽어 주었는데, 첫머리는 이렇게 시작된다. **<아기 오리에게는 아버지가 없었습니다.>**

일류대학의 교육학부에서 장애아를 상대하는 최고의 지도기술을 배운 신참 선생님은 아주 주의 깊고 분명한 발음으로 동화를 읽어나갔다. 읽기가 끝나자, 선생님은 곧바로 아이들의 이해를 체크하기 위해서 그 반에서 가장 사랑스러워 보이는 여자아이 마사에게 물었다.

"마사, 아기 오리에겐 아빠가 있었나요?"

그러자 마사는 아무런 망설임도 없이 이렇게 대답했다.

"예, 있었어요."

선생님은 첫머리를 포함하여 몇 대목을 다시 한번 또박또박 읽어 주고는 같은 질문을 했다. 마사는 이번에도 자신 있게 대답했다.

"예, 아기 오리에겐 아빠가 있었어요."

선생님은 아기 오리에게 아버지가 없었다는 부분을 몇 번 강조해서 읽은 후 질문해도 대답은 역시 같았다. 선생님은 완전히 자제력을 잃고 말았다. 참관단이 보는 앞에서 최선의 수업 장면을 보이고 싶었는데 이 아이가 끝까지 속을 썩이다니 …

"마샤! 선생님은 실망했어. 너는 선생님의 말씀을 주의해서 듣지 않았어. 아기 오리에게 아버지가 없다고 몇 번이나 읽어주었는데!"

그 순간, 마샤의 눈에서 눈물이 뺨을 타고 내렸다. 마샤는 억지로 울음을 참으며 간신히 말했다.

"선생님 … 아버지가 없는 아이는 … 없어요."

참관단 중의 한 사람이 가벼운 탄성을 터뜨렸다.[1]

교육이란 무엇인가? 관점에 따라 다양한 정의가 있을 수 있겠지만 학생이 성장하게 하는 것이라고 정의하는 데 이의를 제기할 사람은 없을 것이다. 교육을 통해 성장한다는 것은 몰랐던 것을 아는 것, 할 수 없었던 것을 할 수 있게 된 것, 바람직한 태도를 함양하는 것 등과 같이 교육받기 전과 비교해서 뭔가 달라지는 것을 의미한다. 공교육을 책임진 교육당국에서는 학생의 성장을 위하여 시대와 사회의 요구를 반영한 제반 교육정책을 수립한다.

대부분의 교육 담론에서 '학생의 성장'이란 말은 교육의 당연한 목표로 쓰이고 있지만 실은 진지한 검토가 필요하다. 교육과정에서 규정한 대로 학생이 교육내용을 충실히 받아들인다면 성장한 것인가? 교육에서 "투입"한 대로 "산출"이 되면 성공한 교육인가? 학생이 교사의 가르침을 통해서 배우는 과정에서, 혹은 배운 결과로서 교사의 가르침에 끊임없이 의존하게 되었다면 이것도 성장인가? 저자 Gert Biesta

---

1   미국의 어느 장애아동 전문 교육기관의 수업 참관기를 서문으로 넣은 『아버지라는 이름의 큰 나무』의 일부 내용을 요약한 것임. Leo Buscaglia, PAPA, MY FATHER, 이은선 옮김(1999). 『아버지라는 이름의 큰 나무』, 홍익출판사. pp. 11-15.

는 이 책의 논의 방향의 기준점을 자크 랑시에르의 저작『무지한 스승』
에 두고, 학생이 교사의 '설명'을 통해서 배움을 지속한다면 끊임없이
교사의 설명에 의존하게 되는데 이는 교육이 아니라 '바보 만들기
stultification'[2]라고 일침한다. 말하자면 '설명'은 '바보 만들기'의 수단이
라는 것이다. 저자에 따르면 기존의 교육 담론은 이념의 방향성을
떠나서 설명 프레임에서 갇혀 있다고 진단하고 이 프레임은 교육적,
정치적으로 허구이며 '설명'을 통해서는 아는 자와 모르는 자의 격차
를 영원히 해소할 수 없다는 것을 밝히고 있다. 따라서 이 책의 내용[3]
을 살펴려면 랑시에르의『무지한 스승』[4] 전반에 대한 개요가 필요하
지만 가장 논란이 많은 '보편적 가르침'의 원리에 대한 간단한 소개로
시작한다.[5]

---

2 이 용어는 자크 랑시에르(Jacques Rancière)가『무지한 스승』에서 사용한 프랑스
   어 'abrutissement'를 영어로 옮긴 것이다.
3 독자가 읽고 있는 이 책 1장에는 랑시에르의『Ignorant Schoolmasters』를 주제로
   랑시에르 자신이 쓴 에세이「On Ignorant Schoolmasters」가 실려 있다. 옮긴이
   서문 중에서 랑시에르 및 자코토에 대한 소개의 경우는 자크 랑시에르. 양창렬
   옮김(2008).『무지한 스승』(궁리) 및 주형일(2012).『랑시에르의 무지한 스승
   읽기』(세창미디어), 주형일(2016).『자크 랑시에르와 해방된 주체』(커뮤니케이
   션북스)를 주로 참고했고, 다른 참고문헌인 경우에는 각주에서 출처를 밝혔으
   며 이 책 본문에서 인용한 경우는 괄호에 쪽수를 표시했다.
4 원제 Le Maître Ignorance. 양창렬 옮김으로 2008년 궁리 출판사에서 출간되었
   다. 그리고 독자가 읽고 있는 이 책 1장에는 랑시에르의 'Ignorant Schoolmasters'
   를 주제로 랑시에르 자신이 쓴 에세이「On Ignorant Schoolmasters(무지한 스승
   에 대하여)」가 실려 있다. 위에 적시한 대로 양창렬이 원제 Le Maître Ignorance
   를『무지한 스승』으로 옮겼기 때문에 이번 번역에서 이 저서를 가리킬 때는
   혼선을 없애기 위해 양창렬의 번역본을 따라 "Schoolmasters"를 "스승"으로 옮
   겼지만 그 외 상황에서는 편의상 "교사"로 옮겼음을 미리 알려둔다.
5 그러나 추후 밝혀지겠지만 이 책에 대한 이해를 돕기 위하여 랑시에르의 저작
   에 대해 설명하는 것은 설명 자체를 부정적으로 보는 랑시에르는 물론, 랑시에

1. 보편적 가르침

이 책(『무지한 스승』)은 '1818년에 루뱅대학 불문학 담당 외국인 강사가 된 조제프 자코토는 어떤 지적 모험을 했다'로 시작한다. 프랑스 혁명을 지지했고 자유주의 사상을 가진, 반항적인 독설가로 유명했던 자코토는 부르봉 왕가가 복귀하자 네덜란드의 지배를 받던 벨기에의 브뤼셀로 망명을 했고 1818년 루뱅대학으로부터 프랑스어 교수 자리를 제의받았다. 그런데 학생들 4분의 3 정도가 네덜란드어만을 사용했고 자코토는 네덜란드어를 전혀 할 줄 몰랐다. 자코토는 이 문제를 해결할 방법을 찾다가 프랑스 작가 페늘롱^{Fénelon}의 『텔레마코스의 모험』이란 책이 네덜란드어로 번역된 것을 알고 통역을 통하여 학생들에게 네덜란드어로 번역된 내용과 프랑스어 원본을 대조해 가면서 프랑스어를 스스로 공부하라고 지시했다. 처음에는 몇 개의 문장을 반복해서 외우다가 점차 외우는 문장을 늘려나가도록 했다. 제1장의 반 정도를 외우고 스스로 이해한 뒤에는 그 내용을 바탕으로 나머지 부분을 읽으면서 이해하도록 했다. 마지막 단계에서는 이해한 내용을 프랑스어로 쓰도록 했다. 자코토가 프랑스어 문법이나 철자법에 대해 '아무것도 설명해 주지 않았음에도' 학생들은 놀랍게도 프랑스어 문법과 철자법을 정확히 지키면서 프랑스어로 글을 쓰기 써 나갔다. 이를 지켜본 자코토는 교육에 있어서 **설명하고 가르치는 작업**

르를 기준점으로 삼는 저자의 의도에도 어긋난다는 어려움(predicament)이 있다. 저자는 이 책을 랑시에르의 저작에 대한 가르침 혹은 **설명**이라기보다는 **개입**으로 묘사하려고 노력했다고 밝히고 있다. 설명과 개입의 구분 또한 눈여겨 볼 지점이다.

이 반드시 필요한 것은 아니라는 것을 깨닫고 이러한 원리를 담아 1822년에 『보편적 가르침: 모국어』를 출판했다. 핵심은 아는 자와 모르는 자의 지적 능력은 동일하며 아는 자(교사)의 설명은 모르는 자(학생)의 배움에 방해가 될 뿐 아니라 양자 사이의 **불평등**을 줄이는 데 전혀 도움이 되지 않는다는 것이다. 이러한 깨달음을 바탕으로 자코토는 자신이 전혀 지식을 갖고 있지 않은 회화나 음악도 가르치고 자신은 말할 줄 모르는 네덜란드어로 변론하는 법을 가르치기도 했다. 이와 관련하여 랑시에르는 자코토의 보편적 가르침과 관련하여 세 가지 원리를 도출해 냈다.

1) 모든 사람은 동등한 지적 능력을 지니고 있다

학창 시절 학교 공부에 별로 두각을 못 나타내던 이들이 인생의 어느 시점에서 향학열이 불타올라 배움의 최고 경지까지 오른 사람들을 우리 주위에서 가끔 본다. 어떻게 이런 일이 가능할까? 지적 능력이 어느 시점에 갑자기 상승한 것일까? **지적 능력의 평등**이라는 가정은 이런 사례에 대해서 시사하는 바가 크다.

일반적으로 교육의 현장에서는 개인마다 지적 능력에 차이가 있다는 것을 당연한 사실로 받아들이고 교육을 실천한다. 그러나 자코토는 자신의 실천 경험을 바탕으로 이 당연한 사실에 의문을 던지며 '모든 사람은 동등한 지적 능력을 지니고 있다'는 것을 교육의 원리로 제시한다. 아마 가장 논란이 많으면서 또 중요한 원리이다. 자코토는 이 원리가 과학적으로 증명된 것이라고는 하지 않았다. 그렇다고 모든 사람이 지적으로 동등하지 않다는 주장 역시 과학적으로 증명된 것이 아니다. 어떤 사람이 다른 사람보다 더 일을 영특하게 처리할 수는 있지만 이런 결과를 가지고 그의 지적 능력이 더 뛰어나다고 결론 내리는 것은 타당하지 않다는 것이다. 말하자면 지적 능력을 발휘하는 데 있어서는 차이가 있을 수 있지만 이를 근거로 지적 능력 자체에 차이가 있다고 할 수는 없다는 것이다. 물론 지적 능력에 차이가 없다는 이 주장은 하나의 가정임을 부인하지 않는다. 그러나 이것이 하나의 가정이라면 지적 능력에 차이가 있다는 주장 역시 하나의 가정에 불과하다. 그런데 교육 현장에서는 대개 후자의 가정으로 교육을 한다. 전자의 가정으로 교육을 하면서 실천 속에서 이 가정을 입증해 나가는 것이 교육적으로 타당하지 않느냐 하는 것이 자코토(혹은 랑시에르)의 주장이다.[6] 자코토의 관점에서 보면 지적 능력이 불평등하다고 가정하고 이 가정에서 배움의 불평등을 줄여나가려고 하면 평등은 영원히 뒤로 미뤄질 뿐이지만 지적 능력의 평등을 가정하면 배움의 평등은 먼 미래가 아니라 바로 현재에서 실현된다. 다산 정약용과 제자 황상에 관한 일화 한 토막이다.

---

6 보편적 가르침의 원리에 있어서 자코토의 주장과 랑시에르의 주장은 구분이 되지 않는다. 말하자면 보편적 가르침과 관련하여 자코토와 동시대적인 사고를 하고 있다. 랑시에르에게 동시대성이란 상관없이 보이는 여러 장면들을 지금 합치는 것, 즉 시간들을 함께 놓는 것이다. 이는 과거의 자코토란 캐릭터를 택해서 현재의 무대 위에서 연기하고 있음을 의미한다. 다시 말하면 자코토의 입을 빌어 자신의 이야기를 펼치고 있는 것이다. 어디까지가 자코토의 이야기이고 어느 부분이 랑시에르의 주장인지 구분하는 것은 의미가 없다. (랑시에르, 양창렬 옮김. 앞의 책, pp. 262-263, 옮긴이의 말 참조). 이 책의 저자 비에스타 역시 교육과 해방을 보는 시각에 있어서 랑시에르와 구분되지 않는다는 점에서 랑시에르와 동시대적인 사고를 하고 있다고 볼 수 있다. 결국 자코토와 랑시에르, 그리고 비에스타 모두 보편적 가르침 혹은 인간 해방과 관련하여 동시대적인 사고를 하고 있는 것이다.

다산 정약용이 강진으로 유배를 가서 임시로 머물던 주막집 골방에 서당을 열었는데 어느 날 중인 신분의 황상이란 아이가 찾아왔다. '선생님, 저처럼 둔하고, 막혔으며, 답답한 사람도 공부를 잘할 수 있을까요?' 이에 정약용은 '외우는 데 민첩하면 오히려 그 재주를 믿고 공부를 소홀히 하게 되고, 글짓기를 잘하면 그 솜씨를 뽐내려고 들떠 있고, 이해가 빠르면 대충 하려고 한다. 너 같은 아이가 비록 속도는 느릴지라도 한번 이치를 터득하면 더 큰 배움의 경지에 이를 수 있다. 그러니 자신감을 갖고 부지런하고 부지런하고 또 부지런하라'고 격려했다. 다산은 과거 공부보다는 시를 가르쳤는데 황상은 1년 만에 다산도 감탄할 정도의 시를 쓰게 되었고 평생 가장 아끼는 제자가 되었다.[7]

황상은 스스로를 다른 사람에 비해 지적 능력이 뒤떨어진 위치에 있거나 '슬로우 러너 slow learner'로 간주하고 있었는지도 모를 일이다. 그런 황상이 다산을 만나면서 달라진 것은 그의 지적 능력이 아니라 배움에 대한 의지라고 보는 것이 합리적인 해석일 것이다. 스승이 실천한 가장 중요한 일은 자신의 박식한 지식을 전해 준 것이라기보다는 제자의 능력에 대한 신뢰를 보여준 것이라고 할 수 있다.

2) 누구나 자신이 알지 못하는 것을 가르칠 수 있다

보편적 가르침과 관련하여 자코토와 동시대적인 사고를 하고 있는 랑시에르는 근본적으로 '무지'가 아니라 '무시'를 지적인 악이라고 보

---

7 정민(2011). 『삶을 바꾼 만남 – 스승 정약용과 제자 황상』. 문학동네. pp. 34-36.
   (표현을 일부 수정)

앗다. 무지한 사람의 능력을 멈추게 하는 것은 그가 무지하기 때문이 아니라 불평등하다는 사실에 동의하기 때문이다. 이로 인해 무지한 사람은 지적 능력이 동등하지 않다는 의견을 고수하고 있는 것이다. '나는 이해 못하겠소.'란 말은 '나에게 그것이 필요 없소.'라고 토로하는 것에 지나지 않는다. 즉 나는 나에게 운명처럼 주어진 자리에 부합하는 것을 알면 충분할 뿐 그 이외의 것은 알 수도 없고 관심도 없다고 말하는 것이다.

　'보편적 가르침'에서 중요한 것은 배우고자 하는 학생의 의지다. 이 의지가 지적 능력의 발현에 결정적인 영향을 미친다. 자코토가 보기에 배운다는 것은 이해하는 것이고, 이해한다는 것은 관계를 지어주고 연결시키는 것이다. 모든 인간은 자기가 완벽하게 암기하고 기억한 것들을 서로 연결시키고 그 관계를 이해하는 동일한 지적 능력을 갖고 있다. 이 작업을 하기 위해서는 무엇보다 배움에의 의지가 필요하다. 저자에 따르면 일반적인 교사는 자기가 '아는 것'을 전달하는 교사지만 무지한 교사란 자신의 지적 능력(학습 내용을 이해하고 있다는 것)과 학생으로 하여금 알도록 하는 것이 별개임을 믿는 교사이다. 학생이 학습내용을 이해하는 것은 교사의 지적 능력(설명)에 의해서가 아니라 교사의 의지(학생이 스스로 지적 능력을 발휘하게끔 하는 의지)를 통해서 이루어진다는 것이다. 언어 학습의 경우를 생각해 보면 학생은 자신이 알고 있는 것을 바탕으로 제시된 단어들 간의 관계를 스스로 추론하게 되고 추상적인 문법적 관계를 깨달아 간다. 말을 배운다는 것은 자신이 가지고 있는 자원을 모두 동원해 말의 의미를 스스로 발견하는 것이다. 그 과정에서 의문이 생기면 교사에게 물어

보는 것이 아니라 처음에 암기했던 문장들을 다시 살펴본다. **교사는 자신이 아는 것을 설명하는 것이 아니라 학생을 주의 깊게 관찰하고 질문을 던지며 암기한 내용을 이해할 수 있도록 부추겨 주는 역할, 즉 의지를 북돋우어 주는 역할만 하면 된다.** 이런 방식으로 자코토는 프랑스어만이 아니라 자신도 모르는 회화와 음악, 변론술까지 가르칠 수 있었던 것이다.

교사는 학생으로 하여금 자기 무시에 이르게 하는 온갖 원인을 알 필요는 없다. 교사가 할 일은 아는 것을 전달하는 것이 아니라 모든 학생들의 지적 능력, 심지어 교사와 학생의 지적 능력까지 동등하다는 것을 믿음으로써 학생 스스로 자신의 지적 능력을 해방시키도록 돕는 일이다. 해방은 지적 능력이 평등하다는 가정하에 자신의 지적 능력을 사용하는 일에 관한 것이다. 그러므로 교사가 가르칠 내용을 알고 있어야 하는 것은 교육의 필수 조건이 아니다.

3) 모든 것은 모든 것 안에 있다

하나를 완벽하게 배우면 모든 것을 그것에 연결시켜 알 수 있게 된다는 것이 자코토의 생각이다. 단, 하나를 알되 완벽하게 알아야 한다. 전체는 개별적인 것 안에 있다. 세상의 모든 것은 연결되어 있기 때문에 하나를 배우면 열을 알 수 있는 것이다(聞一知十). 공자는 안회를 이런 사람이라 칭찬하면서 그의 개인적 능력을 높이 샀지만, 자코토의 관점에서 보면 이는 특정인만이 아니라 모든 사람이 보편적으로 가지고 있는 능력이다.

> 학생이 알지 못하는 것을 아는 것과 연관시켜, 관찰하고 비교하고 목격한 것을 하나하나 열거하며, 언급된 것들을 검증하도록 해야 한다(10).

이것과 저것, 하나의 기호와 하나의 사물, 하나의 기호와 다른 기호를 관찰하고 비교함으로써 자신을 둘러싸고 있는 사물과 기호의 숲을 탐험하는 법을 배운 것처럼 모든 것을 배우는 것이다(91).

학생이 스스로 앎의 연결 고리를 하나하나 깨달아 가면서 앎의 전체적인 그림을 이해하게 되면 그에 따른 성공은 **누구의 설명도 듣지 않고** 온전히 자신의 의지와 노력으로 이루어낸 것이기에 기쁨과 만족감도 무척 커진다. 저자는 이것이 동등한 지적 능력의 작동 방식이며 '근접에서 근접으로'란 말로 표현한다. 전달 교육에서는 한 단위의 앎을 전달받으면 그것만을 배우게 되지만 자코토의 관점에서는 하나를 알더라도 제대로 안다면 한 알의 씨앗이 땅에 떨어져 무수히 많은 개체를 탄생시키듯, 스스로 앎을 확장시켜 나간다. 말하자면 앎의 자기조직화self-organizing가 가능해지는 것이다.

요컨대 보편적 가르침의 핵심은 가르치는 데 있어서 교사의 설명은 아는 자와 모르는 자 사이의 간격을 좁히는 데, 즉 교육의 평등을 실현하는 데 도움이 되지 않을 뿐 아니라 평등의 실현을 미래로 무한히 연장할 뿐이라는 것이다. 즉 설명은 가르치는 데 불필요할 뿐 아니라 해로울 수 있다는 것이다. 교사가 열심히 설명하면서 가르쳐도 학생이 알까말까 하는 것이 교육이라는 입장에서 보면 랑시에르(혹은 이 책의 저자)의 주장은 특이하다 못해 참으로 이상하기까지 하다. 여기서는 이 이상함의 내막을 들추어내어 이상한 느낌을 해소하고자 한다.

2. 교육의 평등

교육의 평등은 모두에게 뜨거운 감자다. 명분상으로 교육의 평등에 반대하는 사람은 별로 없을 것이다. 그러나 그 방식을 두고는 낮과 밤만큼이나 차이가 크다. 한편에서는 태어난 가정환경은 달라도 모든 학생들에게 동일한 교육내용을 제공해야 한다고 주장한다. 우리나라에도 정치적 이념을 떠나 교육과정을 철저히 이런 방식으로 제시하지는 않지만 출신배경에 관계없이 모든 학생들이 동일한 교육을 받아야 한다는 명제에 대해서는 심정적으로 향수를 느끼는 이들이 존재한다. 다른 한편에서는 학생들 가정의 사회적, 경제적, 문화적 배경이 다르기 때문에 이를 반영한 교육내용을 제공해야 한다고 주장한다. 전자에 대한 반성과 비판에서 나온 입장으로, 여기에는 교육의 과정에서 학생들이 의미 있는 학습을 할 수 있어야 한다는 요구가 담겨 있다. 그러나 이에 대해서는 계층 이동을 결정하는 특정 교과가 엄연히 존재하는 상황에서 시쳇말로 '송충이는 솔잎만 먹어야 하느냐?'라는 비판이 있는 것도 사실이다.

이런 입씨름은 어느 시대, 어느 나라에서나 있을 수 있는 보편적이고 항구적인 논쟁이라고 할 수 있다. 『무지한 스승』을 저술한 랑시에르도 프랑스에서 벌어졌던 유사한 논쟁을 목격했다. 그가 『무지한 스승』에서 자코토의 생각을 집중적으로 재해석하게 된 것은 1980년대 프랑스에서 **교육의 (불)평등 문제**에 대한 논쟁이 있었기 때문이다. 이 논쟁의 한 축인 소위 공화국의 논리에서는 출신 배경에 상관없이 모든 학생들에게 동일한 교육과정을 제공할 때 사회적 불평등이 기회의 불평등으로 이어지는 것을 막을 수 있다는 전통적 입장을 취했다.

학생이 처한 가정환경의 차이가 아니라 오직 개인의 능력의 차이만이 학생들의 성공 여부에 영향을 미치도록 하는 것을 공화국 교육의 이상으로 보는 것이다. 그러나 진보의 논리에서 보면 학생 개인의 능력 차이 자체가 가정환경에서 빚어진 것이다. 즉 개인의 능력이란 것은 사회적, 경제적, 문화적 자본이 내면화한 결과물이다. 그러므로 동일한 교육내용을 제공한다고 해서 교육의 평등이 이루어지지 않으며 각 계층의 아이들에게 의미가 있는, 즉 그들이 이해할 수 있는 지식과 정보를 제공하는 것이 평등교육의 요청에 부합하는 길이라고 주장했다.

둘 다 부분적으로 맞는 얘기처럼 들릴 수도 있지만 랑시에르가 보기에 양측의 주장은 모두 불평등에서 출발하며 평등으로 나아가고자 한다는 점에서 동일한 오류를 저지르고 있다. 말하자면 두 입장은 모두 아는 자와 모르는 자 사이의 불평등을 기반으로 아는 자가 모르는 자의 수준과 필요를 정하고 그것에 맞춰 모르는 자에게 일정한 정도의 지식을 전수하면서 불평등의 관계를 항구적으로 유지한다는 점에서 동일하다는 것이다. 이렇기 때문에 공화국의 전통적 교육이든 진보적 혹은 비판적 교육이든 교육에서 아는 자와 모르는 자 사이의 평등은 결코 도달할 수 없다. 다시 말하면 어느 입장이든 아는 자가 모르는 자에게 교육 내용을 설명함으로써 가르치는 것은 평등을 끝없이 뒤로 미루는 것이다. 이에 관해 저자는 다음과 같이 지적한다.

> 설명은 모르는 사람과 아는 사람 사이의 격차를 메우기보다는, 즉 불평등을 평등으로 바꾸기보다는 사실상 이 불평등을 제도화하고 어떤 의미에서는 불평등에 시동을 걸며 불평등을 끊임없이 확인한다(223).

결국 어떤 교육의 관점에서건 설명의 프레임으로는 교육의 불평등에서 벗어날 수가 없다는 것이 저자(혹은 랑시에르)의 판단이다. 랑시에르는 이 딜레마에서 벗어나는 길을 '설명 프레임'에서 탈피한 자코토의 보편적 가르침에서 찾았던 것이다. '보편적 가르침'의 원리에 따르면 교사에게 우선적으로 필요한 것은 지식이 아니라 학생의 지적 능력의 평등에 대한 가정이다. 학습자를 학습된 무기력에서 해방시키는 길은 모든 학습자의 지적 능력이 평등하다고 가정하고 이런 지적 능력을 가지고 무엇을 할 것인지를 생각하게 하는 것이다. 위에서 지적했듯이 교육이란 무식의 상태에서 유식의 상태로 가는 과정이 아니라 동등한 지적 능력을 가진 사람들이 만나 하나의 지식을 다른 지식과 연결시키는 과정이다. 랑시에르는 자코토의 실험적 실천을 통하여 제3의 관점에서 평등 교육의 가능성을 확인했으며 반면에 설명 프레임은 교육의 평등을 미래로 무한히 미룰 뿐 아니라 가르침을 받는 학생을 바보로 만들뿐이라고 보았다.

3. 설명과 '바보 만들기'

저자는 이 책 결론의 부제를 '세계는 학교가 아니다'로 설정하고 있다. 역설적으로 세상은 온통 가르치는 일, 설명하는 일로 가득 차 있음을 연상하게 하는 제목이다. 이런 일들은 학교에만 일어나는 것이 아니다. 사회 변화를 이끌어내는 문제를 포함하여 세상에서 벌어지는 크고 작은 문제들을 해결하려면 사람들의 생각과 행동이 바뀌어야 한다고 믿고 다양한 단위와 수준에서 제대로 된 사실을 설명하고 가르쳐야 한다고 생각한다. 심지어 개인이 활용하는 카톡 대화방에서도 이런 일은 이어진다. 과연 세상은 가르침의 망으로 얽혀 있다고 해도 과장이 아니다.

설명하는 자는 설명을 듣는 자가 설명의 내용을 수정 없이 받아들일 것을 기대한다. 가령 교사가 교육내용을 설명하는 것은 모든 학생이 교사의 설명 내용을 수정 없이 받아들이는 것을 전제로 한다. 서두에서 인용한 에피소드에서 교사의 기대와 다른 응답을 한 아이에 대해서 반복적으로 수정을 요구한 것은 이러한 사실을 입증한다. 설명의 프레임에서는 우선 모든 학생에 대해 표준이라는 울타리를 친다. 설명한 대로 받아들이지 못하는 학생이 있다면 이는 가르침에 허점이 발생했다고 생각한다. 또한 설명 프레임은 설명하는 내용이 진리(불변의 진리는 아닐지라도)임을 가정한다. 설명하는 내용이 진리가 아니라면 교사가 애써 설명할 필요가 없다. 저자는 랑시에르의 관점을 가지고 학교 교육에서 당연히 받아들이는 이 두 가지 가정에 의문을 던진다. 이 두 가지 설명 프레임의 가정을 진리로 받아들이면 설명을 듣는 자에게는 설명을 해석할 자유가 박탈된다. 자율적으로 사고할 수도 없고 그럴 필요도 없어진다. 우리는 불행한 '세월호 사건'을 겪으면서 아이들로 하여금 모든 것을 어른들이 지시한 대로 움직이도록 했던 그간 우리 교육의 행태에 대해 자기반성의 목소리를 내놓았던 사실을 기억한다. 교육행정당국이 학교 현장에서 실천해야 할 모든 일들을 일일이 지시하고 설명하는 공문을 끊임없이 발송하는 것도 마찬가지 맥락이라고 할 수 있다. 교사들에게 연간 의무 연수 시간을 부과하는 것은 어떤가?

설명은 '어떤 목적지에 도달하기 위한 실천적 수단과는 완전히 다른 그 무엇'이지만 오히려 그 자체가 종점으로 보인다. 설명은 '기본 공리, 즉 불평등의 공리를 끊임없이 검증하는 것'이다. 그렇다면 학습자가 되자마자 자동적으로 평생 학습자가 되는 것인가?(225)

설명 자체가, 교사로 말하면 연수 자체가 목적이 되어버린 현실을 꼬집고 있다. 교사가 직무에 종사는 동안 일정량의 연수를 평생 받아야 한다는 요구에는 교사 스스로는 배울 능력이 결여되어 있다는 것을 가정하고 있다. 저자는 랑시에르의 관점을 빌어 모든 것을 일일이 설명해 줘야 한다는 믿음이 제도화된 사회를 '유아화된 사회pedagogicized society'로 정의하고 있다.[8] '유아화pedagogicization'란 일반적으로 어른이 아이에게 하듯이 모든 것을 일일이 설명해 주는 행태를 의미한다(46). 우리는 때로 설명을 원하다가도 '가르치려 든다'는 표현에서 암시되고 있듯이 일방적인 설명에 불편을 느끼기도 한다.

랑시에르는 프랑스 교육과 관련하여 공화국의 논리나 진보의 논리 모두 '유아화된 사회society pedagogicized'의 테두리 안에 안주하고 있음을 지적한다(19). 이 책의 저자는 이러한 랑시에르의 문제의식을 그대로 이어받아, 책무성과 경쟁 그리고 민영화를 특징으로 내세우는 소위 신자유주의와 이를 비판하는 비판이론 모두 설명 프레임에 갇혀

---

8 'pedagogy'가 '아이(paidos)를 이끄는 것(agein)'을 뜻하는 그리스어에 어원을 두고 있는 점으로 미루어 보면 'society pedagogicized'란 어른이 아이를 대하듯이 모든 것을 일일이 설명해 줘야 하는 사회를 뜻한다고 볼 수 있다. 랑시에르가 소위 평생교육의 맹점을 '사회를 통째로 어린애 취급하기, 다시 말해 사회를 구성하는 개인들을 일반적으로 아이 수준으로 떨어뜨리기'라고 분석한 것도 같은 맥락이다.

있기는 마찬가지라고 비판한다. 신자유주의는 책무성과 경쟁 그리고 민영화의 필요성을 대중에게 설명하고 신자유주의에 대한 비판에서는 모든 교육자들과 그들에게 귀 기울이는 모든 학생들에게 끊임없이 시장 경제적 사고의 골칫거리를 설명하고 가르친다(35). 마찬가지로 분배와 인정을 둘러싼 프레이저Nancy Fraser와 호네트Axel Honneth의 기념비적인 논쟁을 담은 『분배냐, 인정이냐』 역시 **독자들에게 모종의 설명적 가르침을 제공하고 있다는 점**에서 설명 논리에서 벗어나지 못하고 있음을 지적한다. 심지어 파울로 프레이리의 소위 은행 저금식 교육에 대한 대안으로 제시한 문제 제기식 교육에 대한 주장 또한, 학생들을 하나의 심리적 상태에서 다른 심리적 상태로 옮기는 방법 혹은 수단을 제시하고 있다는 점(112)에서 설명 프레임에 갇혀 있다고 주장한다. 그렇다면 설명 프레임에는 어떤 교육적 문제가 있는가?

저자는 교육의 목표를 능력배양qualification, 사회화socialization 그리고 주체화subjectification 세 가지로 구분한다.[9] 저자의 표현에 의하면 능력배양이란 학생으로 하여금 "무언가를 할 수 있게 하는" 성향과 판단의 형식을 제공하는 것이다. 상식적으로 교육의 목표라 할 때 떠오르는 실력 향상으로 이해해도 될 것이다. 사회화는 따로 설명할 필요가 없으며 저자가 특히 중요하게 여기는 것은 주체화이다. 랑시에르는 주체화를, '주어진 경험 영역 내에서 이전에는 식별할 수 없었던 일련의 신체 활동과 표현 능력을 통해 무언가를 생성하는 것'으로

---

9 Biesta, G.(2016). Good Education in an Age of Measurement: Ethics, Politics, Dmocracy. Routledge. p. 5.

정의하며, '그것을 식별한다는 것은 경험 영역을 재구성하는 것'으로 본다(54). 다른 말로 표현하면 주체화는 기존 질서에서는 자리와 역할이 없었던 이가 새로운 존재 방식으로 출현하는 것으로 규정한다. 간단히 말하면 주체화는 새로운 존재로 태어나는 것에 관한 것이다. 앞에서 언급한 정약용의 제자 황상은 배움과는 거리가 멀다고 여기며 살아왔는데 스승 다산을 만나면서 자기도 배울 수 있다는 믿음을 가진 새로운 존재로 다시 태어났다고 할 수 있다. 저자는 이 책의 제목에도 들어 있는 '해방emancipation'을 주체화의 과정으로 이해한다(34). 따라서 여기서는 유일성uniqueness이 중요한 개념이 된다. 가르침을 받는 학생들은 실력을 배양하는 과정에서 자연스럽게 사회화도 달성하지만 자기만의 특성을 가진 유일한 존재로도 성장한다. 동료나 교사로부터 유일성을 인정받지 못할 때 학생의 성장은 방해를 받는다는 것을 교사들은 직관적으로 알고 있다.

그런데 설명 프레임은 학생의 유일성을 인정하지 않는다. 모든 학생들은 교사의 설명을 그대로 받아들이고 동일한 성과를 산출해낼 것을 요구받기 때문이다. 서두에서 인용한 에피소드에서 교사는 반복해서 마사로 하여금 교사가 기대하는 응답을 하도록 요구했다. 그러나 저자에 따르면 설명은 '교수법의 신화'이며, 세계를 아는 자와 무지한 자로 나누는 우화일 뿐이다. 설명하는 자, 즉 교사는 '배워야 할 모든 것에 씌워져 있는 무지의 베일을 벗기는 일'을 자신의 사명으로 삼는다. 교수법의 신화는 이렇게 세계를 둘로 나눌 뿐 아니라 지적 능력 또한 열등한 지적 능력과 우월한 지적 능력으로 나눈다. 그리고 설명은 설명 자체가 문제라는 사실을 은폐하는 역할을 한다.

이러한 관점에서 보면 설명은 '강요된 바보 만들기'일 뿐이다. 교사가 자신의 지적 능력을 발휘하여, 즉 설명을 통하여 학생으로 하여금 학습내용을 이해하도록 한다면 학생은 끊임없이 교사에게 의존하게 된다는 것이다. 다소 길지만 이에 관한 저자의 주장을 직접 들어보자.

> 설명이라는 행위를 통해서 전달되는 것은 아마 설명 그 자체가 아니라 설명이 '불가피하다'는 관념, 말하자면 학습자는 설명 '없이는' 이해가 불가능하다는 관념일 것이다. 학습자가 자신에게 설명해주는 것을 이해하려면 스스로 생각해 내야 한다는 것이 진실이다. 랑시에르가 '누군가에게 무언가를 설명하는 것은 무엇보다도 스스로 그것을 이해할 수 없다는 것을 보여주는 것'이라고 한 것은 이를 두고 한 말이다. 다시 말하면 '설명한다는 것은 상대의 무능을 드러내는 것'이다. …
>
> 학습자가 설명을 필요로 한다는 것은 사실이 아니다. 오히려 설명의 행위는 학습자를, 설명이 없이는, 즉 '설명의 대가master explicator' 가 개입하지 않고서는 학습할 수 없는 학습자로 만든다. 말하자면 학습자는 '설명적 질서'의 결과물이지(Rancière 1991a, p. 4), 설명적 질서를 필요하도록 만드는 사람이 아니다. 앞서 살펴본 바와 같이 설명적 질서는 이런 방식으로 '교수법의 신화' 위에 세워진다. 이것은 '유식한 마음과 무식한 마음, 유능한 자와 무능한 자, 똑똑한 자와 어리석은 자로 분할되어 있다는 세계의 우화인 것이다(223-224).

누군가를 학습자라고 부르기 위해서는 지식, 가치, 이해, 기술, 성향, 능력, 역량, 비판정신, 정체성, 자율성 등 그가 배울 무언가가 있어야 하지만 여기서 중요한 점은 무엇을 배워야 하는지가 핵심이 아니라 학습자를 결핍의 측면에서 바라본다는 것이다. 학습자는 무언가가 부족한 사람, 아직 완성되지 않은 사람이다. 영국에서는 학습자가 '운전 교습생'일 때 교습생(즉 학습자)이 자동차를 운전할 수 있는 공식적인 면허를 얻을 때까지 대문자 "L"이라고 쓴 학습자 표시판을 자신의 자동차 앞과 뒤에 부착해야 한다고 한다. 저자는 학생을 '학습자'라고 부르거나 어른을 '성인 학습자'로 지칭하는 것도 근본적으로 이것과 다르지 않다고 본다. 이는 기본적으로 아직 지식이 없거나, 숙련되지 않았거나, 유능하지 않거나, 자율적이지 않다는 것을 나타내기 위해 학습자라는 표시판을 부착한다는 것을 의미한다. 저자에 따르면 이런 문제에 대한 논쟁들은 교육자들에게 잘 알려져 있다. 이 논쟁들은 기본적으로 발달에 관련된 것과 교육과정에 관련된 것 두 가지이다. 발달 관련 논쟁에 따르면 아이는 아직 무언가를 배울 수 있도록 충분히 발달하지 않았다. 예를 들어, 아이의 지적 능력이 아직 충분히 성숙하지 않았거나 전두엽이 이를 따라 잡기를 기다리고 있다. 한편 교육과정 논쟁에 따르면 학습주제는, 있는 그대로 이해하기에는 너무 어렵기 때문에 교사가 더 작은 단위로 쪼갠 다음 학습자가 단계적으로 이해에 도달할 수 있도록 순서를 지정해 줘야 한다. 저자는 이를 학습자들이 스스로 숨을 쉴 수 있을 때까지 당분간 **교육적 인공 호흡기**를 착용하는 것에 비유한다(223). 말하자면 거기에 이를 때까지 교사가 해야 할 주된 임무는 학습자 스스로 아직 이해할 수 없는 것을 학습자에게 **설명**하는 것이다.

일견 너무나 당연한 사실을 저자는 왜 문제로 보고 있는지 의아해할 수도 있다. 이것이 왜 '바보 만들기'인가? 비유하자면 음식을 씹지 않고 먹으면 과식하게 되고 결국은 건강을 해치는 결과에 이르는 것과 같은 원리를 말하고 있는 것 같지만 이 비유와 정확히 맞아떨어지는 않는다. 앞에서 '학생이 알지 못하는 것을 아는 것과 연관시켜, 관찰하고 비교하고 목격한 것을 하나하나 열거하며, 언급된 것들을 검증해 나가는 것'이 사물을 이해하는 과정이라고 했지만 학생 개개인은 삶의 궤적에 있어서 저마다 다른 역사를 살아왔기 때문에 이 과정은 표준화할 수 있는 것이 아니다. 즉 사물을 이해하는 방식, 즉 의미를 만들어내는 방식은 개개인이 다를 수밖에 없다.[10] 아마 교사의 설명을 따라가려 애쓰다가 스스로 생각하고 이해할 타이밍을 놓쳐버린 경험들이 있을 것이다. 이것이 설명이 바보 만들기로 이어지는 의존의 사이클이다. 그리고 해방은 배움이 설명을 통해서만 이루어진다는 설명 의존의 사이클 고리를 끊어낼 때 실현되는 것이다. 그러면 랑시에르가 설명 프레임에 대해 이와 같이 불신하게 된 계기가 무엇인지를 확인하기 위해 그의 사상적 궤적을 더듬어 보자.

4. 랑시에르의 사상적 궤적

자크 랑시에르는 1940년 프랑스 식민지였던 알제리의 수도 알제에서 태어났다. 이후 프랑스로 이주하여 대학에서 사회주의와 당시 유행하던 실존주의 사상의 영향을 받았다. 68혁명이 일어났을 때에는

---

10 동일한 사상이라도 개개인이 삶아오면서 겪은 경험 여하에 따라서 다른 의미를 생성한다는 것을 체계적으로 보여주는 이론이 복잡반응과정이다. Stacey, R. D (2001). 『Complex Responsive Processes in Organizations: Learning and Knowledge Creation』. 이민철 옮김. 『복잡계의 새로운 접근: 복잡반응과정』. 씨아이알. 참조.

질병으로 혁명의 소용돌이에서 약간은 비껴나 있었다. 68혁명은 처음에는 학생들이 주가 되어서 일어난 혁명이었으나 시간이 지남에 따라 노동운동으로 확산되었다. 그러나 당시 사회의 변혁을 주장하던 대부분의 지식인들은 지식인의 이론적 지원에 기초하지 않고 학생과 노동자들이 직접 현실 문제에 뛰어드는 것을 부정적으로 보고 있었다. 학생과 노동자를 포함한 일반 대중들은 지식인이 제공하는 과학적 이론으로 무장한 후 혁명에 참여해야 한다는 것이다. 지식인들이 보기에 과학적 이론으로 무장하지 않은 일반 대중들은 지적으로 어린애에 불과했다. 그들이 지적으로 성숙한 어른으로 성장하려면 끊임없이 지식인들로부터 올바른 이론과 진리를 전수받아야 한다.

당시 사회 변혁의 이론적 지주의 한 사람이었던 알튀세르Louis Pierre Althusse도 그중 하나였다. 알튀세르는 진정한 지식인 과학과 가짜 지식인 이데올로기를 구분하고 과학을 실천하는 지식인과 이데올로기에 사로잡힌 대중을 분리했다. 이데롤로기에 사로잡힌 대중은 현실을 객관적으로 볼 수 없기 때문에 지식인의 도움을 받지 않고는 결코 자신의 현재 상황에서 벗어날 수 없다. 그는 노동자 계급의 이익을 대변한다고 하면서도 그들이 주체적으로 목소리 내는 것을 부정했던 것이다. 랑시에르도 처음에는 알튀세르와 같은 노선에서 지적 작업을 하고 있었으나 68혁명에 참여했던 노동자들과 대화를 나누면서 알튀세르의 이론이 허구임을 깨닫기 시작했다. 랑시에르가 보기에 당시 지식인들의 사상적 토대였던 마르크스도 마찬가지였다. 이런 일들이 계기가 되어 랑시에르는 알튀세르와 결별하게 된다. 그는 노동 운동이 뜨거웠던 19세기 노동자들이 남긴 글을 접하면서 노동자들의 정체성에 고통스런 현실이 어떻게 반영되어 있는지를 살피고자 했으나 그가 발견한 것은 이런 기대와는 달리, 하루의 일과를 끝낸 노동자들이 피로와 졸음을 참아가며 그림을 그리거나 시를 쓰고 철학을 하는 등 부르주아들에게나 허용되는 꿈을 꾸는 모습이었다. 즉 19세기 프랑스 노동자들 가운데는 이와 같이 지식인들이 기대한 꿈이 아니라 부르주아에게 허용된 꿈을 꾸는 이들이 있었던 것이다. 그들은 노동자 고유의 정체성과 계급의식으로 무장하고 있지 않았다. 그들은 '사유하는 인간'과 '노동하는 인간'이라는 전통적인 나눔(분할)을 벗어났다. 그들이 보여준 것은 노동자 아닌 이들과 똑같이 읽고 쓰고 말하고 토론할 수 있는 '평등한 지적 능력'이었다. 말하자면 그들은 지배에 순응하거나 저항한 것이 아니라 지배와 저항으로 분할되는 틀[11]에서 해방된 생각을 하고 있었던 것이다. 그들은 '생각할 수 없는 것'을 생각하는 정치적 주체였다. 랑시에르는 이와 같이 기존에 설정해 놓은 분할의 틀을 벗어나는 것, 다시 말하면 기존의 분할을 재분할하는 것을 해방으로 보았다. 자코토를 만난 것도 이런 노동자들의 기록 속에서였다. 이러한 경험[12]들이 랑시에르로 하여금 세상은 아는 자와 모르는 자로 나뉘며, 대중은 지식인의 이끌림을 받아야 하고, 해방을 성취하려면 세계에 대한 진정한 진리를 먼저 알아야 한다는 것이 허구임을 깨닫게

---

11 랑시에르는 공동체 안에서 각자의 몫(part)과 자리(place)를 규정하는 경계를 설정하여 구성원들로 하여금 그 경계를 벗어나지 못하게 만드는 것을 '감각적인 것의 나눔(le partage du sensible, the distribution of the sensible)'으로 설명한다. '감성의 분할'로 번역되기도 한다.

12 이런 경험으로 탄생한 저작이 『프롤레타리아의 밤』이다. 안준범 옮김(2021). 문학동네.

하는 데 큰 영향을 미쳤다. 『무지한 스승』은 이런 반성을 토대로 모든 사람은 평등한 지적 능력을 갖고 있다는 전제에서 쓰인 것이다. 어느 누구도 지적으로 미숙한 어린애가 아니라는 것이다. 심지어 어린애도 지적으로 미숙한 존재가 아니다. 반면에 아무리 오랜 기간 교육을 받고 많은 것을 배웠다 해도 암암리에 설정된 틀을 벗어나지 못한다면 해방된 것이 아니다. 그렇다면 해방을 가능하게 하는 교육의 조건은 무엇인가?

5. 유일성과 해방

랑시에르에 따르면 자코토의 '보편적 가르침'은 개인 간의 지적 능력과 의지가 만나 개인에게 자신이 모든 것을 스스로 배울 수 있는 이성적 존재라는 것을 깨닫게 해주는 것이다. 이것이 해방이다. 따라서 '보편적 가르침'은 개인적 차원에서만 가능하다. 진보론자들은 인민을 지도하려 했다. 하지만 '보편적 가르침'은 인민을 지도하기 위한 방법이 아니라 인간을 해방시키는 방법이다(인민은 복수를, 인간은 개인을 지칭함). 랑시에르의 표현을 직접 옮기면 "해방하는 방식은 하나뿐이다. 어떤 당도, 어떤 정부도, 어떤 군대도, **어떤 학교도**, 어떤 제도도 결코 단 한 사람도 해방하지 못할 것이다".[13] '보편적 가르침'을 제도적 차원에서 접근하면 본연의 의미가 변질되고 진보적 교육의 한 방법으로 전락하여 실패하고 만다는 것이 저자(혹은 랑시에르)의 관점이다. 이 지점에서 우리는 곤혹스러움에 직면한다. 제도적 차원

---

13 자크 랑시에르 지음. 양창렬 옮김(2008). 『무지한 스승』. 궁리. p. 191.

에서 교육을 개선하는 것과 무관한 접근 방식은 과연 의미가 있을까? 왜 저자(혹은 랑시에르)는 제도적 차원에서 교육의 개선을 부정적으로 보고 있을까? 이러한 의문에 대한 직접적인 언급은 없지만 아마도 저자가 끌어들인 '유일성'의 개념이 연결고리가 될 수 있지 않을까 생각한다. 제도적 차원에서 교육의 개선을 논의한다는 것은 모든 학생이 따라야 할 표준을 정하는 것이다. 랑시에르의 표현으로 하면 제도교육은 일종의 치안질서를 따른다. 제도교육은 모종의 표준에 따라 시행될 수밖에 없는 구조적 한계를 가지고 있다. 그런데 해방은 이러한 표준 자체를 거부하는 개념이다. 앞에서 저자는 교육의 목표로 능력배양과 사회화, 주체화를 주장했다고 언급한 바 있다. 그리고 해방은 주체화와 연결된 개념임을 지적했다. 주체화는 인간의 유일성에 바탕을 둔 개념으로 볼 수 있다. 능력배양과 사회화도 교육에서 중요하지만 고유하고 유일한 존재의 출현과 관련된 주체화를 도외시한 교육은 본질을 상실한 교육이다. 저자는 다른 저서에서 '고유하고 유일한 존재들의 출현과 교육적 책임을 언급하고 있다.[14] 말하자면 교육은 인간이 매순간 유일한 존재로 세상에 출현하는 존재를 책임지는 활동이라고 할 수 있다. 이는 사회화의 목표와 충돌할 수 있음을 저자도 인정한다. 여기서 읽을 수 있는 또 한 가지 중요한 저자의 관점은 불협화음, 즉 "불화"[15]에 대한 관용이다. 개인의 유일성을 인

---

14 Biesta, G.J. 지음. 박은주 옮김(2022).『학습을 넘어: 인간과 미래를 위한 민주교육. 교육과학사; 주형일(2019).『랑시에르의 무지한 스승 읽기』. 교육과학사. p. 238.
15 랑시에르는 권력을 조직화하고 각자의 역할을 나누고 집단의 동의를 이루는

정하면 개인과 개인 간에도 불협화음이 발생하겠지만 개인 내면에서도 사회화와 주체화 간에 불협화음이 발생할 수 있다. 이는 인간 사회에서 모든 재화 및 가치의 분배가 질서 정연하게 이루어지는 것은 정치가 아니라 치안이며 정치는 분배의 질서 자체를 재편성(다시 나눔, 재분할)하는 것이 정치라고 한 주장과 맥락을 같이 한다. 설명 프레임의 교육에서는 이러한 불협화음을 인정하지 않지만 진정한 교육은 이러한 불협화음을 안고 있다고 보는 것이다. 서두의 에피소드에서 "선생님 … 아버지가 없는 아이는 … 없어요."라고 한 마사의 대답은 유일성을 인정하지 않으면 소음 이상으로 인정받지 못한다. 그런데 참관단 중의 한 사람이 가벼운 탄성을 터뜨렸다. 아이의 유일성을 깨달은 것이다. 이 대답이 선생님에게서 인정을 받을 때 아이의 주체화는 실현된다. 이 서문을 쓰는 도중에 TV 모 프로그램에 출연한 어느 게스트가 자신의 학창시절 경험을 이야기한다. 학교생활에 적응하지 못해 힘들어하면서 수업 시간에 하라는 공부는 안 하고 노트에 어떤 낙서를 하고 있었는데 선생님이 지나가면서, "이 낙서는 어떤 그림이 될까?"라는 말씀을 해 주신 것이 굉장한 위로가 되더라고 고백한다. 무의미한 낙서로 아무도 관심을 주지 않을 줄 알았는데 그림으로 인정받음으로써 그 학생의 유일성이 존중된 것이다.

만일 이런 사태가 수행평가의 상황이라면 선생님은 어떤 평가를

절차를 정당화함으로써 사회의 질서를 유지해 나가는 것을 정치가 아닌 '치안'이라고 부른다. 반면에 정치는 불일치이며 이런 질서를 파열시키는 것, 치안질서에 도전하고 방해하면서 그 질서를 파열시키고 결국에는 치안질서를 변화시키는 것을 가리킨다. 랑시에르 지음. 진태원 옮김(2015). 『불화』. 도서출판 길.

해야 할까? 여기서 표준적인 기준과 아이의 유일성 사이에는 불협화음이 발생한다. 이 불협화음에 대한 표준적인 처리 방식은 존재하지 않는다. 설명 프레임에서는 표준적인 처리 방식을 찾으려 하겠지만….

제도교육의 현장에 있는 교사들은 교육현장에서 발생하는 모든 문제에 대해서 표준화된 해결방안을 요구할 수 있다. 제도교육의 특성상 당연한 요구이다. 그러나 표준화된 해결방안을 제시하는 순간 주체화의 목표는 실종되고 유일성도 사라진다. 그래서 보편적인 가르침은 개인적 차원에서만 가능하다고 한 것이다. 그러면 '보편적 가르침'의 원리는 제도교육에는 무의미한 것인가? 역시 이 문제에 대해 표준화된 솔루션은 존재하지 않을 것이다. 학생 개개인의 유일성을 인정함으로 인해서 발생하는 불협화음을 교사 자신 및 그 교사가 몸담고 있는 교육기관이 감당하고 용납할 수 있는 정도만큼 주체화의 목표는 달성될 수 있을 것이다. 만일 주체화와 유일성이 교육적으로 가치 있다고 인정한다면 일부러라도 불협화음을 일으킬 필요도 있다. 아니면 적어도 어느 정도의 불협화음을 용인할 필요가 있다.[16] 교육의 과정에서 발생하는 불협화음은 감내하는 것이 개입의 교육이다.

---

16 학교 구성원들을 힘들게 하는 학교폭력 문제도 매뉴얼 중심의 안전한 처방으로는 해결에 한계가 있다. 현재의 제도 속에서는 기존의 틀을 벗어난 '적극적 중재'가 어렵다. 당사자 간, 교육당국과 학교 간 '불협화음'이 두렵기 때문이다. 그러나 이런 모험을 감수하려 하지 않는다면 학교폭력의 해결은 형식적인 것이 될 수밖에 없다.

6. 개입의 교육 Pedagogy of Interruption[17]

교사들은 교육활동을 수행함에 있어서 암암리에 설정해 놓은 틀 혹은 기준이 있다. 학생들의 다양한 반응 중에서 어떤 것은 교사로부터 인정을 받고 어떤 것을 무시되거나 제재를 받는다. 수업 시간에 옆의 동료 학생과 떠들었다고 수행평가 점수가 깎인 학생이 문제를 제기했다. 학생의 변명에 따르면 자기는 떠든 것이 아니라 동료가 모르는 문제가 있어 가르쳐 주었다는 것이다. 그러나 선생님은 이 항변을 인정하지 않고 떠들었다고 결론을 내렸다. 그 학생의 반응은 소음 취급을 받았던 것이다. 아마 모르긴 해도 선생님은 평소 그 학생이 어떻게 행동해 왔는지를 판단의 근거로 삼았을 수 있다. 즉 선생님은 자기만의 경험에 의해 어떤 학생의 반응은 목소리로, 어떤 학생의 반응은 소음으로 구분하고 있었다고 볼 수 있다. 교육활동의 상황에서 자연스럽게 '감각적인 것의 나눔the distribution of sensible'이 이루어지고 있는 것이다. 이러한 나눔 혹은 분할의 틀을 깨는 것이 개입interruption이다. 이러한 분할의 틀을 깨는 개입을 통해서 어제까지 소음으로 취급되던 반응이 목소리로 인정을 받는 것, 이것이 해방이다. 그러나 교육의 현장에서 교사가 이 분할의 구도를 해체하고

---

17 "interruption"은 저자 Biesta의 중요한 개념 중 하나이며 저자의 다른 저작(Biesta 2006)을 번역한 문헌에서 "개입"으로 옮기고 있어서 이 소제목에서도 일단 이 번역서를 따랐다. 그러나 저자의 또 다른 텍스트(예: Biesta 2016; 2017; 경기도교육청 주최 2019 학교민주시민교육 국제포럼 기조 발제문)를 보면 우리말의 "개입"보다는 상당히 적극적인 의미로 사용하고 있어서 문맥에 따라 "중지" 혹은 "멈춤" 등으로도 옮겼다.

다른 구도로 재분할redistribution하는 것은 현실적으로 쉬운 일이 아니다. 그리하여 교사와 학생 간의 크고 작은 잡음과 충돌들이 늘 발생한다. 저자의 관점에 따르면 잡음과 충돌들은 교육적이면서 정치적인 것이다. 말을 배우는 과정에서 아이가 내뱉은 소리는 목소리로 인정을 받을 수도 있고 소음으로 취급받을 수도 있다. 아이는 자기의 음성 신호가 어떻게 받아들여지느냐에 따라 다양한 반응을 나타낸다. 반응을 소음으로 취급받은 아이는 울어버림으로써 항변할 수도 있다. 이 책에서는 '바바라'라는 가상의 아이를 등장시키고 있다 (81-85). 바바라는 결국 부모로 하여금 자신의 반응이 의미 있는 것임을 납득시킨다. 저자는 아이의 반응을 일종의 정치적 행위로 해석한다. 서두에서 인용한 마사의 반응이 결국 인정받는 것도 같은 맥락이다.

저자에 따르면 지적 해방은 일반적으로 학교의 프로그램과 교수법의 개선을 통해서는 이루어지지 않으며 오히려 기존의 방법과 프로그램이 **중지**될 때 가능하다(39). 위에서 지적했듯이 해방은 설명 의존의 사이클 고리를 끊는 것, 혹은 분할의 구도를 깨는 것이다. 랑시에르는 교육과 정치를 동일선상에서 논의한다. 우리가 일반적으로 언급하는 정치politics는 랑시에르에 따르면 치안policy일 뿐이다. 정치는 치안 질서를 **중지**시킬 때 나타난다. 따라서 정치는 언제나 있는 것이 아니라 항상 미시적으로 그리고 예외적으로 발생하는 것으로 본다 (62). '개입의 교육a pedagogy of interruption'은 이러한 정치 개념의 교육적 버전이라고 볼 수 있다. 이러한 개입의 교육은 해방에 있어서 대단히 중요한 주제로서 저자의 다른 저작에서도 심도 있게 다루어지고 있다.[18] 개입의 교육이란 개념은 교육의 모든 차원을 포괄하는 것이 아니라 특히 주체화에 중점을 두는 것이다.[19] 주체화는 주체의 유일성을 포용하는 것으로 이때의 유일성은 "차이로서의 유일성"이 아니라 "대체 불가능한 존재로서의 유일성"이다. 주체화라는 교육의 목표는 인간을 유일한 존재로 다시 태어남을 인정하는 것이다. 유일한 존재로 태어나는 것은 공동체 구성원으로서의 정체성을 가지고 살아가는 것과는 다르다. 그러면 유일한 존재는 어떻게 공동체가 아닌 공간에서 살아가는가?

우리가 살아가는 일반적인 공동체는 흔히 어떤 공통점을 갖는 다수에 의해 구성되는 것으로 이해된다. 이런 공동체를 "합리적 공동체"라고 규정할 수 있다. 합리적 공동체의 구성원이 되면 발언권을 얻는다. 그 자격은 구성원으로 하여금 말을 할 수 있게 해주지만, 그것은 **합리적 공동체의 구성원** 자격으로 말하는 것이다. 이는 이런 자격으로 하는 말은 대표적인 목소리라는 것을 의미한다. 우리가 이 자격으로 말할 때 우리는 서로 대체될 수 있다. 이것은 결국 우리의 유일성이 가치가 없고 중요하지 않게 된다는 것을 의미한다. 교육의 상황으로 끌어와 보면 학생과 교사에게는 명시적으로든 암묵적으로든 합의된 표준이 있다. 이 표준에 맞는 목소리를 인정받지만 여기에 어긋나는 목소리는 무시되거나 금지된다. 앞서의 사례에서 친구와의 대

---

18 Biesta, G.(2006). Beyond Learning: Democratic Education for a Human Future. Paradigm Publishers. 박은주 옮김(2022). 『학습을 넘어: 인간의 미래를 위한 민주 교육』. 교육과학사 및 Biesta, G.(2010). Good Education in an Age of Measurement: Ethics, Politics, Democracy. Routledge.
19 이하 중지의 교육에 관한 소개는 Biesta, G.(2010). ibid., pp. 75-90을 참고했다.

화를 소음으로 규정한 것은 교사가 볼 때 학생에게 요구되는 표준에 맞지 않은 목소리로 판단했기 때문이다. 서두에 인용했던 사례에서도 교사가 마사에게 동일한 질문을 반복한 것 역시 마사의 반응이 교육활동에서 규정된 표준에 맞지 않다고 간주되었기 때문이다. 대표적인 목소리에는 유일성이 존재하지 않으며 주체화의 교육 목표도 달성되지 않는다.

반면에 우리 자신의 목소리로 말할 수 있는 기회가 생기는 것은 합리적인 공동체를 벗어날 때이다. 이 경우 우리는 더 이상 공통점이 있는 공동체 안에 있지 않고 '공통점이 없는 사람들의 공동체', 즉 '타자의 공동체'의 일부로 존재한다. 우리의 유일하고 독특한 목소리를 필요로 하는 것은 바로 바로 이러한 조건이다. 이러한 목소리는 말하기 방식이 아니라 무엇보다 응답의 방식, 레비나스 식으로 말하면 "타자의 얼굴"이 요구하는 방식으로 이루어진다. 타자의 공동체는 만들어낼 수 있는 것이 아니며 어쩌다가 존재하는 것이다. 즉 우리가 타자에 노출되는 순간에, 말하자면 "불가피한 상황"에 노출되는 순간에 존재한다. 타자의 공동체는 "다른 사람들과 함께하는" 또 다른 양상으로서, 때때로 합리적인 공동체의 일을 **중지**시키는 것으로만 존재한다. 이와 관련하여 저자는 타자의 공동체에 수반되는 유일성의 존재 조건을 소극적으로 규정한다. 즉 유일성의 조건을 의도적으로 만들어낼 수 없지만 유일성이 나타나지 않도록 하는 조건을 만드는 것은 쉽다는 것이다. 유일성을 억압하는 조건이란 가령, 학생들의 "표준적인" 존재 방식을 **중지**시키는 만남과 반응적이고 책임 있는 반응을 유발할 수 있는 만남을 방해할 때 일어날 것이다. 이런 일은 학생들로 하여금 표준적인 존재 방식을 요구할 때 일어난다.

그러나 저자는 합리적 공동체 및 타자의 공동체는 두 개의 다른 공동체로 이해되어서는 안 되며, 우리가 선택할 수 있는 두 가지 옵션으로 이해해서는 더욱 안 된다고 주장한다. 어떤 종류의 커뮤니티를 갖고 싶은지 먼저 결정한 다음 단지 그것을 생겨나게 할 수 있는 것이 아니란 의미이다. 여기에는 두 가지 이유가 있다. 첫 번째는 합리적 공동체 없이는 할 수 있는 것이 없기 때문이다. 교육은 여기에 중요한 역할을 한다. 두 번째 이유는 어떤 의미에서든 "타자"의 공동체는 의도적으로 만들어낼 수 있는 것이 아니기 때문이다.

요컨대 개입의 교육은 "표준적인" 질서의 중지 가능성을 열어 두는 교육이다. 그것은 무엇보다도 중지의 가능성에 헌신하는 교육이며, 아마 스스로도 멈추는 교육일 것이다. 따라서 개입의 교육은 능력배양이나 사회화가 아닌 주체화의 영역에 자신의 자리를 배정한다. 물론 능력배양이나 사회화의 영역을 통해서도 개입의 교육이 작동할 수는 있다. 개입의 교육은 "강력한" 교육이 아니다. 어떤 의미에서 그것은 "성과"를 보장할 수 있는 교육이 아니다. 오히려 주체화의 문제에 있어서 교육의 근본적인 연약성weakness을 인정하는 교육이다.[20] 개입의 교육은 얻는 교육이 아니라 무언가를 상실할 위험이 있는 교육이다. 그러나 저자에 따르면 우리가 세상에 가져온 것을 상실한 위험을 감수하지 않으면 결코 자유와 주체성을 얻을 수 없다. 인간의

---

20 저자는 별도의 저작 『The Beautiful Risk of Education』에서 교육의 연약성에 대해 체계적으로 논의하고 있다. Biesta, G.(2013). 『The Beautiful Risk of Education』. Paradigm Publishers.

주체성이 어떤 식으로든 교육적으로 만들어질 수 있다는 생각을 포기할 때만 유일성이 세상에 들어오는 공간이 열릴 수 있기 때문에 교육의 존재론적 연약성은 동시에 교육의 실존적 강점이 된다. 이것이 개입의 교육이 던지는 도전이다.

저자(혹은 랑시에르)가 이 책에서 중점적으로 다루고 있는 해방과 주체화, 유일성 그리고 개입의 교육은 사실 언어의 특성과 관련이 있다. 우리는 언어를 통해서 교육을 하고 서로 의사소통을 하지만 언어는 결코 고정된(혹은 표준적인) 의미를 담고 있지 않다. 저자에 따르면 외국어를 번역하는 행위나 유아가 새로운 언어적 표현을 시도하는 행위에는 모호함에서 오는 시행착오와 당혹스러움과 짜릿한 경험exhilarating experience이 수반된다. 그러한 경험은 확실함보다는 머뭇거림에 가까운데 저자는 이러한 머뭇거림이 지적 해방의 기반이 된다고 주장한다(31).

7. 언어의 자의성

> 진리는 말로 표현할 수 있는 것이 아니다. 진리는 전체적이지만 언어는 그것을 조각낸다. 진리는 필연적이지만 언어는 자의적이다. 자코토의 가르침에서 보편적 가르침의 선언 이상으로 스캔들을 불러온 것은 '언어의 자의성'에 관한 이 명제였다(181).

교육에 있어서 강함과 명료함을 하나의 범주로 묶는다면 연약함과 모호함은 이와 대비되는 또 다른 범주로 묶을 수 있을 것이다. 해방이 일어나는 조건을 후자에서 찾는 저자의 관점은 강함과 명료함을 기본으로 알고 살아온 이들에게는 다소 당혹스러움을 안겨줄 수도 있다. 앞에서 살펴보았듯이 저자는 해방을 번역의 과정에 비유한다. 번역의 과정에는 늘 모호함과 당혹스러움이 수반된다. 같은 말을 사용해도 사람마다 그 말에 부여한 의미의 역사가 다르기 때문에 모두가 동일한 의미로 받아들인다는 보장이 없다. 외국어의 경우에는 말할 필요도 없다. 그러므로 외국어를 번역하고 외국어로 번역하는 것을 포함해서 언어로 의사소통하는 데에는 늘 불협화음이 수반된다. 가르침과 배움의 과정에서도 유사한 불협화음이 늘 수반된다. 이 점에서 가르침과 배움은 의역의 과정에 비유할 수 있을 것이다. 저자는 이 불협화음을 제거해야 할 문제로 보지 않고 그 속에서 해방의 가능성을 찾는다. 복잡계 관점, 특히 복잡반응과정 이론에서는 의사소통의 불협화음(오해)을 창발의 원천으로 본다.

번역이나 교육을 포함해서 언어를 통해 이루어지는 모든 활동이 모종의 알고리즘에 의해서 이루어지는 것이라면 모호함도, 불협화음도, 오해도, 시행착오도 발생하지 않을 것이다. 동시에 주체화와 유일성, 자유, 해방이라는 교육의 목표도 포기해야 할 것이다. 저자는 랑시에르를 불러들여 이 문제를 언어의 자의성과 연결한다. 저자는 언어를 통하여 진리를 전달하려는 것을 '언어에서 진리로 직선을 그린다'고 표현하면서 이는 언어의 자의성을 놓치는 것이라고 주장한다.

우리가 언어를 사용해서 어떤 것을 설명할 때, 그 언어에서 진리로, 즉 설명하는 언어에서 설명되는 대상의 진리로 직선을 그린다. 랑시에르에게 있어서 언어에서 진리로 긋는 이 직선은 모든 형태의 학교교육을 이끄는 설명적 어리석음의 기초다. 무언가를 설명하려는 이러한 경향은 언어가 자의적이라는 언어의 핵심적인 측면을 놓치고 있는 것이다. … 언어의 자의성은 매순간 자신이 말하는 것과 남의 말을 듣는 것을 모험으로 바꾼다. 이러한 모험은 두 가지 소원, 즉 말하고 싶은 소원과 듣고 싶은 소원 간의 긴장된 상호작용을 전제로 하며, 각자는 매 순간 혼란의 심연에 빠질 위험으로 위협을 받는다. 이 혼란의 심연 위에 의미를 만들려는 의지의 줄타기가 펼쳐져 있다(191-193).

아이가 언어의 자의적인 특성과 성공적으로 씨름하는 것은 모든 주체의 지적 능력이 평등하다는 것을 보여준다. 반면에 문법을 중시하며 설명을 중시하는 이는 언어가 자의적이라는 것에 동의하지 않는다. 이러한 설명자는 학생의 언어 습득을 용이하게 하기 위해 교사가 만든 문법 또는 의미론에 따라 모든 언어를 체계화하고 가르칠 수 있다고 가정한다. 설명자는 문법이 먼저 확정되어야 하며 이러한 문법이 확정된 후에라야만 올바른 문법을 활용하여 올바른 가르침을 제공할 수 있다는 것이다. 그는 아이가 모국어를 습득할 때 직면하는 언어의 자의성과, 이 자의성을 배우는 과정에서 진행되는 '근접에서 근접으로'의 방식을 정상적인 과정이 아니라고 주장한다. 언어가 자의적이라는 것은 해석(또는 재해석)의 여지 혹은 가능성을 남기는 것이다. 그리고 이 해석(또는 재해석)의 가능성은 기존 감각적인 것의 분할을 재분할할 수 있는 단초가 된다.

또한 랑시에르는 언어의 자의성을 수용하는 사람들은 시인이 된다고 주장한다. 예술가는 보편적으로 받아들여지면서도 이전에 정확히 표현된 적이 없는 진리를 전달하는 것이 얼마나 어려운 일인지, 그렇지만 얼마나 필요한 일인지를 알고 있다. 저자는 이를 '시인은 감정이라는 침묵의 언어와 말로 표현된 언어적 자의성 사이의 틈새에서' 작업한다고 표현한다. 저자가 여기서 '시적인 것' 혹은 예술을 끌어들이고 있는 것은 정형화되고 표준화된 것, 고정된 것, 불변의 것의 틀을 깨는 것이 해방, 주체화, 자유, 해방과 연결된다고 보기 때문이다. 그러면서 랑시에르의 저작을 어떻게 읽어야 하느냐 하는 문제를 제기한다. 이는 지금까지 소개한 랑시에르의 저작 또한 일종의 설명 혹은 더 나은 교육을 위한 일종의 방법이 아니냐 하고 문제제기할 사람들을 염두에 둔 것으로 보인다. 이와 관련해서 저자는 다음과 같이 말하고 있다.

> 더욱 흥미로운 것은 가르치지 말라고 주장하는 이 책의 가르침이다. 우리가 자코토(혹은 랑시에르)의 가르침에 동조한다면, 우리 앞에는 교육의 길로서 따라가야 할 저서가 놓여 있다. 그러나 그 길은 랑시에르가 제시한 단계를 통해 종점에 이르려고 줄곧 따라가서는 안 되는 것으로 밝혀졌다. 그러므로 우리가 공감해야 할 대상은 자코토의 **교육방법이 아니라 그의 이야기이며 랑시에르의 교육방법이 아니라** 그의 이야기이다. … 말하자면 이 책은 가르침(설명 – 옮긴이)의 프레임을 떠나 읽어야 한다는 것이다. 랑시에르가 다른 데서 언급했듯이 이 책의 스타일은 연구자뿐만 아니라 예술가의 표현방법과 흡사하다. 이 책은 독자들에게 자신의 삶을 번역하도록 요구하는 이야기를 제공한다. 이 책은 독자들이 읽고 나서 그들 나름대로 **해방된 이야기꾼**이 될 것을 요청한다. 교육방법을 일반화할 수 없어서 독자가 그 효과를 미리 예측할 수 없는 책을 접했을 때, 그 책에 들어 있는 언어적 표현의 의미는 독자 자신의 경험에 맡겨진다. 우리는

배울 수는 있지만 이는 이야기를 통해서만 가능하다. … 여기서 중요한 것은 랑시에르의 교육 사상이 단지 모종의 교수법을 위한 비법이 아니라는 점이다. 다시 말하지만 그것은 스토리이지 방법이 아니다. … 이보다는 **교육과 관련해서 이전과는 다른 이야기가 회자되기를 기대하는 것**이다(251-252).

이 부분은 저자(혹은 랑시에르)의 접근이 '설명 프레임'과 어떻게 다른지를 잘 보여주고 있다. '설명 프레임'에서는 설명을 듣는 자가 설명 내용을 그대로 수용할 것을 기대한다. 설명 수용자는 자기 나름으로 번역 또는 의역할 필요가 없이 설명 내용을 간직했다가 필요할 때 꺼내 쓰면 된다. 그러나 텍스트나 교사가 던져 준 말이 이야기로 '회자'된다는 것은 의미가 다르다. 복잡반응과정 이론에 따르면 상호작용을 거치면서 사실에서 "의미"가 생성된다. 교육 내용이 학생의 외부에 머물지 않고 학생과 한 몸이 되는 것은 의미가 만들어질 때이며 의미가 생성된다는 것은 학습이 교육내용과 교사의 가르침에 구속되지 않는다는 것을 의미한다. 저자는 여기에서 해방의 가능성을 발견하고 있다. 배움을 통해 생각과 행동이 달라지고 삶이 변화되는 해방은 설명을 통해 객관적인 사실 혹은 지식을 전달 받음으로써가 아니라 주체적인 해석을 함으로써 이루어진다는 것이 저자의 일관된 생각이다. 이와 관련하여 저자는 시와 예술의 메타포를 끌어들이고 있다. 시와 예술은 의미를 만들고 또 의미에 의해 창조되는 세계이기 때문이다. 미국 남북 전쟁이 끝난 후 링컨 대통령은『엉클 톰스 캐빈』의 저자를 만난 자리에서 다음과 같은 말을 했다는 일화가 전해진다.

"당신이 이 위대한 전쟁을 일으킨 책을 쓰신 분이군요. You are the little woman who wrote the book that started this great war."

저자Biesta의 관점을 끌어들이면 이 소설의 이야기가 독자들에게서 생각의 변화를 이끌어내는 계기가 될 수 있었던 것은 그들이 소설 속에서 어떤 정보를 습득해서라기보다는 그 소설이 '회자'되었기 때문이라고 할 수 있다. 그래서 저자는 이 책에서도 교육과 관련해서 이전과는 다른 이야기가 회자되기를 기대하고 있는 것이다.

8. 가르침과 배움의 간극

'나는 아이들의 원수였다.' -『엄마 반성문』의 저자 이유남 교장의 고백이다. 완벽주의 교사이자 엄마로서 겪었던 영광과 좌절의 경험을 반성하는 마음으로 진술하게 풀어내고 있다. 부모의 의도대로 성장하는 이이는 없다. 교사가 가르치는 대로 배우는 학생도 없다. 아이는, 아니 인간은 누군가로부터 가르침이나 어떤 메시지를 받으면 자기 나름대로 '해석'을 하게 마련이다. 이 '해석'의 과정이 가르침이라는 "입력input"과 배움이라는 "출력output" 간에 간극을 만들어낸다. '해석'의 과정에는 그가 살아온 삶 전체가 반영된다. 따라서 같은 것을 "입력"해도 "출력"은 사람마다 다를 수밖에 없다. '가르친 대로 받아들이라'는 것은 이런 '해석'의 과정을 용납하지 않는 것이다. 이렇게 보면 의도/가르침과 성장/배움 사이에는 항상 간극gap이 있다. 교육은 부모와 교사가 의도하고 가르치는 대로 이루어지지 않는다. 의도/가르침과 성장/배움 간의 일치는 무한히(영원히) 연기된다.

학생들을 직접 가르치는 교사만이 아니라 많은 정책 입안자와 정치인들은 교육을 완벽하게 통제 가능하고 예측 가능한 기술로 만들고자하는 열망을 끊임없이 표출하고 있다. 저자는 가르침(입력)과 배움(출력)의 일치를 추구하는 입장을 통제담론으로 규정한다. 이러한 담론에서는 "입력"과 "출력", 즉 가르침을 베푸는 것과 배움의 불일치를 교육의 위험 신호로 받아들인다.[21]

저자가 중점을 두는 주체화를 통한 교육의 해방은 강력한 교육이 아니라 연약한 교육과 맥락을 같이한다. 저자는 다른 저작에서[22] 느리고 어렵고 답답하고 연약한 교육 방식은 오늘날과 같은 조급한 사회에서 인기 있는 방식이 아닐 수 있지만 장기적으로는 이것이 지속 가능한 유일한 방법일 수 있다고 주장한다. 이와 관련하여 저자는 교육의 주체화를 시적이고 철학적인 의미에서 경험의 장을 재구성하는 것(212)이라고 정의했다. 쉽게 말하면 학생이 교육내용과 교사의 가르침을 그대로 받아들이지 않는다는 것을 의미한다. 저자는 또한 '가르치는 활동이 학생에게 어떠한 영향을 미친다면 그것은 무엇보다도 **학생 자신의 활동과 해석**에 의한 것'이라고 지적하기도 한다.[23] 이것은 모든 교육활동에는 항상 위험과 오해의 위험이 수반된다는 것을 말해준다. 교육에 오해와 위험이 수반되는 것은, 예이츠가 말했

---

21 Osberg, D. and Biesta, G.(2010). Complexity Theory and the Politics of Education. Sense Publishers. pp. 1-2.

22 Biesta, G. J.(2013). The Beautiful Risk of Education. Paradigm Publishers. p. 4.

23 Peters, M. & Biesta, G, Derrida, Deconstruction, and the Politics of Pedagogy, Peter Lang, 2009. p. 105.

듯이, '교육이란 양동이에 물을 채우는 것이 아니라 불을 붙이는 것' 이기 때문이다. 그러나 이 위험과 오해는 해방의 가능성을 여는 계기로 작용한다는 것이 저자의 생각이다. 이 말은 가르침과 배움 사이에는 간극이 존재한다는 것을 의미한다. 교육에서 위험을 완전히 배제한다면 교육을 통째로 망친다.[24]

그런데 교사들은 자신들이 가르치는 것과 학생들이 배우는 것이 반드시 일치하지 않는다는 것을 알고 있기 때문에, 산출의 측면, 그중에서도 평가를 통해서 이런 가르침과 배움의 일치를 위한 가치판단을 한다. 예를 들면 표준적인 기준에 따라 올바른 해석을 내놓는 학생들에게 보상을 한다든가 아직 목표에 도달하지 못하여 제대로 이해할 때까지 추가교육이 필요한 학생들을 가려내는 것과 같은 일이 여기에 해당한다(246). 그러므로 표준적인 기준과 주체화(혹은 해방)의 노력 사이에는 끊임없이 불협화음이 빚어진다. 서두의 인용문에서 마사의 응답에처럼 교사는 표준적인 기준에 어긋나는 사태에서 발생하는 불협화음으로 인해 고통을 받기도 한다. 이 책은 이러한 불협화음에 대처하는 방식과 관련하여 아무런 지침을 주지 않는다. 만일 이러한 반응에 대해 랑시에르(혹은 저자)가 "피곤한 사람들은 어쩔 수 없지!"[25]라고 한다면 참으로 불친절한 응답일 것이다. 그러나 저자는 이 불협화음과 곤혹스러움이 학생만이 아니라 교사의 해방을 위해서 치러야 할 대가라고 할 것이다. 모든 교육활동이 아무런 불편함이

---

24 op.cit. p. 1.
25 랑시에르의 책 제목이기도 하다. 자크 랑시에르 지음. 박영옥 옮김(2020).『자크 랑시에르와의 대화 – 피곤한 사람들은 어쩔 수 없지!』. 인간사랑.

없이 기계적으로 수행될 때 과연 학생은 물론 교사에게 과연 의미가 있을지를 생각해보면 약간은 위로가 될지도 모르겠다.

한 가지 다행인 것은 '책에 들어 있는 언어적 표현의 의미는 독자 자신의 경험에 맡겨진다'는 표현에서 해방감을 경험할 수 있다는 것이다. 우리는 가끔, '이 글에 들어 있는 저자의 의도가 무엇이냐' 하는 질문을 할 때가 있지만(흔히 시험에서는 이런 질문으로 평가를 하기도 한다.), 여기서는 '어떻게 읽는 것이 저자를, 그리고 랑시에르를 잘 이해하는 것이냐' 하는 의문은 '이 시의 진정한 주제가 무엇이냐' 하는 의문만큼이나 의미가 없다. 저자에 따르면 텍스트의 의미는 저자가 아니라 독자의 몫이기 때문이다.

개인적으로 겪었던 경험 한 토막을 소개하면서 옮긴이 서문을 종결하고자 한다. 나는 교직에 있는 동안 교육활동을 만족스럽게 했다고는 생각하지 않는다. 학생들과 부대끼며 벌어지는 일들은 예측을 벗어나는 경우가 대부분이었기 때문에 어떠한 사전 준비도 벌어지는 사건들을 완전히 커버해 주지는 못했다. 교직을 마무리할 즈음 서울의 어느 학교에서 학교폭력대책자치위원회 위원장의 업무를 맡아 학교폭력 실태를 확인해 보니 폭력대책자치위원회 개최 건수가 연간 14회에 이르고 있었다. 결론을 말하면 1년 후에 회의 개최 건수를 1회로 줄일 수 있었다. 대체 어떤 일이 있었던 것일까?

어린 시절 나에게는 가족 중 한 사람이 마을에서 겪었던 심각한 폭력 피해의 경험이 있었다. 살아가면서 그 경험은 나로 하여금 가해자와 피해자의 악연을 소송을 통한 제도의 힘으로는 끊어낼 수 없다는 것을 깨닫게 하는 데 충분했다. 학교폭력대책자치위원장의 업무를 수행하면서 "의지"가 있으면 문제 해결의 "지혜"는 어떻게든 모색하게 된다는 것을 알게 되었다. 그리고 그 의지를 현실에서 구현하는 데는 어느 정도의 위험을 감수해야 한다는 것도 알게 되었다. 제도의 틀에 철저히 구속되어 살아가면 위험을 감수할 필요가 없어진다. 서두에 소개한 에피소드에서 마사의 대답을 적극적으로 인정하는 위험을 교사가 감수하지 않으면 마사의 배움에 대한 열의는 사그라질 것이다. 이 책의 저자Biesta가 교육을 '아름다운 모험beautiful risk'[26]이라한 것은 이런 점을 지적한 것으로 볼 수 있다.

그러나 위에서 언급한 학교폭력 문제의 해결과 관련한 지혜는 개인적으로 겪었던 경험에서 나온 것이어서 섣불리 일반화를 하려 한다면 실패할 가능성이 많을 것이다. 앞에서 지적한 자코토의 보편적 가르침의 원리도 일반화되면서 흐지부지 사라져갔다고 랑시에르가 진단한 점에 주목할 필요가 있다. '어떤 집단이나 정부, 군대, 학교, 제도 등을 통해서는 단 한 사람도 해방시키지 못할 것'이라고 한 것은 바로 이 점을 가리킨 것이다. 우리는 뭔가 성공적인 교육활동 사례를 보면 어떻게 이를 일반화 혹은 제도화할까를 생각하는 경향이 있지만 일반화, 제도화의 함정을 보지 못하면 실패를 면하기 어려울 것이다. 어떤 교육활동을 일반화, 제도화 하려는 것은 교육의 문제를 '방법'의 측면에서 해결하려는 것으로 볼 수 있다. 그러나 '방법'이나 제도에는 '열정'이 들어 있지 않다. 교육의 개선을 위해 교육 주체들

---

26 Biesta, G. J.(2013). The Beautiful Risk of Education. Paradigm Publishers.

이 많은 시간과 노력을 들여 연수를 받지만 기대하는 만큼의 교육적 효과를 거두지 못하고 있는 것도 여기에 주요 원인이 있다고 여겨진다. 저자 Biesta는 인간에 대해 유일한 존재로 다시 태어남을 인정할 때 주체화가 실현된다고 했다. '열정'은 '주체화'에 수반되는 일종의 부수 효과라고 할 수 있다. 그러나 교육을 표준화된 방법으로만 접근하면, 서두에 제시한 마사의 예에서 보듯이, '주체화'는 실종된다. 너도나도 자코토의 원리를 모방하여 실천하자 역설적으로 자코토의 원리는 소멸되어갔다고 한 것은 이런 맥락에서이다. 그래서 랑시에르는, 중요한 것은 '방법'이 아니라 '철학'이라고 보았다. '철학'이 있으면 '방법'은 스스로의 힘과 노력으로도 개발할 수가 있기 때문이다. 철학은 정보처럼 누군가로부터 쉽게 전달받을 수 있는 것이 아니라는 점이 난제이기는 하지만 우리의 교원 연수도 '방법' 일변도에서 탈피할 필요가 있다. 방법과 규정, 제도는 지켜져야 하는 것이지만 교육자가 여기에 갇히는 것은 최소한의 교육에 머물 뿐이다. 그러나 제도교육에서 교육자들이 '제도화'를 도외시하는 것은 가능한 선택이 아니기 때문에 '제도화'와 '주체화' 간에는 불가피하게 불협화음이 상존한다. 랑시에르의 「무지한 스승」은, '제도화'와 '주체화' 간의 불협화음은 제거해야 할 문젯거리가 아니라 함께 가야 하는 동반자라는 사실을 일깨워주고 있다. 지혜 있는 교사는 이 불협화음에서 창의적인 교육활동의 아이디어를 이끌어낼 수도 있을 것이다.

랑시에르와 저자는 공통적으로 교육을 포함하여 사회 전반에 걸쳐 근대의 기획에 대해 비판하고 있으며 이 점에서 복잡계의 관점과도

만나는 지점이 있다고 판단된다. 이 책은 랑시에르의 『무지한 스승』이 지니고 있는 교육적, 정치적 의미를 심도 있게 그려내고 있다. 주지하다시피 학문 간 경계를 뛰어넘는 랑시에르의 글은 난해하기로 유명하다. 네덜란드 출신으로 세계 여러 나라에서 연구와 학술활동을 계속해 온 저자G. Biesta는 영어에 익숙한 독자들이 이 저작에 비교적 쉽게 접근할 수 있도록 랑시에르 저작의 난해함을 다소 해소해 주고 있으나, 교육과 관련하여 랑시에르 못지않게 심도 있는 철학적 논의를 펴고 있는 이 책의 내용을 온전히 이해한다는 것은 옮긴이의 역량을 넘어서는 일이라는 생각이 들었다. 그럼에도 불구하고 이 책을 우리말로 옮기기로 만용을 부린 것은, 저자가 이 책에서 제시하고 있는 관점이 교육의 평등과 관련하여 우리가 가보지 않은 블루오션의 길이라고 판단했기 때문이다. 이 책을 옮기는 데 있어서 그동안 복잡계교육학회 회원들과 여러 주제를 넘나들며 벌였던 토론으로부터 큰 도움을 받았다. 이 자리를 빌려 깊은 감사를 드린다. 곳곳에서 발견될 수 있는 오역과 부적절한 표현은 오로지 옮긴이의 역량 부족에서 빚어진 것이다. 이 번역서를 출판하기로 결정해 준 도서출판 씨아이알의 김성배 대표이사님을 비롯하여 번역 원고를 읽으면서 문장과 어휘 하나하나까지 꼼꼼히 살펴봐 준 신은미 팀장을 비롯한 출판사 관계자들에게도 고마운 마음을 전한다.

2023년 4월 이민철

차례

|

1장

『무지한 스승』에 대하여

제1장

『무지한 스승』에 대하여[1)]

자크 랑시에르

우리는 학교 교사의 특성에 대해 논의하기 위해 자리를 함께 했다. 나는 일찍이 『무지한 스승』을 집필했다(Rancière 1991a).[2)] 따라서 교사의 가장 중요한 특성은 무지의 덕목이라는 터무니없는 주장을 옹호하는 것이 나의 당연한 몫이 되었다. 그 책에서는 1830년대 네덜란드와 프랑스에서 상당한 파문을 일으킨 조셉 자코토의 역사를 되새기고 있다. 그 파문은 교육받지 않은 사람일지라도 교사의 설명 없이 스스로 배울 수 있고 교사들은 자신도 모르는 것을 가르칠 수 있다고 선언함으로써 일어났다. 이 파문을 되새기는 데에는 매우 단순한 역설을 다룬다는 위험 외에도 한물간 사상과 과장된 교육사적 사건을 즐긴다는 위험이 추가된다. 나는 이러한 작업이 역설을 즐기는 문제가 아니라 지식과 가르침 그리고 배움의 의미에 대한 근본적인 탐구의 문제, 말하자면 교육의 역사 속으로 떠나는 즐거운 여행이 아니라 교육의 논리와 사회의 논리가 서로 관계를 맺고 있는 방식에 대한 시의적절한 철학적 성찰의 문제임을 보여주고자 한다.

그러면 문제의 핵심으로 들어가 보자. 이 무지의 본질 혹은 덕목은 무엇인가? 무지한 교사란 어떤 뜻인가? 이 질문에 제대로 대응하기 위해서는 몇 가지 측면에서의 검토가 필요하다. **첫 번째**, 가장 직접적인 경험의 측면에서 보면 무지한 교사란 자신이 알지 못하는 것을 가르치는 사람이다. 1820년대에 조셉 자코토는 예기치 않게 브뤼셀에서 2개 언어로 출판된 『텔레마코스의 모험』[3]이라는 교재를 사용하여 플랑드르 지방의 학생들을 가르치게 되었다. 그러나 그는 학생들의 언어인 네덜란드어를 몰랐고, 학생들 또한 그의 언어인 프랑스어를 알지 못했다. 그는 학생들의 손에 그 교재를 쥐어주면서 통역자를 통해 책의 절반을 번역서의 도움으로 읽은 다음 배운 것을 끊임없이 반복하고, 나머지 절반을 빨리 읽은 후 읽은 내용에 대해 자기들이 생각한 것을 프랑스어로 써보라고 했다. 그가 어떤 지식을 전달하지 않았음에도 이 학생들은 자기가 지시한 대로 자신을 매우 잘 표현할 수 있을 만큼 프랑스어를 배울 수 있었다는 점에 대해서, 다시 말해 자기는 아무것도 가르치지 않았는데도 그들을 이렇게 교육시킬 수 있었던 점에 대해 놀랐다고 한다. 이러한 사실을 통해서 그는 다른 사람의 지적 능력intelligence[4]을 발휘할 수 있게끔 하는 교사의 행동은 지식의 소유와는 무관하며, 무지한 사람이 또 한 명의 무지한 사람에게 서로가 모르는 것을 가르칠 수 있다고, 예를 들면, 문맹자가 또 한 명의 문맹자에게 읽기를 배우도록 할 수 있다고 결론을 내렸다.

두 번째 살펴볼 측면은 '무지한 교사'라는 표현의 의미에 관한 것이다. 무지한 교사란 교사로서의 역할에 흥분하는 무지한 사람이 아니다. 그는 지식을 전달하지 않고 가르치는 교사이다. 다시 말하면, 다른 사람을 위해 지식의 도구가 되는 사람이다. 따라서 그는 교사로서의 노련함과 그의 지식을 분리하는 교사, 말하자면 소위 '지식의 전달'은 서로 분리되어야 하는 두 가지 요소인 의지와 지적 능력, 즉 배우는 자와 가르치는 자의 의지 및 배우는 자와 가르치는 자의 지적 능력이 뒤얽힌 관계로 이루어져 있음을 보여주는 교사이다.[5] 그러나 이 분리의 의미에 대해서 오해해서는 안 된다. 이 분리를 해석하는 통상적인 방법은 한 사람이 다른 사람의 지적 능력을 더 효과적으로 깨우칠 수 있도록 교육적 권위의 관계를 내려놓는 것이다. 이는 수많은 반권위주의 교수법의 원리이며, 그 모델은 지식을 이끌어내기 위해 무지를 가장하는 소크라테스식 교수법으로서의 산파술이다. 그러나 무지한 교사는 이 분리를 다른 방식으로 수행한다. 그는 실제로 이 산파술의 이중 전략을 알고 있다. 이 산파술은 사실 능력을 창조한다는 미명하에 무능을 드러내려고 하는 것이다. 소크라테스는 거짓된 식자의 무능뿐만 아니라, 지적 능력과 지적 능력 간의 적절한 관계를 통해 교사로부터 올바른 길을 인도받지 못한 모든 사람의 무능을 드러낸다. '자유주의자'의 산파술은 단지 통상적인 수업 방법의 세련된 변이에 불과하며, 그것은 무지한 사람이 지식과 분리된 간극을 메우는 것을 교사의 지적 능력에 위임한다. 자코토는 이러한 분리의 의미를 뒤집는다. 무지한 교사는 가르치는 지적 능력과 배우는 자의 지적 능력의 관계에 전혀 상관하지 않는다. 그는 하나의 권위일 뿐이고, 무지한 사람에게 길을 열어 주려는 의지, 말하자면 이미 가지고 있는 능력, 즉 교사 없이도 누구나 도제 학습이라는 매우 어려운 일에서 성공함으로써 보여준 능력을 촉진하려는 의지를 가지고 있을 뿐이다. 이것이 세상에 태어난 모든 아이가 모국어라는 낯선 언어를 배우는 도제학습이다.

이것이 참으로 박식한 교사인 자코토를 '무지한 교사'로 만든 우연한 경험으로서의 가르침이다. 이 가르침은 바로 교육적 추론의 논리, 즉 그 목적 및 방법과 관계가 있다. 교육적 논리의 일반적인 목적은 학생이 모르는 것을 가르침으로써 모르는 것과 아는 것 사이의 격차를 좁히는 것이고, 이를 위한 일반적인 방법은 '설명하는 것'이다. 설명한다는 것은 지식의 요소들을 정리해서 이른바 수업을 받는 이들의 제한된 능력에 맞추어 전달하는 것이다. 그러나 이렇게 맞춘다는 단순한 생각은 무한 퇴행으로 이어진다는 특징이 있다. 하나의 설명에는 그것을 설명하기 위한 또 다른 설명이 수반된다. 학생들이 배울 지식을 그들에게 설명하려면 여러 권의 책이 필요하다. 그렇게 해도 그러한 설명은 언제나 불충분하다. 교사들은 무지한 사람들에게 이 지식을 설명하고 있는 책들에 대해서 여전히 설명해야 한다. 무지한 사람으로 하여금 모르는 것을 이해할 수 있게 하는 설명을 이해할 수 있도록 하려면 이 설명에 대한 또 다른 설명이 필요하다. 교사가 권위를 발휘하여 더 이상 설명이 필요하지 않는 종결점의 유일한 판단자로서의 역할을 수행하여 실제로 설명을 그만두지 않는 한 퇴행은 원칙적으로 무한히 지속될 것이다. 자코토는 이 명백한 역설의 논리를 간단히 정리할 수 있다고 믿었다. 설명이 원칙적으로 무한한 이유는 설명의 일차적 기능이 그 설명을 통해 단축시키고자 하는 바로 그 거리를 무한히 늘리는 것이기 때문이다.[6]

설명을 한다는 것은 어떤 종결점에 이르는 실질적인 방법과는 전혀 다른 것이다. 설명은 그 자체로 종결점이며, 설명을 종결점에 이르는 방법은 기본 공리, 즉 불평등의 공리를 끊임없이 검증하는 것이다.[7] 무지한 사람에게 무언가를 설명한다는 것은 무엇보다도 설명하지 않는다면 이해되지 않으리라는 것을 설명하는 것이다. 그것은 상대의 무능을 드러내는 것이다. 설명은 무지한 사람이 유식한 사람과 관계가 있는 불평등의 상황을 줄이기 위한 방법으로 제공되지만, 이 불평등의 축소는 오히려 불평등의 확인이 된다. 설명을 한다는 것은 아이가 학습할 내용에 모종의 불투명성이 있으며 이런 불투명성으로 인해 자기를 둘러싼 세계와 말하는 존재들로부터 받은 기호를 충분히 번역할 수 있는 아이의 해석과 모방이 방해를 받는다는 가정을 하고 있다.

이것이 전형적인 교수법의 논리가 지배하는 유형의 불평등이다. 이러한 교수법의 논리에는 세 가지 특징이 있다. **첫째**, 이 논리는 근본적으로 두 가지 유형의 지적 능력을 구별한다. 하나는 서로 말을 하고 또 말한 것을 해석하는 '말하는 존재'의 경험적인 지적 능력이고, 다른 하나는 특정 표현에 따라 사물을 이해하는 체계적인 지적 능력이다. 아이들과 일반인에게는 스토리가 있는 반면 합리적 존재들에게는 이성이 있다. 따라서 가르치는 일이 말하고 해석하는 문제가 아니라 설명하고 이해하는 문제가 되는 순간, 그것은 근본적인 출발점, 즉 새로운 탄생으로 나타난다. 가르치는 일의 첫 번째 업적은 지적 능력을 둘로 나누고 학생들이 지금까지 알고 있는 모든 것을 배웠던 과정을 그들의 일상생활에 맡기는 것이다.

둘째, 이러한 교수법의 논리는 사물의 불명확한 베일을 벗기는 행위로 나타난다. 그것은 위와 아래, 표면과 이면 사이를 옮기는 형태로 나타난다. 설명자는 불명확한 심층을 투명한 표면으로 끌어올리며 반대로 표면의 거짓된 모습을 비밀스런 이성의 심층으로 되돌린다. 이러한 수직의 논리는 학습된 이성의 질서가 지니는 수직적 깊이와, 모르는 것과 아는 것을 비교하면서 근접에서 근접으로 옮겨가는 독학자들의 수평적 방식을 구분한다. **셋째**, 이러한 논리는 특정한 시간성temporality을 내포하고 있다.[8] 사물에서 베일을 걷어내고 표면을 심층으로 되돌리며 모든 심층을 표면으로 끌어올리는 데는 시간만 필요한 것이 아니다. 여기서는 모종의 시간적 순서를 가정하고 있다. 이 베일은 유아의 마음에서 발현되는 능력에 따라, 혹은 이 단계 저 단계에서 무지한 사람의 능력에 따라 점진적으로 벗겨진다. 다시 말하면 진보는 항상 모종의 퇴보와 동시에 진행된다. 아는 자와 모르는 자 사이의 거리를 축소하려는 노력은 불평등의 공리를 복권시키고 또 확증하는 것을 멈추지 않는다.

일반적인 교수법의 논리는 두 가지 기본 공리에 의해 뒷받침된다. **첫째**, 불평등을 줄이기 위해서는 불평등에서 시작할 수밖에 없다. **둘째**, 불평등을 줄이는 방법은 그것을 지식의 대상으로 활용하여 불평등에 순응하는 것이다. 불평등을 줄이는 지식은 불평등에 대한 지식을 통해 성공적으로 작동한다고 본다. 그러나 '무지한 교사'는 이런 '지식'을 거부한다. 이것이 '무지'의 세 번째 의미이다. 역설적으로 들릴 수도 있지만 불평등에 관해서 모르는 것이 불평등을 '줄이는' 방법이 될 수 있다. 불평등과 관련해서는 알아야 할 것이 아무것도 없다. 불평등이 지식에 의해 변형되어 제공되는 것이 아니듯이 평등 또한 지식을 통하여 도달할 수 있는 목적지가 아니다. 평등과 불평등은 두 가지 상태가 아니라 두 개의 '의견', 즉 교육 훈련을 작동시키는 별개의 공리로서 이 둘 사이에는 공통점이 없다. 우리가 할 수 있는 일은 주어진 그 공리를 검증하는 것뿐이다. 학교 교사의 설명 논리는 불평등을 공리로 제시한다. 이 논리에 따르면, 사람들 간에는 불평등이 있지만, 이 불평등을 미래의 평등을 위해 이용할 수가 있다. 교사는 자신의 특권을 폐지하기 위해 일하는 평등하지 않은 사람이다. 학생이 혼자서는 이해할 수 없었던 것의 베일을 체계적으로 벗기는 교사의 기술은 학생이 언젠가는 스승과 동등한 존재가 될 것이라고 약속하는 기술이다. 자코토에게 있어서 미래에 다가올 이 평등은 단지 불평등한 평등을 의미할 뿐이며, 이런 평등은 다시 불평등을 생산하고 재생산하는 시스템을 이끌어낸다. 자코토가 보기에 불평등을 전제로 하는 이러한 과정의 전반적인 논리는 '바보 만들기'라는 명칭을 받을 만하다.[9]

반면에 무지한 교사의 논리는 불평등이 아닌 평등을 공리의 원칙으로 삼는다. 그것은 교사와 학생 관계의 불평등한 상태를, 결코 오지 않을 미래의 평등에 대한 약속과 관련 짓지 않고 기본적인 평등의 현실과 관련을 짓는다. 무지한 자가 교사의 요청을 실천에 옮기려면 교사가 말하는 것을 이미 이해하고 있어야 한다. 말하는 존재들의 평등은 바로 불평등이 존재하는 기반으로서의 불평등 관계에 앞서 존재한다. 이것이 바로 자코토가 말하는 지적 능력의 평등이다. 이는 모든 지적 능력의 모든 작용이 동일하다는 것이 아니라 모든 지적 훈련에는 동일한 지적 능력이 작용한다는 것을 의미한다. 무지한 교사, 즉 불평등이 뭔지도 모르는 교사는 무지한 사람에게 말을 할 때 그의 무지한 점이 아니라 이미 알고 있는 점을 염두에 두고 말을 건다.

사실 무지하다고 여겨지는 사람은 이미 무수히 많은 것을 이해하고 있다. 그는 **듣고 반복하고 관찰하고 비교하고 추측하고 검증함**으로써 이미 많은 것들을 배웠다. 사람들은 모국어를 이런 방식으로 배운다. 문어체 언어를 배우는 것도 마찬가지다. 예를 들면 사람들은 암송한 기도문과 종이 위에 쓰인 동일한 시의 텍스트를 구성하고 있는 낯선 패턴들을 비교함으로써 문어체 언어를 배울 수 있는 것이다. 우리는 학생이 알지 못하는 것을 **아는 것과 연관시켜, 관찰하고 비교하고 목격한 것을 하나하나 열거하며, 언급된 것들을 검증**하도록 해야 한다. 학생이 이를 거부한다면 이것은 그가 더 이상 알 수 없다거나 알 필요가 없다고 생각하기 때문이다.

무지한 사람의 능력을 멈추게 하는 것은 그가 무지하기 때문이 아니라 불평등하다는 사실에 동의하기 때문이다. 이로 인해 무지한 사람은 지적 능력이 동등하지 않다는 의견을 고수하고 있는 것이다.

그러나 정확히 말하면 이러한 의견은 개인적인 실패의 문제가 아니다. 그것은 시스템의 공리, 사회 시스템이 일반적으로 작동하는 공리, 즉 불평등이라는 공리다. 더 이상 지적 능력을 발전시키고 싶어 하지 않은 사람들은 그렇게 '할 수 없는 것'에 만족하고 다른 사람들은 자기보다 능력이 더 부족하다는 믿음에 만족하기 때문이다. 불평등의 공리는 사회적 차원에서 작동하는 불평등을 뒷받침하는 공리다. 이 시스템의 작동을 중지시킬 수 있는 것은 **교사의 지식이 아니라 교사의 의지다.** 해방을 추구하는 교사에게 요청되는 것은 무지하다고 여겨지는 사람에게 현재 알고 있는 것에 대해 만족해버리는 것, 말하자면 더 이상 알 수 없음을 인정하는 것에 대해 만족해하는 것을 금지하는 일이다. 그러한 교사는 학생에게 자신의 능력을 증명하고 처음 출발할 때와 같은 방식으로 지적 여행을 계속하도록 요청한다. 평등을 전제로 작용하고 그에 대한 검증을 요구하는 이 논리에는 '지적 해방'이라는 명칭을 부여할 만하다.

'바보 만들기'와 '해방'의 구별은 교육 방식의 차이가 아니다. 그것은 한편에서 전통적 또는 권위주의적 교육 방식과, 다른 한편에서 새롭고 또는 활동적인 교육 방식 간의 차이가 아니다. 바보 만들기는 모든 형태의 활동적이고 현대적인 교육 방식에서도 일어날 수 있다. **정확히 말하면 이 구별은 철학적인 것이다.** 그것은 바로 지적 교육의 출발을 안내하는 지적 능력의 개념에 관한 것이다. 지적 능력의 평등이라는 공리는 무지한 사람들의 어떤 특정한 덕목이나 대중의 보잘것없는 과학 혹은 지적 능력을 인정하는 것이 아니다. 그것은 모든 지적 교육에는 단지 한 가지 지적 능력만이 작용하고 있음을 인정하는 것이다. 그것은 항상 우리가 모르는 것을 아는 것과 연관시키는 문제, 말하자면 관찰하고 비교하고 말하고 검증하는 문제인 것이다. 학생은 늘 무언가를 탐색한다. 그리고 교사는 무엇보다도 학생에게 말을 걸고, 이야기를 하고, 지식의 권위를 모두 **시적인 형태의 음성 언어 상호작용으로 전환하는** 사람이다. 따라서 철학적 구별은 동시에 정치적 구별이기도 하다. 이는 평범한 지적 능력으로 수준 높은 지식을 비판한다 해서 정치적이란 뜻이 아니다. 그것은 바로 평등과 불평등의 관계라는 개념에 관계되는 것이기 때문에 어떤 점에서 매우 급진적이다.

자코토가 설명의 패러다임을 비판하면서 의문을 제기한 것은 실제로 이 용어들 간의 통상적인 관계의 논리이다. 그는 설명의 논리는 곧 사회적 논리임을 보여주었다. 이 논리는 사회 질서가 제시되고 재현되는 방법이다. 1830년대의 프랑스 역사가 이 시대와 직접적인 관련이 있다면, 그것은 새로운 정치 체제의 수립에 대응하는 본보기 사례이기 때문이다. 이 체제는 불평등이 더 이상 군주 지배 혹은 신성불가침의 현실에 의존해서는 안 되는 시스템, 간단히 말하면 내재성의 시스템 혹은 불평등의 평등화 시스템인 것이다. 자코토 논쟁이 벌어진 때는 실제로 프랑스 혁명의 격변 이후 재구성된 사회 질서가 자리를 잡아가고 있는 시기와 일치한다. 그 시기는 '성취'라는 말의 의미 그대로 혁명을 성취하고자 하던, 말하자면 군주제와 신의 초월성을 파괴하는 비판의 시대에서 자체의 내재적인 이성에 기초하여 사회가 '유기적' 시대로 넘어가고자 하던 시기였다. 말하자면 당시는 생산력과 제도, 신념을 조화시켜 이런 요소들을 단일한 합리성의 체제에 따라 작동하도록 하는 사회를 만들어 가던 시기였다. 이것은 19세기 전반에 걸쳐 단순한 연대기적인 단절이 아니라 역사적 과제로 이해되던 거대한 프로젝트였다. 비판과 혁명의 시대에서 유기적인 시대로 넘어가는 것은 주로 평등과 불평등의 관계를 조율하는 것과 관계가 있다. 아리스토텔레스는 "민주주의자에게는 민주주의를, 과두제 집정자에게는 과두정치를 드러내야 한다"고 말했다.

유기적인 현대 사회의 프로젝트는 평등을 미래에 가시화할 수 있게 하는 불평등한 질서의 프로젝트로, 경제 권력, 제도 및 신념 간의 관계를 조율하려면 이렇게 미래에 평등을 가시화하는 일이 필요하다.[10] 그것은 상류층과 하류층 사이에 두 가지 본질적인 것을 설정하는 일종의 '중재' 프로젝트다. 두 가지 본질적인 것이란 한편에서 최소한의 공통된 신념이 있는 사회구조와 다른 한편에서 다른 수준의 부와 권력 사이에서 이루어지는 제한된 범위 내에서의 사회적 이동을 말한다. 이 프로젝트의 핵심에는 '국민 교육'에 대한 계획이 놓여 있는데, 이것은 국가 공교육 조직뿐 아니라 다양한 자선 단체, 상업 조직 및 지역사회가 주도적으로 추진하는 사업이다. 이 사업의 첫 번째 과제는 '실질적인 능력'을 개발하는 일로서, 구체적으로 말하면 사람들로 하여금 현재의 상황에서 벗어날 수 있게 하는 지식 및 실제로 여기에서 벗어나지 못하더라도 이러한 상황을 비난하지 않고 이를 개선하는 데 도움이 되는 합리적이고도 유용한 지식을 발전시키는 일이다. 두 번째 과제는 합창단의 설립을 모델로 한 국민 취미교육과 같이, 공동체 의식을 발전시키면서 예술의 즐거움에 주체적으로 참여하여 일상생활을 풍요롭게 하는 일에 힘쓰도록 하는 일이다.

　이렇게 다양한 민간과 공공의 이니셔티브에 활력을 불어 넣는 공동체의 비전은 분명하다. 이 비전이 노리는 효과는 세 가지다. **첫째**는 부의 증가와 발전에 참여하지 못하게 함으로써 지배 엘리트들에 대해 원한을 불러일으키는 시대착오적인 실천과 신념을 갖지 않게 하는 일이다. **둘째**, 엘리트와 국민 사이에 최소한의 공통된 믿음과 희망을 심어줌으로써 사회가 적대적인 두 개의 세계로 쪼개지는 것을 미연에 방지하는 일이다. **셋째**, 모든 사람들에게 나아지고 있다는 느낌을 가질 수 있게 하는 최소한의 사회적 이동을 보장해 줌으로써 재능이 매우 뛰어난 자녀들로 하여금 사회적 사다리를 올라가서 지배 엘리트의 부활에 참여할 수 있게 하는 일이다. 이렇게 볼 때 국민교육은 단지 하나의 도구, 즉 사회 질서를 강화하기 위한 실질적 작동 수단일 뿐만 아니라, 실은 사회에 대한 하나의 '설명'이다. 그것은 '평등'을 가시화함으로써 불평등을 재생산하는 방식으로 작동하는 알레고리working allegory인 것이다.

이 '가시화making visible'라는 것은 단순한 환상이 아니라 내가 '감각적인 것의 나눔distribution of the sensible'[11]이라고 부른 확실성, 즉 존재 방식, 행동 방식, 말하는 방식 간의 전반적인 관계에 관여하는 것이다. '가시화'는 사회적 불평등을 숨기는 가면이 아니다. 가시화는 불평등에 대한 양날의 가시성이다. 즉 불평등 자체를 숨기면서도 스스로의 작용을 통해 이와 같이 끊임없이 숨기는 것의 본질을 드러낸다. 불평등은 평등 아래에 숨지 않는다. 불평등에는 평등을 통해 자신을 주장하는 방법이 있다. 평등과 불평등의 등식에는 이름이 있는데 그것을 진보라 부른다. 유기적인 현대 사회는 혁명을 '성취'하는 과제를 스스로 설정하여, 한편에서 진보의 질서, 즉 사회적 이동 및 지식의 확장, 전달 및 적용이라는 변화와 동일한 질서와, 다른 한편에서 고대 사회의 위계적 질서를 대립시킨다. 학교는 이 새로운 진보적 질서를 위한 수단일 뿐만이 아니라 바로 이러한 질서의 모델 그 자체이다. 즉 아는 사람과 모르는 사람 간의 가시적인 차이를 확인하고 모르는 사람에게 그 모르는 것을 가르침으로써 이러한 불평등을 축소하는 데 특별히 헌신하는 불평등의 모델인 것이다. 그러나 이 불평등의 축소는 단지 불평등한 사람들(교사를 가리킴 – 옮긴이)에게만 알려진 최선의 방법에 따라 단계별로 이루어진다. 그 방법이란 습득 가능한 좋은 용도의 지식을 적절한 순간에 정해진 사람들에게 제공하는 것이다. 학문의 발전은 지식의 전달을 제한하고, 지연을 조직화하고, 평등을 지연시키는 기술이다. 설명의 대가master explicator라는 교육의 패러다임은 학생들의 수준과 요구에 맞게 설계된 것으로, 교육기관에 부여된 사회적 기능의 모델을 제시하며, 이는 그 자체가 진보라는 질서에 의해 운영되는 사회의 일반적인 모델로 여겨진다.

무지한 교사는 지적 해방이라는 순수한 행동을 사회 제도와 진보적 기관에서 분리함으로써 이런 게임에서 탈출한 교사이다. 지적 해방이라는 행위를 수업이라는 제도에서 분리한다는 것은, 평등에는 단계가 없으며 평등은 완전한 행위라는 것, 만일 그렇지 않다면 아무 의미도 없다는 것을 확인하는 것이다. 이 탈출에는 무거운 대가가 따른다. 설명을 하는 것이 사회적인 방법이고 불평등이 이런 방법에서 표출되고 재현되는 것이라면, 또한 제도란 것이 이런 표출이 작동하는 플랫폼이라면, 지적 해방은 필연적으로 사회적, 제도적 논리와 구별된다. 이는 사회적 해방이라는 것은 없으며 해방적인 학교도 없음을 의미한다. 자코토는 해방이라는 개인적 방법과 설명이라는 사회적 방법을 엄격히 구별한다. 사회는 불평등한 신체들의 추진력과 보정된 불평등의 게임에 지배되는 메커니즘이다. 따라서 평등은 불평등을 대가로 지불해서만, 즉 평등을 그 반대로 변혁시킴으로써만 끌어들일 수 있다. 오직 개인만이 해방될 수 있는 것이다. 그리고 해방이 약속할 수 있는 것은, 불평등이 지배하는 사회에서, 그리고 이런 불평등을 '설명'하는 제도에 의해 지배되는 사회에서 사람들이 평등해지도록 가르치는 것이다.

이런 극단적인 역설은 진지하게 생각해 볼만하다. 그것은 두 가지 본질적인 문제를 상기시킨다. **첫째**, 일반적으로 평등은 도달해야 할 종결점이 아니다. 그것은 출발점이며 일련의 구체적인 행위에 의해 검증되어야 할 가정이다. **둘째**, 평등은 불평등 조건 자체를 설정한다. 명령을 따르려면 그 명령을 이해해야 하며, 그 명령을 따라야 한다는 것을 이해하고 있어야 한다. 따라서 최소한의 평등이 필요하며, 이것이 없다면 불평등은 의미가 없을 것이다. 이 두 공리로부터 자코토는 근본적으로 다른 결론을 이끌어냈다. 해방은 결코 사회적 논리가 될 수 없다는 것이다. 나는 『불화Disagreement』[12]에서 이러한 주장을 다른 방식으로 표현할 수 있음을 보여주고자 했다. 말하자면 불평등에 대한 평등주의자의 조건은 일련의 정치적 형태의 검증에 유용한 것임을 보여주려고 했다(1999). 하지만 이러한 논증이 우리를 지금 여기로 이끈 주제는 아니다. 따라서 여기서는 이 문제의 또 다른 측면, 즉 자코토가 그의 주장의 핵심에 두었던 교육의 논리와 사회적 논리 간의 이러한 관계에 어떻게 접근할 것인가 하는 문제를 다룰 것이다. 언뜻 보면 이 관계는 여기서 이상한 변증법의 형태로 나타난다. 한편에서 학교는 사회적 불평등을 줄이는 임무를 실패했다는 비난을 끊임없이 받고 있다. 그러나 다른 한편으로는, 끊임없이 사회적 기능에 부적합하다는 말을 듣는 학교가 점점 평등주의 기능에 적합한 모델, 말하자면 우리 사회에 어울리는 '불평등한 평등'에 적합한 모델로 그 모습을 드러내고 있다.

나는 이 변증법을 설명하기 위해, 1960년대 이후 프랑스에서 전개된 평등과 불평등에 관한 학술 논쟁에서 시작할 것이다. 왜냐하면 논쟁이라는 말은 어느 곳에서나 동일한 형태로 발견되는 문제를 공정하게 요약하는 것처럼 보이기 때문이다. 부르디외의 논제로부터 시작된 이 논쟁은 다음과 같이 요약할 수 있다. 학교는 불평등을 축소하도록 부여받은 임무를 수행하지 못하고 있는데, 이는 불평등의 기능을 무시하고 있기 때문이다. 학교는 지식을 평등하게, 그리고 모두에게 분배함으로써 불평등을 줄이는 것처럼 가장하고 있다. 그러나 교육 불평등의 원동력이 되는 것은 바로 이러한 평등이라는 외관 appearance이다. 차이를 만드는 것은 학생들과 그들의 '개인적인 재능'에 달려 있다. 그러나 바로 이 재능들은 유복한 가정 출신 아이들의 문화적 특권에 지나지 않는다. 특권계층의 아이들은 이러한 사실을 알려 하지 않고, 피지배계층의 아이들은 이러한 사실을 알 수 없으며, 후자의 아이들은 그들의 재능 부족을 뼈저리게 알고 학업을 포기한다. 학교가 평등을 실현하지 못하는 이유는, 평등이라는 외관으로 인해 상속된 문화 자본이 실제로는 개인 간 차이라는 새로운 얼굴로 둔갑했다는 사실이 은폐되어 왔기 때문이다.

그러나 이 논리에 따르면, 학교는 불평등 자체가 어떻게 기능하는지 모르고 또 그것을 알려고도 하지 않기 때문에 불공정하게 기능한다. 그러나 학교가 '알기를 거부하는 것'은 두 가지로 상반되게 해석될 수 있다. **첫째**, 이는 불평등을 평등으로 변화시키는 조건에 대한 무지로 이해할 수 있다. 따라서 교사는 불평등에 대한 지식, 즉 사회학자로부터 배울 수 있는 지식이 결여되어 있기 때문에 교육실천의 조건을 이해하지 못하고 있다고 할 수 있다. 여기서 도출할 수 있는 결론은 게임의 규칙을 설명하고 교육활동을 합리적으로 해석하는 지식을 보완함으로써 교육의 불평등을 해소할 수 있다는 것이다. 이것이 부르디외Bourdieu와 파세롱Passeron의 첫 번째 저서인 『상속자들The inheritors』

의 결론이었다.

　둘째, 이와 같이 '알기를 거부하는 것'은 시스템의 논리를 성공적으로 내면화한 것으로도 이해할 수 있다. 교사는 문화자본의 재생산 과정에서 행위자의 한 사람이며, 이 문화자본은 바로 사회제도의 기능에 내재된 필요성으로 인해 불평등 가능성의 조건을 끊임없이 재생산한다고 할 수 있다. 따라서 모든 개혁 프로그램은 곧바로 무의미한 것으로 드러난다. 부르디외와 파세롱은 후속 저서 『재생산Reproduction』의 결론을 이런 맥락에서 마무리했다. 따라서 그들의 주장에는 이중성이 있다. 한편으로는 불평등이 축소될 수 있지만 다른 한편으로는 불평등이 영원히 재생산된다는 결론이다. 그러나 이 이중성은 자코토가 분석한 것처럼 다름 아닌 '진보주의' 자체의 이중성이다. 그것은 바로 불평등을 축소하는 행위에 의해서 불평등이 재생산된다는 논리다. 사회학자는 또 하나의 무능을 통해서, 즉 무지를 타파해야 할 사람들의 무지를 끌어들임으로써 불평등 나선형의 바퀴를 또 한 번 회전시키고 있는 것이다.

　정부의 개혁가들은 이러한 이중성이 모든 진보적 교육에 해당한다고는 보지 않았다. 부르디외의 사회학에서 볼 때, 사회주의 개혁자들은 불리한 배경의 아이들, 즉 대부분의 경우 이민자 가정 아이들의 삶의 방식에 맞게 고급문화에 대한 교육의 비중을 낮추고 지적인 내용을 줄이며 삶을 더 많이 반영한 교육을 함으로써 교육 불평등을 줄이는 것을 목표로 계획을 세우고자 했다. 그러나 이 '낮은 수준의' 사회학은 불행하게도 진보주의의 핵심적인 가정들만을 더욱 확증했을 뿐이다. 그 가정이란 불평등한 사람들과 '가까운 거리'에 자신을 두고, 그들에게 전달한 지식을 가난한 사람들이 이해할 수 있는 것과 그들이 필요로 하는 것으로 제한해야 한다는 것이다. 이런 가정에 입각한 교육은 다가올 미래의 평등이라는 이름으로 현재의 불평등을 확인하는 접근을 반복한다. 따라서 반발이 있을 수밖에 없었다. 프랑스에서 공화주의 이데올로기는 가난한 사람들에게 맞춘 이러한 방법들을 신속하게 비난했다. 이 방법이 결코 가난한 사람들의 방법이 될 수 없는 것은 지배받는 사람들이 벗어나야 할 상황으로 그들을 곧바로 다시 몰아넣기 때문이다. 반면에 공화주의 이데올로기에서 평등의 힘은 사회적 출신과 관계없이 모든 사람에게 균등하게 분배된 지식의 보편성에, 그리고 불평등한 사회의 영향으로부터 잘 차단된 학교에 존재하는 것이었다.

그러나 지식의 분배 자체로는 사회 질서에 대한 평등주의적 결과를 가져오지 않는다. 불평등과 평등은 그 자체로 인해서 초래된 결과일 뿐이다. 중립적 지식의 전달이라는 전통적 교육방법과 사회적 상황에 부합하는 지식을 가르쳐야 한다는 모더니즘의 교육방법은 자코토가 제안한 대안의 반대 입장을 동일하게 고수하고 있다. 양쪽 모두 평등을 종결점, 즉 도달해야 할 목표로 보고 있는 것이다. 다시 말해, 불평등을 출발점으로 삼고 그 전제에서 교육활동을 추진하는 것이다. 그들은 자신들이 전제하는 '불평등에 대한 지식'의 종류에 있어서만 의견이 갈린다. 양쪽 모두 '유아화된 사회society pedagogicized'[13]의 테두리 안에 안주하고 있다. 둘 다 사회적 평등을 실현하거나 적어도 '사회적 분열'을 줄이는 환상적인 힘이 학교에 있다고 믿는다. 그러면서도 그들은 평등을 실현하지 못한 책임이 상대편에게 있다고 보고 서로를 비난한다. 사회학에서는 이 실패를 '학교의 위기'라고 부르며 학교 개혁을 요구한다. 공화주의에서는 개혁 그 자체가 위기의 주요 원인이라며 마음껏 비난한다. 그러나 개혁과 위기는 동일하게 자코 토의 개념으로 이어질 수 있다. 말하자면 둘 다 학교에 대한 설명으 로서, 왜 불평등이 평등으로 나아가야 하는지, 그렇지만 상대편의 방 식으로는 결코 거기에 이르지 못하는 이유가 무엇인지에 대해 끊임 없이 설명한다. 위기와 개혁은 사실 시스템의 정상적인 기능이다. 즉 교육적인 근거와 사회적인 근거가 구별할 수 없을 정도로 서로 얽혀 있는 '평준화된 불평등'의 정상적인 기능이다.

불평등을 줄일 수 없다는 것이 분명해진 교육이 점점 더 사회체제와 유사하다고 자처한다는 것은 실로 놀라운 일이다. 이러한 의미에서, 교육적인 근거를 새롭고 일반화된 형태의 불평등으로 보는 자코크트의 분석이 완벽하게 입증되었다고 할 수 있다. 자코토는 당시의 '진보적'인 사람들이 국민교육에 부여한 역할에서 새로운 형태로 나타나는 '감 각적인 것의 나눔'의 전제, 즉 교육적인 근거와 사회적인 근거가 동등 하다는 전제를 감지했다. 그는 이러한 동등함이 여전히 유토피아에 불과하고 엘리트들이 노골적으로 계급 분할과 사회적 위계질서의 가 치를 확고히 다지며 불평등이 사회조직의 정당한 원칙으로 확인되는 사회의 중심에서 이러한 사실을 감지했다. 그가 저술을 한 시기는 완고한 반혁명주의자들이 그들의 지적 대변인인 보날드Bonald와 더 불어 사회의 중심에 있는 사람들과 주변의 위치에 있는 사람들은 구 분되어야 한다는 점을 환기시키고, 자유주의자들은 그들의 대변인격 인 프랑수아 기조François Guizot 장관의 목소리를 통해 정치는 '여유 있는 이들'의 관심거리하고 주장하던 시기였다. 그 시대의 엘리트들은 뻔뻔하게 불평등과 계급 분열을 공언했다. 그들에게 있어 국민을 대상으로 한 교육은 상층부와 하층부 간 모종의 소통을 위한 수단 이상의 것이 아니었다. 다시 말하면 가난한 자에게 개선의 희망을 갖게 하고 모든 사람에게 각자 자신의 자리에 있으면서도 같은 공동체에 속해 있다는 소속감을 부여하기 위한 수단일 뿐이었다.

이제는 더 이상 이런 사회가 아니다. 우리는 상품거래가 활기차고 누구에게나 동일한 속도로 증가하고 있어서 예전의 계급분할이 무디어진 동질적인 사회에 살고 있기 때문에 모두가 동일한 행복과 자유를 누린다. 이러한 조건에서 불평등은 성적 순위 모형에서 점점 더 많이 작동하는 경향이 있다. 모두가 평등하며 어떤 위치에든 도달할 수 있는 잠재력이 있는 것으로 간주된다. 프롤레타리아트는 더 이상 없으며, 아직 현대성의 속도를 따라잡지 못한 신입자, 또는 반대로 더 이상 변화 속도를 따라가는 데 성공하지 못한 뒤처진 사람들만이 있을 뿐이다. 모두가 평등하지만 어떤 사람들은 경쟁을 감당하는 데 필요한 지적 능력과 에너지가 결여되어 있거나 단지 거대한 시간의 흐름 속에서 위대한 교사가 해마다 제시하는 새로운 과제를 수행하지 못하는 것이다. 그런 사람들은 새로운 기술과 사고방식에 적응하지 못해 밑바닥 계급과 '배제'의 심연 사이를 헤매고 있다는 것이다. 따라서 사회는 야만인을 문명화하고 문제 학생을 바로잡는 거대한 학교로 그 모습을 드러낸다. 이러한 상황에서 학교는 목표로 설정한 조건의 평등과 사실상 존재하는 불평등 간의 격차를 메워야 하는 환상적인 임무를 점점 더 많이 맡게 되며, 단지 부차적인 것으로 설명되는 불평등을 줄이기 위해 점점 더 많이 소환된다.

　그러나 이렇게 과도하게 부풀려진 학교의 비전은 역설적으로 결국 학계와 교육계의 과두적 시각을 강화하는 역할을 최종적으로 하게 된다. 국가 권력과 경제력은 학문적 순위에 묶여 있을 뿐만 아니라 학교에는 교사다운 교사가 존재하지 않는다. 교사는 수업에서 주도권을 쥐고 있으며, 진보에 가장 잘 적응하고 평범한 이들이 이해하기에는 너무 복잡한 학술 개념들을 종합할 수 있는 사람들이다. 수업에서 주도권을 쥐고 있는 교사들에게는 보편적인 사회 논리가 된 오래된 교육적 대안이 새롭게 제공된다. 엄격한 공화주의자들은 질서 있는 수업 진행과 사회의 이익을 위해서 권위 있게 그리고 학생들과 거리를 두고 수업을 관리할 것을 교사들에게 요청한다. 반면에 사회학자, 정치학자 또는 언론인은 대화식 교수법을 통해 지적 능력이 낮은 학생들과 타고난 재능이 모자라 일상생활에서 문제를 겪는 학생들과 보조를 맞출 것을 요구한다. 이는 뒤처지고 소외된 학생들이 진전을 이루고 재통합되어 사회 조직이 치유되도록 하기 위함이다.

　전문성과 저널리즘은 원로 정치가 혹은 상류 계급 정치가들의 정부를 뒷받침하는 책임을 맡은 두 개의 커다란 지적 제도이다. 이런 제도는 새로운 형태의 사회적 유대와 우리 사회를 특징짓는 불평등에 대한 완벽한 설명을 끝없이 유포함으로써 그 역할을 수행한다. 그 설명을 구성하는 것은 왜 뒤처진 사람들이 발생하는가에 대한 지식이다. 가령, 극좌 사회운동에서 극우파에 이르기까지 모든 반대 시위는 이런 식으로 구태의연한 노동조합의 후진성, 이민자 가정의 작은 야만인 그리고 진보의 흐름에서 뒤처진 중산층 가족 같은 문제들이 왜 발생하는지에 대한 열띤 설명의 기회가 되고 있다. 훌륭하지만 황당한 논리로 전개되는 이런 설명은 뒤쳐진 사람들을 후진성에서 구출할 수 있는 수단에 대한 설명과 겹친다. 그러나 불행하게도 이 수단은 그들이 뒤쳐졌다는 사실로 인해서 효력을 상실한다. 뒤쳐진 사람들을 끌어 올리지 못하면 그러한 설명은 역으로 잘 나가는 사람들의 지배력을 확고히 하는 것에 다름 아닌 것이 된다.

자코토는 분명, 학교와 사회가 끊임없이 서로를 비추고 또 불평등의 가정을 부정함으로써 이를 계속해서 재생산하는 방식을 염두에 두고 있었다. 만일 망각된 이 이야기를 되살리는 것이 좋다고 생각한다면 그것은 새로운 교수법을 제안하기 위한 것이 아니다. 자코토 교수법jacotist pedagogy이란 것은 존재하지 않는다. 또한 이 말의 일반적인 의미에서 반자코토 교수법jacotist anti-pedagogy이란 것도 없다. 간단히 말해서 자코토의 사상은 학교의 구조적 개혁에 적용할 수 있는 교육의 아이디어가 아니다. 무지의 덕 혹은 자질은 무엇보다도 분리의 덕이다. 이 덕은 가르침과 지식을 분리하도록 함으로써 어떤 제도의 사회적 기능을 최적화한다는 명분으로 가르침과 지식이 조화를 이루어야 한다는 것을 모든 제도의 원칙으로 삼는 것을 배제한다. 자코토가 비판하는 대상은 사회적 기능을 조화시키고 최적화하려는 의지이다. 그의 비판은 가르침을 금지하지 않는다. 따라서 교사의 역할도 금지하지 않는다. 그의 주장은 한편에서 어떠한 원천의 지식이든 이를 지켜나갈 수 있는 능력과, 다른 한편에서 제도라는 사회적 혹은 전체적 기능에 대한 아이디어를 근본적으로 분리해야 한다는 것이다. 다시 말하면 타인을 위해 규정된 평등의 원천이 될 수 있는 능력과 평등을 실현할 책임이 있는 사회 제도라는 아이디어를 분리해야 한다는 것이다.

자코토에 따르면 평등은 행위에만, 즉 개인 차원에만 존재한다. 집단 차원에서 접근하면 평등은 상실된다. 물론 이러한 판단은 수정될 수 있으며 집단적인 평등의 행위도 고려할 수는 있다. 그러나 이러한 가능성은 전제 조건을 필요로 한다. 그 전제 조건이란, 평등은 개별적으로 다양하게 나타날 수 있어야 하며, 따라서 개별적으로 나타나는 평등과 집단적으로 나타나는 평등을 제도적 혹은 사회적으로 중재한다는 관념을 거부하는 것이다. 개별적인 표현과 집단적인 표현의 전제 조건이 동일하다는 것은 의심의 여지가 없다. 그 전제 조건이란 평등은 궁극적으로 불평등 가능성 자체의 조건이며 이러한 조건, 즉 이러한 평등에 영향을 미칠 수 있다는 것이다. 따라서 반평등주의 공리inegalitarian axiom의 영향 간에 유사한 점이 있는 것처럼 평등주의 공리egalitarian axiom의 영향 간에도 유사한 점이 있다. 그러나 비평등주의non-egalitarian의 비유는 실제 사회적 작용으로 기능한다. 자코토가 설명의 개념에서 이론화한 것은 바로 이와 같은 끊임없는 작용이다. 그러나 평등주의 공리의 경우는 다르다. 지적 능력을 해방시키는 행위는 그 자체로 사회 질서에 아무런 영향을 미치지 않는다. 그리고 평등주의 공리는 그러한 사회적 작용이라는 개념을 거부할 것을 요구한다. 그것은 개별적인 표현이 집단적인 표현으로 전환되는 사회적 논리에 대한 사유를 금지한다. 이런 방식으로 불평등의 논거는 실제로 평등의 논거에 영향을 미친다.

설명이 범람하는 사회, 불평등하게 평등화된 사회, 이러한 사회는 기능의 조화를 요구한다. 특히 교사들은 박식한 연구자로서의 역량, 기관에서 일하는 교사로서의 직무 그리고 시민으로서의 활동을 지식 전달, 사회 통합 및 시민 의식을 촉진하는 하나의 에너지로 최대한 결집시켜야 한다. 그러나 '무지한 교사'라는 특정한 방식에서는 이런 요구를 무시하라고 한다. 무지한 교사의 덕은 박식한 사람이 교사가 아니라는 것, 교사는 시민이 아니라는 것, 시민은 박식한 사람이 아니라는 것을 아는 데 있다. 한 사람이 이 셋을 동시에 못한다는 것이 아니라 이 세 인물의 역할을 조화시키는 것이 불가능하다는 것이다. 이를 조화시키는 것은 지배적인 설명의 의미에서만 가능하다. 해방의 개념은 다양한 논리의 분할을 요구한다. 그것은 우리가 원한다면, 사회제도가 작동하는 동안에도 개인적, 집단적 형태의 평등주의적인 행위를 통해 사회제도를 끌어들일 수는 있지만 결코 이러한 기능들을 혼동하지 말아야 한다는 것을 보여준다. 이는 평등을 중재하는 것을 거부해야 한다는 요청이다.

　내가 볼 때 이것은 현대의 교육과 사회 제도의 시작과 더불어 확인된 이 특정한 불협화음으로부터 얻은 교훈인 것 같다. 평등은 불화를 통해 사회제도 속에서 이루어진다. 그리고 불화는 1차적으로 다툼이 아니라 감각적인 개념의 구성에 있어서의 차이, 다시 말하면 존재 방식과 행동방식 간의 조화, 보는 것과 말하는 것 사이의 일치 안으로 유입된 분열이다. 평등은 모든 사회질서와 정부 질서의 최종 원칙이며, 그 질서가 정상적으로 작동하도록 하는 숨겨진 원인이다. 그것은 헌법 형태의 체계나 사회 관습의 형태로도, 공화국 학생들에 대한 획일적인 교육의 모습으로도, 혹은 슈퍼마켓 진열대에서 저렴하게 이용할 수 있는 제품의 형태로도 존재하지 않는다. 평등은 근본적이면서도 부재하며, 시기적절하면서도 타이밍을 놓치기도 한다. 또한 평등은 통상적인 경우와는 달리 항상 평등을 검증하고 그 검증을 위해 개인과 집단의 형태를 평등하게 만드는 모험을 감수하는 개인과 집단의 주도력에 달려 있다. 이러한 단순한 원칙들을 긍정하는 것은 사실 전례 없는 불협화음을 초래하는데, 학교와 프로그램 및 교수법을 계속 발전시키기 위해서는 어떤 면에서 이 불협화음을 잊어버려야 하지만, 가르치는 행위의 의미는 역설에 의해 부여되기 때문에 가르치는 행위가 그 역설을 놓치지 않기 위해서는 때때로 이 불협화음을 다시 들여다봐야 한다.

— 영문 번역의 뒷 이야기

자크 랑시에르의 에세이 「『무지한 스승』에 대하여On Ignorant School master」는 그의 다양한 철학적 신념들 사이에 중요한 연결고리를 구축한다. 이 글이 없었다면 그 연결고리는 추측을 통해서만 구성될 수 있었을 것이다. 특히 랑시에르에 대해 번역 작업을 하고 있는 영어권에서는 더욱 그렇다. 이 연결고리는 교육, 정치, 철학, 언어, 지적 능력 및 평등과 자유에 관한 것이다. 어쩌면 이런 것들은 사소한 문제들일 수 있다. 서론에서는 저서의 개요를 '설명(인용 부호는 옮긴이)'하는 것이 일반적인 관례지만 저자가 텍스트(『무지한 스승』을 가리킴 – 옮긴이)에서 유아화된 사회society pedagogicized는 바보 만들기를 초래한다는 것을 분명히 보여준 마당에 '평범한 이들이 이해하기에는 너무 복잡한 학술적 개념들을 종합할 수 있는' 교사 혹은 번역자로서 설명자의 역할을 맡는다면 이는 불행한 일일 것이다.[14] 따라서 이어지는 페이지에서는 이런 문제를 대변해야 하는 연결고리에 대해서는 더 이상 언급하지 않을 것이다.[15]

여기서는 보다 개인적인 맥락에서 랑시에르 텍스트 번역의 한 측면, 즉 그의 텍스트 도입 부분에 잘 접목될 것 같은 측면을 지적하고자 한다. 이어서 현재의 신자유주의 교육 정책에 대한 생각의 한 단면을 제시할 것이다. 이 생각은 랑시에르가 20세기 후반 프랑스 교육 이론을 다루는 지점에서 『무지한 스승』의 중간 어딘가에 삽입될 만한 것이다. 마지막으로, 그의 텍스트 말미에 담을 만한 결론을 제시할 것이다. 이 부분은 랑시에르가 텍스트 마지막 몇 줄에서 소개하는 역설, 즉 아직 탐구되지 않은 상태로 누군가의 탐구를 기다리는 역설과 관련이 있기 때문이다. 따라서 번역자의 도입 부분은 랑시에르 텍스트의 시작, 중간 그리고 종결을 보완하는 역할을 한다. 그럼에도 불구하고 그것이 무언가를 설명하고 그 과정에서 혼선을 초래한다면 번역자로서 어설프지만 사과를 드린다.

옮긴이[1]

자크 랑시에르의 저서, 특히 무지한 교사에 대한 저서를 번역하다 보면 어떤 우연의 일치를 알아차리지 않을 수 없게 된다. '무지한 교

---

1 옮긴이 서문과 옮긴이 주를 제외하고 위의 옮긴이는 자크 랑시에르의 프랑스어 원서를 영어로 번역한 C. Bingham을 말한다.

사'는 다름 아닌 조셉 자코토이다. 그는 제자들에게 교사가 모르는 언어를 학생 자신들이 모르는 언어로 번역하라는 지시를 내린다. 이 교사를 현재 교육이론의 주제로 끌고 온 한 사람의 번역자로서 다음과 같은 과제를 부여받은 자코토 학생들의 입장이 되어보는 것은 당연한 일이다.

> 그는 학생들의 손에 [텔레마코스의 모험] 사본을 쥐어주면서 통역자를 통해 책의 절반을 번역서의 도움으로 읽은 다음, 알게 된 것을 끊임없이 반복하고 나머지 절반을 빨리 읽고 나서 읽은 내용에 대해 자기들이 생각한 것을 프랑스어로 써보라고 했다.

번역자로서 우리는 자코토의 학생들과 합류한다. 작문을 하면서 프랑스어 텍스트와 영어 텍스트를 비교한다. 우리는 자코토의 학생들이 플랑드르어와 프랑스어 사이에서 더듬거리며 나아갔듯이 프랑스어와 영어 사이에서 그렇게 한다. 우리는 한 언어를 다른 언어로 옮기는 작업을 진행하면서 '믿음의 도약leap of faith'으로 낯섦, 즉 흥분을 경험한다. 이런 경험은 새로운 언어를 처음으로 시도하는 사람에게는 너무나 친숙한 일이다. 이런 일은 프랑스어를 전혀 모르는 학생이 이 언어를 시도해보고자 하는 경우나 혹은 당신이 하는 말을 아무도 이해하지 못하는 나라에 가서 새로운 언어를 한번 사용해 보려고 하는 경우, 아니면 원서를 번역하면서 원서의 내용이 다른 언어에서는 어떻게 표현되는지 알아보려고 하는 경우 등 새로운 언어를 다루고자 할 때 벌어지는 현상이다.

그러나 여기서의 목적은 자크 랑시에르로부터 「『무지한 스승』에 대하여」를 번역하도록 허가받은 번역가가 어떻게 자코토의 학생들과 비슷하게 지적 해방이라는 행위에 참여하고 있는지를 보여주려는 것이 아니다. 텍스트를 저술한 사람이 아마도 그 텍스트를 읽는 사람만큼 해방될 것이라고 말하는 것은 하나마나 한 얘기이다. 그러니까 두 개의 언어로 나와 있는 『텔레마코스의 모험』을 저술한 페늘롱Fénelon이 적어도 그 두 언어로 된 텍스트로 공부한 학생들만큼 해방되었을 것이라고 말하는 것은 진부한 얘기가 된다. 작품의 저자가, 적어도 작품을 이해하는 데 노력하는 사람들만큼 해방되었다고 말하지 않는 것은 참으로 어렵다. 『텔레마코스의 모험』이 자코토의 교실 수업에 반영되었듯이 이러한 저자의 텍스트가 교실 수업에 반영되는 경우, 이 한편의 교육과정 설계자는 적어도 그 교육과정을 공부하는 학생들만큼 해방된 위치에 있다고 할 수 있다. 마찬가지로 현재와 같은 번역의 저자(프랑스어를 영어로 번역한 저자 – 옮긴이)가, 랑시에르가 프랑스어로 쓴 글을 자신의 모국어인 영어로 이해하기 위해 바로 이 텍스트에 매달리는 사람만큼 지적으로 해방될 수 있다고 하는 것은 어렵지 않다. 그러나 이런 시나리오들은 사실 무지한 교사의 의도 및 랑시에르의 텍스트와는 달리 앞에서 언급한 사실과 부합되지 않는다. 그 이유는 위의 시나리오들에는 독자보다 저자, 학생보다 교육과정 설계자, 외국어 문외한보다 외국어에 능한 번역자, 상대적으로 위신이 높은 학자를 우선하는 것과 같이 일련의 계층 구조가 구축되어 있기 때문이다.

이에 반해 랑시에르의 텍스트를 번역하고 『텔레마코스의 모험』을 읽는 것과 관련된 일치는 평면적인 일치, 즉 평등의 일치이다. 이러한 평등에는 두 가지 중요한 측면이 있다. **첫째**, 교사의 질책 없이 번역하는 것은 발표하기 위해 번역하는 것과 다를 바 없다. 한 사람의 행위는 다른 사람의 행위보다 더 권위적이지 않다. 학생과 번역자 모두 처음으로 언어를 습득하는 아이와 비슷하게 언어 조작의 원초적인 상태로 되돌아간다. 번역자와 학생 및 유아는 지금까지 경험하지 못한 방식으로 의사소통이라는 어려운 과제에 직면해 있다. 그들은 랑시에르가 즐겨하는 표현으로, '보는 것', '말하는 것', '행동하는 것' 사이의 관계를 협상해야 하는 상황에 직면해 있다. 이런 의미에서 번역자는 학생이나 유아 못지않게 자신의 과제에 어려움을 겪을 수밖에 없다. 이들 모두는 '가장 어려운 도제과정, 즉 세상에 태어나는 모든 아이들이 모국어라는 낯선 언어를 습득하기 위한 도제과정'에서 겪는 어려움에 필적하는 지적인 도전에 직면해 있다. 번역자와 학생 사이에는 계층 구조가 없다. 이들은 모두 세상으로 나오는 아이와 같은 근원적이고 도전적인 위치에 있다.

둘째, 유아와 학생 및 번역자가 동일하게 공유하는 것에는 이러한 도전 외에도 동등한 모호성ᵃ parity of ambiguity이라는 것이 있다. 유아가 새로운 표현을 사용하려고 할 때는 이해라는 선물을 받을 수도 있지만 당혹스러움에 직면할 수도 있다. 이 시점부터 유아는 그러한 시도의 결과를 생각해보고 약간 다른 상황에서 그 표현을 다시 사용하여 비교, 대조하며 이전보다 조금 더 잘 알게 되면서 앞으로 나아갈 것이다. 이러한 시행착오는 모호성에서 오는 짜릿한 경험을 요구하지만, 그러한 경험은 확실함보다는 머뭇거림에 가까운데 이러한 머뭇거림은 지적 해방의 기반이 된다. 『텔레마코스의 모험』을 읽은 학생

역시 아이보다 나이가 더 많고 이미 모국어를 이해하고 있더라도 이러한 모호성을 경험한다. 무지한 교사가 가르치는 학생은 **반복하고 확인하고 비교하고 검증하고 추측하고 재구성**하는 과정에서 번역 행위에 수반되는 모호성에 대해 큰 관용을 보인다. 그러나 그 학생은 결코 정확성을 확신하지 못할 것이다. 그 학생은 의미 있다고 생각되는 의사소통이 이루어졌다는 사실만 알게 될 것이다. 그리고 이러한 모호성은 학술문헌 번역자의 경우도 예외가 아니다. 불행히도 우리는 번역이 "정확하게" 이루어졌는지 결코 알지 못한다. 번역 중인 언어에 완벽하게 능통한 사람조차도 이러한 모호성은 피할 수 없다. 다만 번역하는 방식이 어느 정도의 시행착오를 감당해냈다는 것만 알고 있을 뿐이다. **유아와 학생 및 번역자는 지적 모호성의 시련을 겪는다는 점에서 평등하다.**

바보 만들기와 신자유주의

랑시에르는 「『무지한 스승』에 대하여」의 중반부에서 프랑스의 현대 교육에 대해 우려하면서 자코토의 '유아화된 사회'에 대한 비판을 소개하고, 이를 통해 비판적이고 전통적이며 진보적인 교육 운동에 대해 탁월한 비판을 제시하고 있다. 그러나 신자유주의가 세계 여러 곳에서 교육실천의 추가적 조건이 되었기 때문에 랑시에르의 주장에 대해 보충할 필요가 있다. 이와 관련하여 다음과 같은 질문이 제기된다. "서문에 나와 있는 부르디외와 공화주의 및 진보주의에 대한 랑시에르의 서술은 교육에서 신자유주의를 둘러싼 현재의 담론을 이론화하는 데 어떻게 도움이 되는가?" 랑시에르가 서술한 부분까지를 살펴보면 다음과 같은 간단한 분석이 가능하다.

　교육에서의 신자유주의에는 책무성과 경쟁, 민영화라는 세 가지 주요 특성이 있다. 이러한 특성은 학생의 성취도 미달이 이 세 가지 희망 지점을 연결하는 마법의 원에 의해 해결될 것이라는 가정하에 많은 교육 지지층에 의해 어느 정도 수용된다. 실제로 랑시에르가 1960년대와 1970년대 프랑스의 교육에 대한 학문적 논쟁을 평등과 불평등에 대한 논쟁으로 요약한 것처럼, 1990년대와 2000년대 교육의 정치적 담론을, 교육의 개선을 위해 경제적 모델을 옹호한 십 년으로 요약할 수도 있다. 책무성과 경쟁, 민영화는 지난 20년 동안 해결책으로 과대 선전되어 왔다. 그 결과 학생들에 대한 고부담 시험^{high stakes testing}[16]이 더 많이 시행되었고, 학교(또는 학군) 간 비교를 위해 더 많은 언론 검증이 이루어졌으며, 그리고 학교가 차터스쿨 제도나 기업 인수를 통해 공공 시스템에서 자율적으로 탈퇴하거나 강제로 탈퇴당하는 일 또한 점점 더 많아졌다.

　그리고 신자유주의의 3대 강령을 겨냥한 특유의 반격이 있었다. **첫째**, 교사와 노조는 이런 신자유주의 정책이 공교육의 신성한 신뢰를 훼손한다는 이유로 책무성과 경쟁, 민영화를 개탄해 왔다. 신자유주의적 경향의 압력 아래서 공립학교와 민주적 시민을 개발하기 위한 교육적 공유지를 지키는 공공선은 경쟁에서 앞서 나갈 때에만 계속해서 존재할 수 있는 것이다. 그렇지 않으면 공립학교에는 이윤의 극대화와 자유 선택의 메커니즘까지 부여될 것이다. 교사 노조는 이러한 최종게임^{endgame}을 지속적으로 비판해 왔다. **둘째**, 교사들과 노조는 신자유주의 정책이 교사의 직무를 제대로 수행하지 못하게 한다는 점을 들어 신자유주의 정책을 비난한다. 신자유주의의 가치 지향인 최종게임의 도정에서 교사들의 자율성과 전문성은 눈에 띄게 공격받고 있다. 왜냐하면 신자유주의의 책무성이라는 브랜드는 경제적 성과를 모델로 삼고 있어서 학습을 정확하게 측정할 수 있는 영역으로 제한하기 때문이다. 교사는 결국 아이들 하나하나의 성장과 개성에 초점을 맞추기보다는 표준화된 시험에 맞춘 교육을 하게 된다.

좌파 성향의 교육이론가들은 교육에 있어서의 신자유주의를 또 한 겹의 이데올로기 침투라고 발 빠르게 비판해 왔다. 부르디외가 지적했듯이, 학교가 계층 분화의 재생산에 있어서 작은 톱니바퀴라면, 신자유주의 의제를 성급하게 도입하는 것은 가진 자와 못가진 자의 분리를 강화시키는 역할을 할 뿐이다. 신자유주의는 학교의 영역으로 침입한 가장 끔찍한 것으로 공격받는다. 신자유주의를 교육에 도입하게 되면 학교는 엘리트 계층 아이들의 문화적 자본은 가치 있게 평가하는 반면 다른 계층 아이들의 문화는 평가절하 한다는 점에서, 또한 이런 현상을 교육적으로 재생산하는 일에 교사들이 자신도 모르게 공범이 된다는 점에서 신자유주의는 교육적으로 문제가 있다. 신자유주의의 선전에 따른 학교에 대한 이타성 미사여구를 폭로하는 일과 교실이 계층 분화 현장이 되고 있는 현실을 드러내는 일, 그리고 이러한 교육활동에 무의식적으로 참여하고 있는 교사들을 재교육하여 일종의 교육적 형평성 실현에 기여하도록 하는 일은 대단히 어렵다. 이제는 신자유주의 모든 냉혹한 의제를 제대로 들여다봐야 한다. 좌파 교육이론가들에게는 대담한 새로운 적수들이 있지만 그들의 의제는 사실 내부 교육 논쟁에서 일단 제외된다. 처음 수십 년

동안에는 비판적 이론과 전통적 이론 그리고 진보적 교육이론은 주로 학교에서 가르치는 내용과 방법을 둘러싸고 충돌했다(물론, 좌파는 신자유주의적인 실천의 흐름에 반하여 가르치기를 원했지만, 그들은 여전히 시장이라는 냉혹한 세계 '바깥에' 있을 뿐이었다). 이제 교과서에 숨어 있는 악이 학교 문을 두드리게 되었고, 이에 대해 좌파 특유의 비판적 대응이 있었다.

프랑스의 교육 정치에 대한 랑시에르의 설명에 이보다 더 적절한 보충 자료를 찾기는 어렵다. 랑시에르는 한때 프랑스에서 유행했던 공화주의와 학교 개혁이라는 두 가지 교육 사상 모두, 학교가 학생들을 바보로 만드는 데 사용하는 바로 그 논리에 참여하고 있다고 지적한 바 있다.

> 사회학에서는 이 실패를 '학교의 위기'라고 부르며 학교 개혁을 요구한다. 공화주의에서는 개혁 그 자체가 위기의 주요 원인이라며 마음껏 비난한다. 그러나 개혁과 위기는 동일하게 자코토의 개념으로 이어질 수 있다. 말하자면 둘 다 학교에 대한 설명으로서, 왜 불평등이 평등으로 나아가야 하는지, 그렇지만 (상대편의 방식으로는) 결코 거기에 이르지 못하는 이유가 무엇인지에 대해 끊임없이 설명한다.

말하자면 보수주의자와 진보주의자들은 좋은 교사들이라면 모두가 그렇듯이 사태를 설명하면서 시간을 보낸다. 그러나 설명은 다름 아닌 하나의 사회적 메커니즘으로서, 한 사람이 이를 명확하게 정리하지 못해 이 전문가, 저 전문가에게 연이어 의존함으로써 사회를 전체적으로 무기력하게 만들듯이 학생을 끊임없이 바보로 만든다.

설명은 설명 자체가 문제라는 사실을 은폐하는 역할을 한다.

신자유주의에 대한 좌파 진영의 비판에 대해서도 같은 현상이 나타난다. 책무성, 경쟁, 민영화가 문제를 일으키는 것은 책무성, 경쟁, 민영화가 잘못된 것이기 때문이지 신자유주의가 어떤 제도에 대해서든 주문에 따라 어떤 마법적이고 사악한 그림자를 드리우기 때문이 아니다. 그러나 신자유주의에 대한 비판에서는 모든 교육자들과 그들에게 귀 기울이는 모든 학생들에게 끊임없이 시장 경제적 사고의 골칫거리를 설명하고 가르친다. 프랑스 교육 정치학의 경우에서 보다시피 '교육적 근거와 사회적 근거는 서로 구별할 수 없게 된다.' 설명은 유행이 된다. 비판적인 설명은 책무성과 경쟁 및 민영화 자체가 아니라 신자유주의라 불리는, 적으로 드러날 수밖에 없는 이러한 실천의 기초로서의 사회적 논리를 비난한다.

골치 아픈 역할의 역전 속에서 신자유주의 의제를 옹호하는 사람들은 일반적으로 개혁가들이다. 그들은 '신보수주의자들'로서 구태의연한 비평가들의 방식에 있어서의 변화를 위한 이론을 가지고 있다. 물론 변화에 대한 신자유주의의 이론은 교육 그 자체와는 아무런 관련이 없다. 책무성과 경쟁 및 민영화는 그 자체가 설명의 체계이다. 이 개념들은 어떤 식으로든 교육의 실천에 개입하기보다는 교육 지형도의 형태를 설명한다. 유아화된 사회에서 사람들이 이러한 설명에 그렇게 잘 반응하는 것은 당연하다. 사람들은 새로운 설명, 특히 교육을 개선하겠다고 주장하는 설명을 좋아한다. 이러한 역할 반전에 따라 오늘날의 비판이론은 기존의 전통적 이론과 마찬가지로 '개혁 그 자체가 위기의 주요 원인'이라며 마음껏 비난한다. 비판이론은 그 어느 때보다도 교육과 멀리 떨어진 거리에서 신자유주의의 잘못을 설명하는 매력 없는 처지에 놓여 있다. 비판이론은 신자유주의를 설명하고, 신자유주의는 다시 교육을 설명한다. 교육 그 자체는 여느 때와 마찬가지로 설명적인 것으로 남아 있다.

가르침에 의미를 부여하는 역설

랑시에르의 에세이 「『무지한 스승』에 대하여」 마지막 부분에서, 그는 가르침의 사회적 논리에 대해 폭넓은 비판을 제기한 후, 그의 취지를 어느 정도 철회하면서 교육에 있어서 설명의 퇴행성에 대해서 다음과 같이 지적한다.

> 학교와 프로그램 및 교수법을 계속 발전시키기 위해서는 어떤 면에서 이 불협화음을 잊어버려야 하지만, 가르치는 행위의 의미는 역설에 의해 부여되기 때문에 가르치는 행위가 그 역설을 놓치지 않기 위해서는 때때로 이 불협화음을 다시 들여다봐야 한다.

확실히 이 진술은 더 많은 논평을 요구한다. 이 서론을 마무리하면서, 그리고 이 수수께끼 같은 마지막 부분의 의미를 엿보기 위하여 랑시에르의 '정치'와 '치안'의 구별을 살펴보자.

랑시에르가 그의 많은 저서들, 특히 『불화Disagreement』(Rancière 1999)와 『민주주의는 왜 증오의 대상인가Hatred of Democracy』(Rancière 2006c)에서 상세히 기술하고 있듯이, 현재 정치라는 이름으로 불리는 것은 정치가 아니라 치안이다. 정확하게 말해서 정치는 개인이나 집단이 지금까지 상상할 수 없었던 방식으로 목소리를 낼 때에만 일어나는 드문 형상이다. 이런 후자 형태의 정치는 사회적 또는 제도적 프로그램으로서의 계산적이고 참여적인 규범하에서는 가능하지 않다. 랑시에르는 이를 『불화』에서 다음과 같이 표현하고 있다.

> 정치는 항상 일어나는 것이 아니다. 실제로 정치는 거의 일어나지 않거나 드물게 일어난다. 보통 정치사나 정치학이라는 이름으로 엮을 수 것은 대개 위엄의 발휘, 성직자의 신성한 직무, 군대의 지휘, 이해관계의 관리에 매달리는 것과는 다른 메커니즘에서 나타난다. 정치는 이러한 메커니즘이 그 궤도에서 멈출 때에만 발생한다.
> (Rancière 1999, p. 71)

랑시에르가 에세이 「『무지한 스승』에 대하여」에서 분명히 밝히고 있듯이, 한편으로 지적 해방과 정치, 다른 한편으로 일상적인 학교 교육과 치안 사이에는 직접적인 연결점이 있다. 그래서 에세이 마지막 몇 줄에서 언급된 '불협화음'과 '역설'이 발생하는 것이다. 우리가 알고 있는 바로서의 학교 교육은, 겉으로 드러나지는 않지만, 신뢰할 수 있는 진정한 교육이 사라진 환경에서 이루어지는 것과 마찬가지로 우리가 아는 바로서의 치안 또한 대부분 진정한 정치가 실종되었을 때 발생한다. 교육(제도로서의 교육 - 옮긴이)은 대부분 정치의 일부라기보다는 치안의 일부이다.

그러나 랑시에르가 교육의 해방과 일반적으로 학교 교육이라고 불리는 것 사이의 불협화음을 지적하면서 이 에세이를 마무리한 것은 간단하면서도 도발적인 일이지만, 랑시에르의 독자들, 또는 적어도 '학교와 프로그램 및 교수법의 개선'에 관심이 있는 독자들에게는 이 특별한 불협화음에서 어떤 의미를 찾으려는 노력이 필요하다. 이런 노력을 함에 있어서 정치 자체를 다루고 있는 랑시에르의 텍스트(『불화』를 가리킴 - 옮긴이)를 살펴보는 것이 도움이 된다. 이 텍스트에서 그는 정치와 치안의 모순을 설명하고 있다. 랑시에르는 사실 정치적 맥락에서 위에서 언급한 교육의 역설에 의미를 부여했다. 그는 정치와 치안의 상호작용에 주목하면서 『불화』에서 다음과 같이 서술하고 있다. '정치는 이질적인 두 개의 과정이 만나는 장소와 방법이 있을 때 출현한다. 첫 번째는 우리가 정의하려고 했던 의미에서의 치안의 과정이며 두 번째는 평등의 과정이다'(Rancière 1999, p. 30). 이어서 그는 하나의 치안 질서, 즉 '스키타이인들이 노예의 눈을 도려내는 관행'[17]과 '현대 정보통신 전략의 관행들'을 비교하면서 치안과 관련해서 다음과 같은 구별을 하고 있다.

> 더 나쁜 치안이 있고 더 나은 치안이 있다. 그런데 더 나은 치안은 사회의 자연적 질서나 입법자들의 과학을 고수하는 치안이 아니라, 대체로 평등주의 논리에 의해 저질러진 강제진입이 그 '자연적' 논리에서 벗어나는 치안이다. (Rancière 1999, pp. 30-31)[18]

학교와 프로그램 및 교수법의 개선 측면에 대해서도 동일한 소회를 말할 수 있다. 지적 해방을 위해 일반화할 수 있는 자코토식의 방법은 없으며, 또한 그러한 방법 자체가 전복 대상인 치안 질서와 협력할 수도 있다. 그렇다고 모든 학교와 프로그램 및 교수법이 동일하다는 의미는 아니다. 평등을 가정함으로써 어려움을 더 자주 겪는 교육적 노력도 있을 것이고, 어려움을 덜 겪는 노력도 있을 것이다.

이러한 의미에서 개선은 더 많은 어려움을 의미한다. 지적 해방이라는 사건을 촉진하기 위해 학교 교육이라는 치안 질서를 개선할 수는 있지만, 그러한 개선은 일반적으로 학교와 프로그램 및 교수법의 개선으로 이해되는 목록에서는 일어나지 않을 것이다. 개선은 더 많은 어려움을 의미한다. 따라서 랑시에르가 『무지한 스승』에서 설명하는 것처럼, 배워야 할 진리에 대해 그들 자신의 궤도를 취하기로 결정한 학생들에 의해 기존의 방법과 프로그램이 중지되고 어려움이 발생할 때 개선이 이루어질 것이다(Rancière 1991a, p. 59).

따라서 더 나은 치안이 있고 그렇지 않은 치안이 있다고 할 수 있는 것처럼 더 나은 학교가 있고 그렇지 않은 학교가 있다고 말할 수 있다. 그러나 더 나은 학교라 해서 반드시 그 프로그램과 정책이 그렇지 않은 학교의 프로그램과 정책보다 더 나은 것은 아니다. 더 나은 학교는 지적 해방의 유입에 개방적인 학교가 될 것이다. 이러한 해방은 학생들이 지적 해방을 시작하려고 결정할 때 시작될 것이며, 그것은 학교가 아닌 오로지 학생에게 달려 있다. 해방은 정책이나 실천 '때문에' 시작되는 것이 아니라 정책이나 실천에도 '불구하고' 시작되는 것이다. 정책이나 실천은 학생을 위해 학습의 궤도를 설정할 수 있지만, 지적 해방은 전적으로 학생 스스로 자신의 궤도에 진입할 때 일어난다. 랑시에르가 『무지한 스승』에서 말했듯이, "자신의 궤도에 있지 않으면 누구도 진리와 연결되지 맺지 못한다"(Rancière 1991a, p. 59). 그러므로 교육에서 가장 큰 걸림돌은 학교와 프로그램 및 교수법을 개선하기 위해 노력하는 많은 사람들이 끊임없이 받아들이는 자만이다. 학생들을 해방시키기 위해 교육을 개선할 수 있는 제도적 수단이 있다는 것은 일종의 자만이다.

2장

새로운 해방의
논리

제2장

새로운 해방의 논리

평등은 정부와 사회가 성공적으로 도달할 수 있는 목표가 아니다. 평등을 목표로 삼는 것은 진보의 교육자들에게 그 목표를 넘겨주는 것인데 그들은 폐지하겠다고 약속하는 불평등의 간격을 끝없이 넓혀갈 뿐이다. 평등은 하나의 전제이자 최초의 공리이다. 그렇지 않다면 아무것도 아니다.   (랑시에르 2003a, p. 223)

도입

랑시에르의 저서는 교육이란 주제로 들어가는 진입로로서의 가치가 있다. 아직 그렇게 인식되고 있지 않다면 같은 책은 이를 증명하기 위해 노력할 것이다. 그의 저서는 일반적으로 인정되는 것보다 교육에 대한 그의 특정 비전에 더 크게 의존하고 있다. 그리고 그의 특정 비전은 교육에 관한 사유를 보다 더 명확하게 하는 데 도움을 줄 수 있을 것이다. 이는 랑시에르가 교육에 관한 사유와 그의 정치적,

역사적, 미학적 '개입' 사이에 중요한 연관이 있음을 아직 암시하지 않았다는 것은 아니다.[1] 그의 에세이 「『무지한 스승』에 대하여」는 확실히 그러한 암시를 통해 이 연관성에 대해 많은 것을 알려주고 있다. 이러한 연관성은 더 확장된 방식으로 이미 개입되어 있다고 하는 편이 적절하다. 사실 이 책 전체가 랑시에르의 에세이 「『무지한 스승』에 대하여」에 대한 개입이라고 말할 수도 있다. 만일 그의 에세이가 교육에 관한 자신의 주요 저서인 『무지한 스승』(Rancière' 1991a)에 대한 설명과 맥락을 제시하는 것이라면, 이 책은 그의 설명에 대한 설명을 제시하는 셈이다. 그러한 설명을 위해 여기서는 해방, 아이, 포용, 인정, 진리 및 담화라는 여섯 가지 주제를 선택했으며, 그중 첫 번째 주제는 이번 장에서 다루게 될 것이다.

해방에 대한 생각은 현대 교육이론과 실천에서 중심적인 역할을 한다. 많은 교육자들은 그들의 사명을 단지 학생들의 행동을 수정하거나 습관화하는 것으로 보지 않는다. 그들은 학생들이 독립적이고 자율적이 되며 생각하고 판단하고 결론 도출하는 것을 스스로 할 수 있기를 원한다. 해방의 추진력은 비판적 전통과 접근 방식에서 특히 두드러지는데, 여기서는 교육의 목적을 사회 정의와 인간의 자유라는 이름으로 억압과 구조로부터 학생들을 해방시키는 것으로 인식한다 (예: Gur Ze'ev 2005 참조). 비판적 전통의 교육자들은 해방을 실현하려면 권력의 작용에 대해서 알아야 한다고 주장한다. 권력의 영향력에 대처하고 어떤 의미에서 그것으로부터 벗어날 수 있으려면 권력이 어떻게 작용하는지를 알고 이해해야만 한다고 보기 때문이다. 이러한 이유로 비판적 교육에서는 '탈신비화demystification'와 '독단주의로부터의 해방'과 같은 개념들이 중심적인 역할을 한다(예를 들어, Mollenhauer 1976, p. 67; McLaren 1997, p. 218; Biesta 1998; 2005 참조). 권력은 또한 사람들이 자신의 상황을 어떻게 이해하느냐에 따라 작동 방식이 달라진다고 가정하기 때문에, 비판적 전통 중에는 해방은 오직 '외부로부터', 즉 권력의 작용으로부터 오염되지 않는 위치에서만 실현될 수 있다고 주장하는 중요한 흐름이 있다. 이러한 사상적 조류는 마르크스주의 '이데올로기'와 '허위의식'이라는 개념으로 거슬러 올라가며, 비교적 최근의 표현으로는 부르디외Pierre Bourdieu의 '오인misrecognition'이라는 개념에서 확인할 수 있다(Rancière 2003a, pp. 165-202 참조). 따라서 비판적 교육자의 사명은 해방을 위해 쏟는 노력의 '대상'인 사람들에게 숨겨진 것을 드러내는 것이 된다. 마찬가지로 비판적 사회과학의 과제는 일상적 관점에서 가려진 것을 가시화하는 것이 된다.

랑시에르는 이 특정한 해방 모델의 논리에 대해 몇 가지 중요한 의문을 제기했다. 이 논리에서는 '진실로' 세계가 어떠한지에 대한 설명은 해방으로 이어진다고 하지만, 랑시에르에 따르면 이러한 논리는 해방을 가져 오는 대신에 기본적으로 해방의 달성에 의존하게 만든다. 이것은 해방되어야 할 사람들이 해방자가 보여준 '진리' 또는 '지식'에 의존하기 때문이다. 그가 『미학의 정치The Politics of Aesthetics』에서 말한 것처럼, 문제는 '표면 아래 숨겨진 것을 찾는 지점에서 우월이라는 지위가 확립된다'는 것이다(Rancière 2004a, p. 49). 랑시에르는 『무지한 스승』에서 이러한 해방의 논리에 기초한 교육의 실천이 어떻게 해방보다는 '바보 만들기stultification'로 이어지는지를 아주 상세하게 보여주었다. 그는 다른 저서, 특히 『철학자와 그의 빈자들The

Philosopher and his Poor』(Rancière 2003a)에서, 의존 관계가 어떤 의미에서는 보다 일반적으로 서구 철학과 사회이론을 구성한다는 것을 보여주었다. 랑시에르의 공헌은 해방의 논리 안에서 이 모순을 강조하는 데에만 있지 않다. 그는 평생에 걸쳐 대안적인 접근법, 즉 이해하고 해방하는 대안적인 방법을 명료화하기 위해 끊임없이 활동했다. 그는 해방에 대한 그의 사상과 일치하는 방식으로 이런 노력을 해왔다. 그것은 곧 우월이라는 지위를 피하려는 글쓰기 방식이다. 랑시에르는 이것을 '위에서 아래로의 수직적 관계를 전제로 하지 않는 평등주의 또는 무정부주의의 이론적 입장'을 분명히 하는 '지형적 글쓰기 방식topographical way of writing'이라고 불렀다(Rancière 2004a, pp. 49-50; 또한 Rancière 2009a 참조).

이 장의 목적은 해방에 대한 랑시에르의 생각을 재구성하고 검토하는 것이다. 우리는 해방 사상 궤적의 역사에 대한 간략한 논의로 시작하여 이 궤적 내의 주요 모순을 밝힐 것이다. 이어서 해방과 관련된 랑시에르의 주장을 논의하면서 해방을 어떻게 그리고 어떤 방식으로 다르게 이해하고 실천할 수 있는지를 보여줄 것이다. 우리는 이를 정치이론, 정치적 실천, 교육이라는 세 가지 측면에서 다룰 것이다.

해방과 난관

해방의 개념은 가장pater familias의 법적 권위로부터 아들이나 아내를 해방시키는 것을 가리키는 로마법에 그 뿌리를 두고 있다. 해방은 문자 그대로 소유권을 포기하는 것을 의미한다(예: away, mancipum :

ownership).[2] 더 넓게는 누군가에 대한 자신의 권위를 포기하는 것을 말한다. 이는 해방의 '대상', 즉 해방되어야 할 사람이 해방이라는 행위의 결과에 의해서 독립적이 되고 자유로워진다는 것을 의미한다. 이것은 오늘날 이 용어의 법적인 사용에 반영되어 있다. 여기서 해방은 특히 부모가 미성년 자녀에 대한 권위와 통제를 포기하는 것과 같이 다른 사람의 통제로부터 누군가를 해방시키는 것을 뜻한다. 17세기에는 종교적 관용과 관련하여, 18세기에는 노예 해방과 관련하여, 그리고 19세기에는 여성과 노동자의 해방과 관련하여 해방이란 말이 사용되었다.[3] 이 용어는 로마 시대에 이미 교육과 관련하여 사용되었는데, 여기서 해방은 (의존적인) 아이가 (독립적인) 성인이 되는 시점과 그 과정을 가리킨다.

해방 사상의 궤적에서 결정적인 전환은 해방이 계몽주의와 연결되고 계몽주의가 해방의 과정으로 이해하게 된 18세기에 이루어졌다. 우리는 이것을 칸트의 에세이 「계몽이란 무엇인가What is Enlightenment」에서 가장 분명하게 엿볼 수 있는데, 그는 계몽을 '인간이 스스로 초래한 보호감독에서 해방되는 것'으로 정의하고 보호감독 또는 미성숙을 '지시 없이는 자신의 이해력을 활용할 수 없는 인간의 무능력'으로 보았다(Kant 1992, p. 90). 칸트에 따르면 '미성숙은 자초한 것'이며 이는 이성이 없어서가 아니라 다른 사람의 지시 없이는 이성을 활용할 결의와 용기가 없기 때문에 초래되는 것이다(같은 책). 따라서 계몽주의에는 독립적 또는 자율적이 되는 과정이 수반되었으며, 칸트가 볼 때 이 자율성은 자신의 이성을 활용하는 것에 기반을 두었다. 칸트는 이러한 사고방식에 추가로 두 가지 아이디어를 제시했다. 첫째,

'자유로운 사고의 성향과 소명'은 우연적이고 역사적인 가능성이 아니라 인간 본성의 본질적인 부분으로 보아야 하며 인간 존재의 '궁극적인 도달점'이자 '목표'라고 주장했다(Kant 1982, p. 701). 따라서 '계몽의 진전을 막는 것은 '인간 본성에 대한 범죄'였다(Kant 1992, p. 93). 둘째, 칸트는 이러한 '능력'이 발휘되기 위해서는 교육이 필요하다고 보았다. 그의 주장에 따르면 인간은 오직 교육을 통해서만 진정한 인간, 즉 이성적이고 자율적인 존재가 될 수 있다(칸트 1982, p. 699).

칸트의 주장에는 분명 서로 관련 있는 일련의 아이디어가 들어 있으며, 이는 현대 교육 사상의 중심이 되었고, 또 현대의 교육실천에 지대한 영향을 미쳤다. 칸트는 미성숙한 존재와 성숙한 존재 사이에는 근본적인 차이가 있으며, 이 차이는 유년기와 성인기의 구별과 관련이 있다고 가정한다. 그는 성숙을 합리성, 즉 이성을 (적절히) 사용하는 것으로 정의하고 합리성을 독립성과 자율성의 기초로 보았다. 교육은 미성숙에서 성숙으로의 이행을 위한 '지렛대'로 간주되며, 이는 교육이 자유의 문제와 밀접하게 관련되어 있음을 의미한다. 이 모든 것은 문헌에서 교육의 역설로 알려진, '어떻게 강제를 통해 자유를 증진할 것인가?(Kant 1982, p. 711)'라는 칸트의 표현에 적절하게 요약되어 있다.

칸트에 이어 우리는 두 가지 관련 사상의 흐름을 따라 해방 개념의 출현을 추적할 수 있는데, 하나는 교육적인 것이고 다른 하나는 철학적인 것이다. 교육이 개인을 기존 질서에 적응시키는 것이 아니라 자율성과 자유에 대한 지향을 요청하는 것이라는 생각은 19세기 말과 20세기 초 독일에서 학문적 훈련으로서의 교육을 정립하는 데 중요한 역할을 했다(예: Tenorth 2008 참조). 이는 또한 20세기 초 세계 여러 나라에서 등장한 개혁교육, 신교육 그리고 진보교육의 중심적인 요소이기도 하다. 대부분의 경우 적응에 반대하는 주장은 아이를 위한 것으로 표현되었다. 많은 교육학자들은 루소의 통찰을 따라 개인 외부의 사회 질서에 순응하면 아이가 타락한다고 생각했다. 그런데 이는 아이를 위한 선택이 단지 사회에 반대하는 선택을 의미할 수 있다는 생각을 갖게 했다. 이러한 주장은 아이를 사회적, 역사적, 정치적 측면에서 이해하는 것이 아니라 자연의 범주, 즉 '주어진' 것으로 이해하는 이론에 의해 더욱 확고히 뒷받침되었다.

교육이 개별 아동의 해방에 관한 것이라는 생각이 그 자체로 교육을 학문적 훈련으로 정립하는 데 중요한 역할을 한 반면, 그러한 접근법이 나치즘과 파시즘을 포함한 어떤 이념 체계에 의해서도 쉽게 채택될 수 있다는 것이 밝혀지면서 이러한 관점의 한계는 고통스러울 정도로 분명해졌다. 그래서 제2차 세계대전 이후 독일의 교육학자들은 더 광범위한 사회적 변혁 없이는 개인의 해방이 있을 수 없다고 주장하기 시작했다. 이것은 교육에 대한 비판적 접근의 주요 신조가 되었다. 독일에서는 몰렌하우어Klaus Mollenhauer가 큰 공헌을 했는데, 그의 비판적–해방적 접근은 하버마스Jürgen Habermas의 (초기) 저서에서 영감을 얻었다(Mollenhauer 1976 참조). 20년 후 존 듀이John Dewey, 조지 카운츠George Counts, 파울로 프레이리Paulo Freire 같은 선구적인 저자들의 저서와 더불어 특히 북미 지역에서는 마이클 애플Michael Apple, 헨리 지루Henry Giroux, 피터 맥라렌Peter McLaren 등의 공헌에 힘입어 유사한 저서들이 출판되었다. 비판적 교육이론으로서 비판적 교육학의 해방적 관심은 억압적인 구조, 실천 및 이론의 분석에 중점을 둔다. 핵심 아이디어는 사람들이 자신의 상황을 구성하는 권력 관계에 대해 적절히 통찰했을 때 해방을 얻을 수 있다는 것이다. 이것이 바로 '탈신 비화'라는 개념이 비판적 교육학에서 중심적인 역할을 하는 이유이다.

교육에서 해방이라는 사상의 흐름을 더 넓은 철학적 논의와 연결 지을 수 있는 것은 바로 이 지점이며, 그 연결의 정도만큼 적어도 이 흐름은 마르크스주의와 신마르크스주의 철학 발전의 한 부분을 구성한다. 결국 권력의 억압적인 작동으로부터 벗어나서 해방을 달성하기 위해서는 무엇보다도 권력이 어떻게 작동하는지를 폭로할 필요가 있다는 것이 이 비판적 전통의 핵심적인 통찰이다. 마르크스주의 전통이 여기에 덧붙인 것은 ─ 그리고 이것은 비판적이고 해방적인 교육학에 영향을 미쳤다 ─ 이데올로기의 개념이다. 이 개념의 정확한 의미에 대한 문제는 계속되는 논쟁의 주제이지만(Eagleton 2007 참조), 이데올로기 개념에서 드러나는 비판적 통찰의 하나는 모든 사고가 사회적으로 결정되는 것일 뿐만 아니라 ─ 마르크스의 언명에 따르면 '인간의 의식이 그의 존재를 결정하는 것이 아니라 반대로 그의 사회적 존재가 의식을 결정한다'(Marx, Eagleton 2007, p. 80에서 인용) ─ 더욱 중요한 것으로, 이데올로기는 '이런 결정론을 부인하는' 사상이라는 것이다(같은 책, p. 89). 후자의 주장은 엥겔스 Friedrich Engels 의 허위의식이라는 개념과 연결될 수 있다. 이는, 인간은 자신을 움직이게 하는 진정한 동기를 알지 못한다는 것이다(Engels, Eagleton 2007, p. 89에서 인용). 권력이 인간의 의식에 어떻게 작용하는지 알지 못하는 것은 권력이 작용하는 방식 때문이라는 점에 이데올로기의 난관

이 존재한다. 이것은 권력의 작용으로부터 우리 자신을 자유롭게 하기 위해서는 권력이 우리의 의식에 어떻게 작용하는지를 폭로해야 한다는 것을 의미할 뿐만 아니라, 또한 우리가 해방을 성취하기 위해서는 권력의 작용을 받지 않는 의식을 소유한 **다른 누군가**가 우리에게 객관적인 조건에 대해 설명을 해줘야 한다는 것을 의미한다. 그러므로 이 논리에 따르면, 해방은 궁극적으로 우리의 객관적 조건에 대한 진리, 즉 이데올로기의 영향을 받지 않는 사람만이 창출할 수 있는 진리에 달려 있다. 마르크스주의 전통에서는 과학이나 철학이 이러한 위치를 차지하고 있는 것으로 간주된다.

해방의 성취에 대한 이 짧은 설명은 특정한 해방 '논리'의 윤곽, 즉 해방을 인식하고 이해하는 특정한 방식을 드러내기 시작한다. 이 논리에는 몇 가지 측면이 있다. 하나는 해방에는 '외부'의 개입이 필요하다는 것이다. 더구나 이 개입은 극복의 대상인 권력의 지배를 받지 않는 사람에 의해서 이루어져야 한다는 것이다. 이것은 해방이 누군가에게 주어지는 어떤 것으로 이해된다는 사실을 보여줄 뿐만 아니라, 해방은 해방자와 해방 대상자 간의 근본적인 불평등에 기초하고 있음을 드러낸다. 그러므로 이러한 설명에 따르면 평등은 해방의 결과가 된다. 그것은 미래에 놓여 있는 것이다. 그리고 이 결과는 해방자의 개입을 정당화하는 데 사용된다. 해방에 대한 이러한 견해는 특히 이데올로기의 개념과 관련된 철학적 숙고를 통해 거의 직접적으로 도출된 것이지만 이러한 설명에서 특정의 교수법을 인지하는 것은 그리 어렵지 않다. 이는, 교사는 알고 학생들이 아직 알지 못하는 상태에 있다는 교수법이다. 이 교수법에 따르면 학생들에게 세계를 설명하는 것이 교사의 과제이며, 학생들의 미션은 궁극적으로 교사만큼 지식이 풍부한 사람이 되는 것이다. 그러므로 해방의 논리는 특정한 교수법의 논리라고도 할 수 있다. 이 중 많은 부분이 익숙하게 들릴 수도 있다. 이것은 어떤 의미에서 이러한 현대의 해방 논리가 얼마나 영향력이 큰지를 보여준다. 그러나 이러한 해방의 '논리'에는 문제가 있으며 보다 정확히 말하면 모순이 없지 않다.

첫 번째 모순은 해방이 평등과 독립 및 자유를 지향한다지만 실제로는 해방이라는 '행위'의 핵심에 의존성을 심어놓는다는 점이다. 해방될 사람은 결국 해방자의 개입에 달려 있는데, 이 개입은, 해방 대상자가 근본적으로 접근할 수 없는 지식에 바탕을 두고 있다. 따라서 개입이 없으면 해방은 불가능하다. 이것은 이 의존성이 실제로 언제 사라질 것인가 하는 의문을 제기한다. 해방이 이루어지는 즉시 사라지는가? 아니면 해방된 사람은 해방이라는 '선물'에 대해 해방자에게 끝없이 감사해야 하는가? 노예들은 그들을 자유롭게 해준 주인에게 감사해야 하는가? 여성들은 자신들을 자유롭게 해준 점에 대해 남성들에게 감사해야 하는가? 아니면 그들 모두는 왜 처음부터 자유를 향유할 수 없었는지에 대해 질문이나 할 수 있었을까?

오늘날의 해방은 의존에 바탕을 두고 있을 뿐만 아니라 해방자와 해방 대상자 사이의 근본적인 불평등에 기초하고 있다. 이것이 현대의 해방 논리에 들어 있는 **두 번째 모순**이다. 이 논리에 따르면, 해방자는 더 많은 지식 혹은 최선의 지식을 소유하고 있으며 권력의 작용을 드러내는 데 필요한 탈신비화 행위를 수행할 수 있는 사람이다. 이 논리에 따르면, 해방자는 단순히 우월한 위치만을 차지하는 것이 아니다. 해방자가 이 우월성을 계속 유지하려면 사실 해방될 사람의 열등한 상태가 필요하다고 할 수 있다. 우리는 이 불평등이 실제로 언제 사라질 것인지 질문해야 한다. 결국 주인이 주인으로 남아 있는 한, 노예는 이전 상태의 노예나 해방된 노예가 될 수밖에 없다. 다시 말하면 이러한 해방의 논리에서 노예는 영원히 노예로 남을 수밖에 없을 것이다.

해방 논리의 **세 번째 모순**은 해방되어야 할 이들의 이익을 위해 해방이 성취되지만 이 해방은 그들 자신의 경험에 대한 근본적인 불신과 의심에 근거한다는 사실과 관련이 있다. 해방의 논리는 결국 우리가 보거나 느끼는 것을 정말로 신뢰할 수 없으며, 우리가 실제로 경험하고 있는 것이 무엇이고 우리의 문제가 무엇인지 말해줄 다른 누군가가 필요하다는 것을 말해준다. 다시 말하면 '사물의 불명확한 베일을 벗기는 사람', '불명확한 심층을 투명한 표면으로 끌어 올리는 사람', 반대로 표면의 거짓된 모습을 비밀스런 이성의 심층으로 되돌리는 사람이 필요한 것이다(Rancière, 같은 책, pp. 7-8). 그리고 우리는 다시 한번, 해방을 기다리는 사람들이 그들 자신과 그들이 처한 상황, 그리고 그들이 당면하고 있는 문제에 대해 '진실'을 듣는다는 것이 무엇을 의미하는지 물을 수 있다.

이러한 모순은 일반적인 해방의 논리에 스며들어 있을 뿐만 아니라 이 논리가 현대의 특정한 교육학, 또는 랑시에르가 말한 소위 특정의 진보적 교육학에서 표현되는 방식으로도 존재한다(Rancière 1991a, p. 121; Pelletier 2009 참조). 이제 랑시에르의 텍스트를 검토하면서 우선 그가 해방을 이해하는 이 특정의 방식을 어떻게 문제화했는지, 그리고 해방을 이해하고 '실행'하기 위한, 나아가 해방의 문제를 제기하기 위한 다른 방식을 드러내려 했는지를 보여주고자 한다.

해방과 정치 그리고 민주주의

랑시에르는 『정치적인 것의 가장자리에서 On the shores of politics』에서 '해방'을 '소수자 minority의 위치에서 탈출하는 것'으로 규정한다(Rancière 1995a, p. 48). 이것은 비주류의 상황을 끝내는 것을 의미하기 때문에 해방의 공식적인 정의로 읽힐 수 있지만, '탈출'이라는 용어의 사용은 해방을 누군가에게 주어지는 것이라기보다는 이를 '성취'하는 사람의 활동과 연관시킨다는 점에서 이미 위에서 설명한 것과는 다른 역동성을 나타낸다. 랑시에르는 실제로 '스스로의 노력 없이는 아무도 사회적 소수자의 위치에서 벗어날 수 없다'고 했다(같은 책). 그러나 해방은 단순히 소수자의 위치에서 다수자의 위치로 옮겨가는 문제에 관한 것이 아니다. 그것은 소수 집단에서 다수 집단으로의 멤버십 이동이 아니다. 해방은 오히려 '사물의 질서'가 파열되는 것을 수반한다(Rancière 2003a, p. 219). 더구나 이는 주체성의 출현을 가능하게 하는 파열이다. 보다 정확하게 말하면 파열 자체가 주체성의 출현이 된다. 이와 같이 해방은 주체화 subjectification의 과정으로 이해될 수 있다.

랑시에르는 주체화를, '주어진 경험 영역 내에서 이전에는 식별할 수 없었던 일련의 신체 활동과 표현 능력을 통해 무언가를 생성하는 것'으로 정의하며, '그것을 식별한다는 것은 경험 영역을 재구성하는 것'으로 본다(Rancière 1999, p. 35; 또한 Rancière 1995b 참조). 이 정의에는 두 가지 중요한 점이 있으며 이 둘은 서로 밀접하게 관련되어 있다. 첫 번째로 강조해야 할 것은 주체화의 보충성supplementary nature이다(Rancière 2003a, pp. 224-225). 랑시에르에 따르면 주체화는 정체화identification와 다르다(Rancière 1995, p. 37 참조). 정체화는 기존의 정체성을 취하는 것, 즉 기존 질서 내에서, 랑시에르의 표현을 빌리면 기존의 '인식 영역' 또는 '지각되는 세계' 내에서 존재하고 말하는 방식, 그리고 식별 가능하고 가시적인 방식을 취하는 것과 관련된다(Rancière 2003a, p. 226). 반면에 주체화는 항상 '탈정체화' 혹은 어떤 위치의 자연스러움으로부터 이탈하는 것이다(Rancière 1995a, p. 36). 주체화는 주체의 이름을 확인된 공동체의 부분과 다른 것으로 표기한다(같은 책, p. 37). 랑시에르가 이러한 맥락에서 '출현appearance'이라는 개념을 사용할 때, 이는 그가 말한 '현실의 실체를 은폐하는 환상'을 지칭하는 것이 아니다(Rancière 2003a, p. 224). 주체화는 사물의 기존 질서에서는 자리와 역할이 없는 존재 방식의 출현, 즉 '현존으로의 도래coming into presence'(Biesta 2006)에 관한 것이다. 따라서 주체화는 이 질서에 무언가를 더하는 것이기 때문에 기존 질서에 대한 보충이며, 바로 이런 이유 때문에 이 보충은 또한 기존 질서, 즉 기존의 '감각적인 것의 나눔division of the sensible'을 분열시킨다(Rancière 2003a, pp. 224-225).[4] 따라서 '주체화는 각자에게 자신의 몫에 따라 정체성을 부여한 경험의 장을 재설정한다'(Rancière 1995a, p. 40). 그것은 '공동체의 지각적 조직화perceptual organization[5]를 정의하는 행동 방식, 존재 방식 및 말하기 방식 사이의 관계를 해체하고 재구성한다'(같은 책).

따라서 주체화(그리고 이것이 두 번째 요점이다)는 사물의 기존 질서, 즉 감각적으로 파악할 수 있는 감각적인 것의 기존 배분 혹은 나눔에 개입하고 재구성하기 때문에 고도로 정치적이다(Rancière 2004a, p. 85). 앞에서 살펴본 바와 같이, 랑시에르는 주체화 및 그에 따른 정치 자체의 보충적supplementary 성격을 파악하기 위해 정치적인 관념 안에서 치안(또는 치안 질서)과 정치의 두 개념을 구분한다.[6] 랑시에르는 치안을, '행동 방식, 존재 방식 그리고 말하는 방식을 규정하고 조직의 이름에 맞게 특정 자리와 역할을 할당하는지 확인하는 신체의 질서'로 정의한다(Rancière 1999, p. 29). 이 질서는 시각적, 언어적 질서로서, 특정 행위는 보이게 하고 다른 행위는 보이지 않도록 하며, 어떤 말은 담론으로 이해를 하고 다른 말은 소음으로 처리한다(같은 책). 치안은 국가가 사회생활을 조직하는 방식으로만 이해되어서는 안 된다. 또한 하버마스의 용법으로 생활 세계life world에 있어서 시스템의 '지배'만도 아니며(Habermas, 1987) 양쪽 모두 포함한다. 랑시에르의 설명에 따르면 '치안 체제를 규정하는 자리와 역할의 분배는 국가 기능의 경직성만이 아니라 자발성의 형식을 취한 사회적 관계에서도 비롯된다'(Rancière 1999, p. 29). 따라서 '치안유지'는 '신체의 규율'에 관한 것이 아니라 '신체의 출현과 **직업**의 구성 그리고 이러한 직업이 배분되는 자리의 특성을 관리하는 규칙'에 관한 것이다(같은 책; 강조는 원본). 이러한 치안의 정의를 해석하는 한 가지 방식은 모든 사람이 특정한 지리와 역할 또는 위치를 가지고 있다는 점에서, 그리고 모든 사람에게는 자기만의 정체성이 있다는 점에서 치안을 '예외 없는 포괄적all-inclusive' 질서로 생각하는 것이다(4장에서 이 문제를 다룰 것이다). 그러나 이것은 모든 사람이 질서를 운영하는 일에 참여한다는 것을 의미하지는 않는다. 핵심은 아무도 질서에서 배제가 되지 않는다는 것이다. 아테네의 민주주의를 보면 여성, 어린이, 노예 및 이민자들은 분명한 자리, 말하자면 정치적 의사결정에 참여할 수 없는 자들이란 점에서 나름 분명한 자리를 차지하고 있었다. 바로 이 점에서 모든 치안 질서는 예외 없이 포괄적이다.

'정치'는 '이러한 질서를 교란시키는 행동 양식'을 말하며(Rancière 2003a, p. 226) 평등의 이름으로 또는 평등과 관련하여 이런 교란을 실행한다. 그래서 랑시에르는 치안 유지에 반하는 매우 단호한 활동이 아닌 경우 '정치'라는 용어의 사용을 유보한다. 단호한 활동이란 '여하간 현재의 권력지형에서는 정의상 설 자리가 없는 전제로 인해 작분과 몫 혹은 몫의 결여가 정해지는 현실적인 권력지형을 파열시키는 것'이다(Rancière 1999, pp. 29-30). 이러한 파열은 '당사자 몫 그리고 몫의 결여를 규정하는 공간을 재구성하는' 일련의 활동으로 나타난다(같은 책, p. 30). 이렇게 인식된 정치 활동은 여하간 하나의 체제를 원래 그것에 부여되었던 자리로부터 옮기는 것이다. (…) 그것은 그럴 권리가 없던 것을 보이게 하고 한때 소음의 자리밖에 차지하지 못했던 말에도 귀를 기울이게 한다(같은 책, p. 30).

> 정치 활동은 언제나 기본적으로 이질적인 가정을 실행에 옮김으로써 감지할 수 있는 치안 질서의 분할을 무효화시키는 표현 방식이다. 이 가정은 몫이 없는 자들의 몫에 대한 가정이며, 몫이란 것은 결국 그 자체가 순전히 우연적인 질서이고, 말하는 존재는 이 사람이나 저 사람이나 모두 평등한 존재임을 보여주는 가정이다. (같은 책)

그러므로 정치는 치안과 평등이라는 두개의 '이질적인 과정'이 만날 때의 사건을 지칭한다(같은 책). 정치는 '모든 말하는 존재 사이의 평등이라는 가정과 이러한 평등을 검증하려는 관심에 의해 추진되는 일련의 공개적인 관행들'과 관련이 있다(같은 책).[7]

랑시에르에게 있어서 이런 식으로 이해되는 정치는 언제나 민주주의 정치다. 그러나 민주주의는 '체제나 사회적 삶의 방식'이 아니다. 다시 말해서 치안 질서의 일부가 아니며 그렇게 될 수도 없다. 민주주의는 오히려 '정치 제도 자체'로 이해되어야 한다(같은 책, p. 101). 그러나 모든 정치가 민주적인 것은 일련의 제도라는 의미에서가 아니라 '평등의 논리를 치안 질서의 논리와 대립시키는' 표현 형식이라는 의미에서이다(같은 책). 따라서 민주주의는 평등에 대한 '요청'이라고 할 수 있다. 따라서 민주주의는, 더 정확히 말해서 민주주의의 출현은 단지 이전에 정치의 영역에서 배제되었던 집단이 세상을 향하여 자신의 자리를 주장하기 위해 한발 앞으로 나아가는 상황에 그치는 것이 아니다. 이와 동시에 민주주의는 이전에는 존재하지 않았던 특정한 정체성을 가진 새로운 집단을 **창조하는 것**이기도 하다. 예를 들어, 민주적 활동은 19세기 노동자들의 활동에서 발견되는데 그들은 이전에 무수히 많은 개인들 사이의 관계의 산물로 여겨졌던 '노동관계의 집단적인 기반을 확립했다'(같은 책, p. 30). 그러므로 민주주의는 새로운 정치적 정체성을 확립하는 것이다. 이 정체성은 과거에는 기존 질서에 속하지 않았고 또 기존 질서에는 존재하지도 않았던 것이다. 그리고 바로 이런 의미에서 민주주의는 곧 주체화의 과정이다. 또는 랑시에르가 말했듯이 '민주주의는 국가 또는 사회의 기존 이해관계자와 불화를 야기하는 주체를 만들어내는 것이다'(같은 책, pp. 99-100).

이는 또한 '사람들이 있는 자리가 곧 분쟁이 일어나는 곳'임을 의미한다(같은 책, p. 100). 랑시에르는, 분쟁이 민주주의의 고유한 형식이며 이는 사회의 당사자 간 이해관계나 의견의 대립이 아니라는 점을 강조한다(Rancière 2003a, p. 225). 랑시에르의 설명에 따르면

> 민주주의는 각자의 이익에 관한 여러 당사자들의 협의도 아니고 모든 사람에게 똑같이 부과하는 불문율도 아니다. 이름 그대로 민중은 주권을 가진 이상적인 사람들도 아니고, 사회의 당사자들을 모아놓은 것도 아니며, 심지어 이 사회에서 가난하고 고통받는 이들도 아니다. (같은 책)

정치적 분쟁은 어떤 면에서 '당사자들의 몫 혹은 셈법을 둘러싼 갈등'이다(Rancière 1999, p. 100). 다시 말하면 '자리의 분배에 관한 치안의 논리와 평등주의적 행위에 관한 정치적 논리' 간의 분쟁이다(같은 책). 그러므로 정치는 '근본적으로 공동의 무대를 둘러싼 갈등이자 그 무대 위에 있는 사람들의 존재 및 지위에 관한 갈등'이다(같은 책, pp. 26-27). 따라서 민주주의/정치의 본질은 합의라기보다는 불화dessensus[8]이다(Rancière 2003a, p. 226 참조). 그러나 '불화는 이해관계나 의견의 대립이 아니다. 그것은 이미 결정된 세계, 감각적인 세계 안에 이질적인 것을 만들어내는 것이다'(같은 책). 반면에 정치는 특정의 정치적 주체성에 의존하기보다는 주체성을 창출한다는 점에서 생성적productive 혹은 시적poetic이다. 그러나 정치는 '주체화의 방식'이 '자연의 질서에 규정된 정체성을 변혁시킴으로써' 주체를 창조하는

것이지 '무에서 창조하는 것'은 아니다(Rancière 1999, p. 36). 이러한
의미에서 랑시에르는 정치를 미학이라고 주장한다. 즉, 정치는 지각
의 영역에서 배제되었던 것을 가시화하고, 들리지 않던 것을 들리게
하는 것이다(같은 책).

　랑시에르가 정치적 주체는 '스스로를 "자각하고" 자신의 목소리를
찾아 사회에서 자신의 비중을 높이는 집단이 아니라고 강조하는 것
도 이 때문이다.' 왜냐하면 스스로를 자각하는 것, 즉 자신을 주체로
확립하는 것은 정치 '행위' 이전에 일어나는 것이 아니라 오히려 그
행위 안에서 그리고 그 행위를 통해서 일어나는 것이기 때문이다
(같은 책, p. 40). 랑시에르는 정치적 주체의 특징을 다음과 같이 지적
한다.

> 정치적 주체는 주어진 경험의 지형에, 즉 치안 질서와 이미 치안
> 질서에 새겨진 평등의 배분 관계에 존재하는 서로 다른 영역과 분
> 야, 정체성, 기능 및 역량을 연결하기도 하고 분리하기도 하는 운영
> 자이다. 치안 질서에 새겨진 평등이 어떤 것이든, 아무리 깨지기
> 쉽고 연약한 것이든 상관없다. (같은 책)

　랑시에르는 1849년 여성으로서 출마가 불가능한 입법부 선거에
도전장을 내민 잔느 드로앵Jeanne Deroin의 예를 제시한다. 여기서 그
녀는 여성을 보편성으로부터 배제하는 보통 선거권의 모순을 보여주
고 있다(같은 책, p. 41). 이것은 '치안 논리와 정치 논리 사이의 모순이
드러나는 무대가 되었으며, 이런 모순이 이 무대를 정치적 행위로
변화시켰다. 그것은 연결되지 않은 두 질서를 관계 속으로 끌어들인

것이며, 이런 관계는 비교할 수 없는 두 질서 간의 척도가 되었다. 그리고 이런 정치적 행위는 자유 속에 평등을 새롭게 새겨 넣으며 더 많은 것이 가시적으로 드러나는 신선한 영역을 만들어내었다(같은 책, p. 42). 그렇기 때문에 랑시에르가 볼 때 정치는 권력관계가 아닌 '세계들 간의 관계'로 이루어진다(같은 책).

랑시에르에게 있어서 정치의 핵심이 끊임없는 혼란과 분열을 일으키는 것은 아니라는 사실을 아는 것이 중요하다. 랑시에르는 정치가 기본적으로 좋은 것이라고 주장해 왔지만 그렇다고 해서 치안의 질서가 반드시 나쁘다는 뜻은 아니다. 이것은 그의 글에서 그다지 두드러지지는 않을지 모르지만(이는 쉽게 간과된다는 의미이다), 그는 민주적 분쟁이 '평등의 흔적'을 남긴다는 점에서 치안 질서에 긍정적인 영향을 미칠 수 있다고 주장한다(같은 책). 말하자면 (변형된) 치안 질서에 흔적을 남기는 것이다. 그래서 랑시에르는 '상대적으로 더 나쁜 치안이 있고 더 나은 치안이 있다'는 점을 강조한다(같은 책, pp. 30-31). 그러나 더 나은 치안은 '아마도 사회의 자연적 질서나 입법자의 과학을 고수하는 치안'이 아니라 '평등주의 논리에 의해 야기된 강제진입으로 인해 자연의 논리에서 크게 벗어난' 치안일 것이다(같은 책, p. 31). 따라서 랑시에르는 치안은 '온갖 형태의 선을 산출할 수 있으며, 어떤 치안이 다른 치안보다 지속적으로 선호될 수 있다'는 점을 인정한다. 하지만 치안의 질서가 '달콤하고 친절'한가 아닌가에 따라서 정치와의 대립 정도가 달라지지는 않는다. 이 점 또한 랑시에르가 볼 때 정치는 매우 드물게 발생한다는 것을 의미한다. 『정치적인 것의 가장자리에서』를 통해서 그가 사용한 표현을 빌리면 정치, 즉 민주주의는 단지 산발적으로만 일어날 뿐이다(Rancière 1995a, p. 41). 정치는 치안 질서를 중지시키는 지점에 존재하기 때문에 치안 질서가 될 수 없다. 정치는 항상 미시적으로 그리고 예외적으로 발생한다. 그러므로 정치의 실종은 철저히 현실적이며 그 존재를 오로지 의지의 대상으로만 여기는 정치 윤리가 존재하지 않는 것과 마찬가지로 미래를 정확히 계획할 수 있는 정치학 또한 존재하지 않는다(Rancière 1999, p. 139).

랑시에르가 정치와 민주주의 그리고 해방에 대해 말하는 모든 것에 평등의 개념이 스며들어 있다는 것을 어렵지 않게 알 수 있다. 추후 평등에 대한 교육적 이해를 보여주겠지만 거기서 언급하는 평등은 아이들의 언어적 관행을 통해 이해될 수 있다. 그러나 지금 랑시에르의 입장과 관련하여 가장 중요한 것은 그가 평등을, 정치를 통해 달성해야 할 것으로 생각하지 않는다는 것이다. 랑시에르에게 있어서 민주주의는 우리 모두가 평등하게 되는 상황을 의미하지 않으며, 해방이 불평등에서 평등으로 나아가는 과정, 즉 불평등을 극복하고 평등해지는 과정을 의미하지도 않는다. 랑시에르가 보기에 평등은 정치적 또는 다른 수단을 통해 달성해야 하는 목표가 아니다. 그가 말한 대로 평등은 '하나의 전제이며, 최초의 공리이다. 만일 그게 아니라면 평등은 아무것도 아니다'(Rancière 2003a, p. 223). 우리가 할 수 있는 일, 그리고 어떤 의미에서 정치를 움직이거나 어떤 일을 정치적으로 만드는 일은 구체적인 상황에서 평등의 가정을 시험하거나 검증하는 것이다. 랑시에르에 따르면 어떤 행위를 정치적으로 만드는 것은 그 행위의 목적도 아니고 그 행위가 이루어지는 공간도 아니다. 어떤 행위의 정치적 의미는 평등의 확인이 분쟁의 상황에 어떤 형태로 새겨지는지, 그리고 분열되어 있음에도 불구하고 존재하는 공동체의 상황에는 어떤 형태로 새겨지는지에 따라 달라진다는 것이다(Rancière 1999, p. 32). 그러므로 어떤 것이 정치적이 되기 위해서는 '미리 설정되지 않은 치안 논리와 평등주의 논리가 서로 만날 수 있도록 해야 한다'(같은 책). 이는 그 자체로 정치적인 것은 없음을 의미한다. 반면에 두 논리가 만나도록 한다면 무엇이든 정치적인 것이 될 수 있다. 그러므로 평등은 정치가 추구해야 할 원칙이 아니다. '평등은 그것을 구현하는 실천의 과정에서 인식할 필요가 있는 단순한 가정에 불과하다'(같은 책, p. 33). 그러나 평등은 '특정한 불일치 사례의 특정한 형태로 구현될 때만 정치를 발생시키며(Rancière 2004a, p. 52), 그 시점은 사전에 정해진 수의 집단과 자리, 그리고 사회의 기능과 비교하여 특정의 주체, 즉 여분의 주체가 구성될 때이다'(같은 책, p. 51).

해방의 실천

전통적인 해방론에서는 인간 불평등의 가정에서 출발하여 해방을 외부의 개입을 통해 누군가를 평등하게 만드는 행위로 보는 반면, 랑시에르는 해방을 사람들이 스스로 실천하는 것으로 간주한다. 해방을 위해 누군가가 객관적인 조건을 설명할 때까지 기다릴 필요가 없다는 것이다. 해방은 '단지' 평등이라는 전제 또는 공리에 기초하여 행동하는 것을 의미한다. 이러한 의미에서 보면 해방은 일종의 '평등의 검증'이다(Rancière 1995a, p. 45). 해방을 이해하는 전통적인 방식에서는 여전히 해방을 통해 해결해야 하는 문제를 개념화하는 방식, 즉 극복해야 할 불평등에서 시작하는 방식의 정당성을 받아들인다. 랑시에르는 이러한 전통적인 방식의 역전을 넘어 해방의 '어휘'를 대체하고 새로운 해답만큼이나 새로운 질문을 제시한다.

그는 『프롤레타리아의 밤The Nights of Labor』(Rancière 1991b)에서 노동자 계급의 해방은 과학적 사고, 즉 노동자의 객관적 조건에 대한 지식을 노동자의 세계로 도입하는 문제에 관한 것도 아니고 노동자 문화를 긍정하는 문제에 관한 것도 아니라고 주장했다. 그것은 오히려 '어떤 사람들에게는 생각의 특권을, 다른 사람들에게는 생산의 임무를 부여하는 전통적인 분리partage[9]를 파괴하는 일'이었다(Rancière 2003a, p. 219). 이렇게 하여 랑시에르는 19세기에 신문이나 협회를 만들고 시를 쓰거나 유토피아 집단에 가입한 프랑스 노동자들이 충분히 말하고 사고하는 존재의 지위를 주장하고 있음을 보여주었다. 따라서 그들의 해방은 '지적 평등이 실제로 실현되어 효과를 발휘하고 있는 것처럼 행동하려는 초규범적인transgressive 의지'에 기초를 두었다(같은 책). 랑시에르에 따르면 노동자들이 한 일은 해방을 생각하는 전통적인 방식과 달랐다. 그는 이것을 '해방의 삼단논법'(Rancière 1995a, p. 45)으로 설명한다. 삼단논법의 대전제는 '모든 프랑스인은 법 앞에 평등하다'이며 소전제는 직접적인 경험에서, 예를 들어 파리의 재단사는 임금과 관련하여 동등한 대우를 받지 못했기 때문에 파업에 돌입했다는 사실에서 도출했다. 그러므로 여기에 진정한 모순이 있다. 그러나 랑시에르의 주장대로 이 모순을 이해할 수 있는 방법은 두 가지가 있다. 첫 번째는 '우리에게 익숙한 방식'으로, '법적/정치적 언어는 환영이며 평등에 대한 주장은 단지 불평등의 현실을 가리기 위해 고안된 가면'이라는 것이다(같은 책, p. 46). 이렇게 해서 탈신비화라는 뛰어난 감각이 추론된다(같은 책, p. 47). 그러나 노동자들은 대전제를 진지하게 받아들여 다른 옵션을 선택했다. 그 결과 1833년의 재단사 파업은 논리적 입증이라는 형태를 취했다. 그리고 그들이 파업을 통해 증명해야 했던 것은 바로 평등 자체였다.

랑시에르는 이 사건에 대해 글을 쓰면서 재단사들의 요구 중에 이상한 점이 있음을 발견했다. 그들은 주인과의 평등한 관계를 요구했다(같은 책, pp. 47-48). 그들과 주인 사이에 존재했던 경제적 의존 관계를 그들은 부정하거나 극복하려고 시도하지 않았다. 그들은 다른 종류의 관계, 즉 법적인 평등 관계를 주장한 것이었다. 이와 같이 그들은 경제적 불평등의 세계와 법적 평등의 세계를 대립시킴으로써, 랑시에르의 표현을 빌리면, '평등에 기초한 다른 사회적 현실'을 창안해 냈던 것이다(같은 책, p. 48). 여기서 해방은 경제적 불평등을 극복하는 일에 관한 것이 아니라 새로운 사회적 관계를 구축하는 것으로 이루어졌다는 점이 중요하다. 이러한 관계를 통하여 노동자와 주인 사이의 협상은 그들 간의 관계 속에서 하나의 통상적인 일이 되었다. 이것이 우리가 이 사건의 세부사항에 초점을 맞추는 이유이다. 랑시에르는 이와 관련하여 중요한 점을 다음과 같이 요약하고 있다.

> 이 사회적 평등은 단순한 법적/정치적 평등도 아니고 경제적 평준화도 아니다. 이 평등은 처음에는 법적/정치적 텍스트에서 하나의 가능성으로 소중히 간직된다. 그 다음에는 번역되고 설 자리를 잃

었다가 일상생활 속에서 극대화된다. 그것은 평등의 전부도 아니다. 그것은 평등과 불평등 사이의 관계를 역동적으로 만들어주는 방식이며, 생명을 부여했다가 적극적으로 설 자리를 잃게 만드는 방법이기도 하다.

그러므로 여기서 말하는 해방은 '노동을 새로운 사회의 기본 원리로 삼는' 문제가 아니다. 그것은 노동자들이 소수자의 위치에서 벗어나 진정으로 사회에 속해 있다는 것을 증명하고, 공동의 공간에서 모든 사람들과 진정성 있게 소통한다는 것을 증명하는 노동자들과 관련된 것이다. 다시 말해서, 그들은 자신들의 행동을 통해 그들이 단지 욕구와 불평과 반항의 노예가 아니라 담론과 이성의 존재이며, 이성적으로 이성과 맞설 수 있고 자신의 행위를 시위의 형태로 보여줄 수도 있음을 몸으로 입증한다(같은 책). 그러므로 이 맥락에서 랑시에르가 말하는 자기 해방이란 '공동의 세계에서 함께 나누는 자로서의 자기 확인이다(같은 책, p. 49). 랑시에르는 '자신이 옳다는 것을 증명하는 것은 다른 사람들에게 그들이 틀렸다는 것을 인식하도록 강요한 것이 결코 아니었다'고 덧붙인다(같은 책). 그렇기 때문에 '공유된 의미의 공간'은 합의의 공간이 아니라 일치와 규범의 경계를 넘어선 공간이다. 그것은 공동의 세계로 **강제진입**forced entry하는 것이다. 이는 평등에 대한 요구를 드러내려면 자신의 공간을 정의해야 할 뿐만 아니라 평등을 요구할 때는 타인이 자신의 주장을 항상 이해할 수 있는 것처럼 표현해야 한다는 것을 의미한다. 랑시에르는 일반적인 근거에서 타인은 자신을 이해할 수 없으며 공통의 언어가 없다고 말하는 사람들은 '자신의 권리가 인정받을 근거를 상실하는 것'이라고 경고한다(같은 책). 그렇기 때문에 '해방이라는 좁은 길'은 분리된 세계의 수용과 '합의라는 환상' 사이를 오가는 것이지 어느 한쪽을 선택하는 것이 아니다.

이와 같이 랑시에르는 해방이라는 이 새로운 관념의 핵심에는 이해 가능성과 공동의 세계 모두의 공통된 필요조건으로서 지적 능력의 평등이라는 개념이 있다고 결론지었다. 이 조건은 모두가 그 타당성을 검증하기 위해 스스로 노력해야 하는 전제이다(같은 책, p. 1). 그러므로 정치의 대상 또는 주체로서의 '민주적 인간'은 '말하는 존재'이고, 이 점에서 **'시적인 존재'**[10]이다(같은 책, p. 51). 랑시에르는 이 민주적인 인간은 '말과 사물 사이의 간극을 포용할 수 있으며, 이 간극은 기만이 아니고 인간적인 것'이라고 덧붙인다(같은 책). 민주적인 인간은 랑시에르가 말하는 소위 '표상의 비현실성'을 수용할 수 있으며 그는 이것을 평등이란 개념의 비현실성과 언어의 자의적 성격을 의미한다고 보았다. 그러나 평등이 비현실적이라 해서 환상이라는 뜻은 아니다. 바로 이 지점에서 랑시에르는 더 이상 탈신비화의 필요성에 의존하지 않는 입장을 분명히 밝힌다. 그는 우리가 평등으로부터 시작해야 한다고 주장한다. 말하자면 평등을 주장하고, 평등을 주어진 것으로 가정하고, 평등으로부터 출발하고, 그것이 얼마나 생산적일 수 있는지를 밝혀내려고 노력해야 한다는 것이다(같은 책, pp. 51-52). 평등에서 시작하지 않고 불신에서 시작하는 사람, 그리고 불평등을 가정하고 그것을 줄이려는 사람은 기껏해야 불평등의 위계를 설정할 수 있을 뿐이며 불평등을 무한히 산출해 낼 뿐이다(같은 책, p. 52).

교육과 해방

평등과 불평등 중 어떤 가정에서 출발해야 하느냐에 대한 질문은 계몽주의의 해방 '프로젝트'란 측면에서 볼 때 정치에 대한 질문일 뿐만 아니라, 구체적으로는 교육이 감당하는 중요한 역할에 있어서, 보다 일반적으로는 일종의 교육적 사고에 있어서 교육의 핵심적 질문이기도 하다. 교육은 흔히 무지한 사람들(따라서 평등과 해방에 이르는 궤적을 아는 사람들에게 의존하는 사람들)이 유식한 사람들로부터 지식을 받아들이는 활동으로 이해된다는 점에서 전통적인 해방의 '교수법'은 전통적인 교육에서의 교수법과 동일하다고 주장할 수도 있다. 따라서 이렇게 이해된 교육은 교육하는 사람과 교육을 필요로 하고 교육을 받는 사람 사이의 근본적인 불평등에서 출발한다. 랑시에르의 질문은, 이것이 교육의 논리, 나아가 해방의 논리를 이해할 수 있는 유일한 방법인가 하는 것이다. 『무지한 스승』에서 자코토는 평등의 실현을 위해서 불평등에서 출발하는 과정으로 교육을 보지 않고 모든 인간이 지적으로 평등하다는 기본 가정에서 교육을 인식했다.

앞서 살펴본 바와 같이 자코토의 방법은 그가 알지 못하는 언어를 학생들에게 가르치라는 요청을 받았을 때 발견한 것을 토대로 한 것이다. 그의 노력이 성공을 거두면서 그는 교육에 필수적이라고 항상 간주되어왔던 것이 실제로 학생들이 배우는 데는 필요하지 않다는 것을 알게 되었다. 자코토는 설명이 교육 활동에 있어서 핵심이기는 커녕 사실은 학생들을 어리석게 만든다는 것을 인식하기 시작했다. 왜냐하면 누군가에게 무언가를 설명한다는 것은 우선 스스로 이해할 수 없다는 것을 보여주는 것이기 때문이다(Rancière 1991a, p. 6). 그러므로 설명은 '교수법의 신화'이며, 세계를 아는 자와 무지한 자로 나누는 우화일 뿐이다(같은 책). 설명자의 '특별한 착각'은 다음과 같이 절대적인 시작을 선언하는 '이중의 취임 제스처'로 구성되어 있다. 이제 '배움의 행위가 시작될 것'이며, 설명자(즉 교사 – 옮긴이)는 '배워야 할 모든 것에 씌워져 있는 무지의 베일을 벗기는 일'을 자신의 사명으로 삼는다(같은 책, pp. 6-7). 교수법의 신화는 이렇게 세계를 둘로 나눌 뿐 아니라 지적 능력 또한 열등한 지적 능력과 우월한 지적 능력으로 나눈다. 이러한 관점에서 보면 설명은 '강요된 바보 만들기 enforced stultification'일 뿐이다(같은 책, p. 7).

자코토가 학생들에게 아무것도 가르친 것이 없지만 – 학생들은 교재와 같은 자료를 뒤적이면서 배웠다 – 이 말이 스승 없이 배웠다는 것은 아니고 '설명의 대가master explicator 없이' 배웠다는 의미이다(같은 책, p. 12). '자코토는 학생들에게 무언가를 가르치기는 했지만, 그들에게 아무 말도 전달하지는 않았다'(같은 책, p. 13). 자코토가 한 일은 제자들을 격려하여 '의지와 의지의 관계' 속에서 지적 능력을 사용하도록 하는 것이었다(같은 책). (내가 배우는 학생이라고 가정할 때) 설명은 '나의 지적 능력이 다른 사람의 지적 능력에 종속될 때마다' 발생하지만, '나의 의지가 다른 사람의 의지에 복종하는 동안에도' 지적 능력이 나 자신에게만 복종한다면 해방은 일어난다(같은 책).[11] 이러한 관점에서 볼 때 교육의 주된 '문제'는 '지적 능력을 스스로 드러내는 것'이 된다(같은 책, p. 28). 여기에 요구되는 것은 설명이 아니라 주의력 혹은 관심, 즉 자신의 지적 능력을 사용하려는 노력이다.

랑시에르가 말했듯이, 필요한 것은 '보고 또 보고 말하고 반복하려는 절대적인 관심'이다(같은 책, p. 23). 이에 대해 학생들이 어떤 길을 택할지는 알 수 없지만, 랑시에르에 따르면 학생들이 회피해서는 안 되는 것은 '자유의 행사'이며, 이와 관련해서 '무엇이 보이는가? 무엇을 생각하는가? 그 의미는 무엇이라 보는가?'와 같은 3부로 구성된 끝없는 질문이 요청된다(같은 책 및 이 책의 6장 참조).

그러므로 자코토의 방법에는 교사가 해야 할 두 가지 '기본적인 행위'만이 있는데 그것은 캐묻고 말하기를 요구하는 것이다. 말하자면 자신이 몰랐거나 포기했던 지적 능력이 드러나도록 하고 '주의를 기울여 지적 능력의 작용이 이루어지고 있는지를 확인하는 것'이다(같은 책, p. 9). 랑시에르는 소크라테스 식으로 질문을 해서는 안 된다는 점을 강조한다. 소크라테스식 질문의 유일한 목적은 교사가 이미 알고 있는 지점으로 학생을 데려가는 것이다. 여기서 중요한 것은 이미 교사가 알고 있는 것을 배우는 것이 배움의 길이 될 수도 있지만, 그것은 결코 해방의 길이 아니라는 것이다. 그러므로 교육에서 해방의 중심은 '자신을 다른 사람과 동등하게 여기고 다른 사람을 자신과 동등하게 생각할 때 자신의 지적 능력으로 무엇을 할 수 있는지'를 아는 것이다(같은 책, p. 39). 그리고 이것은 끊임없이 확인되어야 하는 것, 즉 '모든 말하는 존재의 평등의 원칙'(같은 책)이다. 검증해야 할 것은 '**지적 능력**에는 위계가 없으며' '지적 능력의 **발휘**'에 있어서만 불평등이 있을 뿐이라는 믿음이다(같은 책, p. 27). 그러므로 '해방은 학자들이 사람들의 지적 수준에 맞추어 설명할 때 주어지는 것이 아니라 설령 학자들의 주장에 어긋나더라도 스스로 자신을 가르칠 때 획득되는 것'이다(같은 책, p. 99). 여기서 유일하게 필요한 것은 사람들로 하여금 그들의 지적 능력을 사용하도록 용기를 불어넣는 것인데, 이는 '말하는 모든 존재가 평등하다는 원리'를 검증하는 것을 의미한다(같은 책, p. 39). 결국 '사람들을 바보로 만드는 것은 부족한 가르침이 아니라 그들의 지적 능력의 열등하다는 믿음이다'(같은 책). 그러므로 꼭 필요한 것은 사람들이 스스로 보고 생각할 수 있다는 것과 다른 사람들이 자신들을 대신하여 보고 생각하는 것에 의존해서는 안 된다는 것을 상기시키는 일이다.

이는 해방이 모든 지적 능력이 평등하다는 명제의 '진리'에 달려 있다는 것을 의미할까? 이것은 랑시에르의 관점이 아니다. 그의 과제는 '그 명제를 가지고 무엇을 할 수 있는가'를 아는 것이다(같은 책, p. 46). 앞에서 보았듯이, 이 명제를 가지고 해서는 안 되는 일은 해방을 사회적 방법으로 만드는 것이다. 랑시에르는 '오직 한 사람의 개인만이 또 한 사람을 해방시킬 수 있다'고 주장한다(같은 책, p. 102). 가르치는 데는 수많은 방법이 있으며, 사람을 바보 만드는 학교에서도 배움은 이루어진다(같은 책). 해방은 배움에 관한 것이 아니고 지적 능력의 평등이라는 가정하에 자신의 지적 능력을 사용하는 일에 관한 것이다. 그러므로 '해방에 이르는 길은 단 하나'이며, 랑시에르는 '어떤 집단이나 정부, 군대, 학교, 제도 등을 통해서는 단 한 사람도 해방시키지 못할 것'이라고 덧붙인다(같은 책). 왜냐하면 모든 제도는 언제나 불평등을 '극화dramatization'한 것이거나 '체화embodiment'한 것이기 때문이다(같은 책, p. 105). 그러므로 해방을 가능하게 하는 보편적 가르침은 평등의 가정에서 출발되기 때문에 개인을 대상으로 할 뿐이며 사회를 대상으로 추구하지 않는다. 『무지한 스승』의 마지막 장에서는 보편적 가르침 universal teaching 을 방법으로 바꾸고 그것을 제도화하려는 모든 시도가 해방의 관점에서 어떻게 실패했는지에 대해 자세히 설명하고 있다.

랑시에르는 교육, 특히 학교와 학교 교육을 활용해 평등을 실현하려는 시도를 의심하고 있다. 물론 이것은 '마음을 해방시키고 대중의 능력을 조장'하고자 하는 '진보주의자들'의 야망이다(같은 책, p. 121). 그러나 진보의 개념을 이렇게 이해하는 것은 불평등을 발전의 지체로 보는 관점에 기초한 것으로, 랑시에르는 이를 '교육적 허구'라고 불렀다(같은 책, p. 119). 이것은 해방되기 위해 교육을 받아야 하는 사람보다 교육자를 항상 앞서 있는 위치에 놓이게 한다. 그러나 랑시에르는 우리가 그러한 궤도, 즉 불평등의 가정에서 출발하는 궤도에 들어서는 순간, 우리는 결코 평등에 도달할 수 없을 것이라고 경고한다. '학생들은 결코 교사를 따라잡지 못할 것이며, 일반 대중은 계몽된 엘리트를 따라잡지 못할 것이다. 그러나 따라잡으려는 희망은 그들을 완벽한 설명이라는 좋은 길을 따라 나아가게 한다'(같은 책, p. 120). '진보주의자들'은 '공교육이라는 잘 짜인 체계'를 통해 평등을 실현하고자 한다(같은 책, p. 121). 랑시에르는 자코토의 방법이 어떻게 이러한 시스템에 통합될 수 있었는지를 보여준다. 그리고 한두 가지 작은 문제를 제외하고 실제로 채택이 되었다. 이 작은 문제란 자코토의 방법을 사용하는 교사가 자신이 알지 못하는 것을 가르치지 않았고 평등의 가정에서 시작하지 않았다는 것이다(같은 책, p. 123 참조). 그러나 이 '작은 문제들'은 매우 중요한 것이다. 그러므로 선택은 '평등한 사람들로 불평등한 사회를 만드는 것'과 '불평등한 사람들로 평등한 사회를 만드는 것' 사이에 있으며(같은 책, p. 133), 이 점에 있어서 랑시에르의 선택은 분명하다. '우리는 불평등한 사회에서 평등한 사람이 되는 법을 배우기만 하면 된다.' 이것이 '해방된다'는 말의 의미이기 때문이다. 그러나 이 '매우 단순한 것'은 사실 '가장 이해하기 어려운 것'이다. 왜냐하면 '새로운 설명', 즉 진보는 평등을 그 반대인 불평등과 뒤엉키게 만들기 때문이다. 랑시에르는 이렇게 결론을 내린다.

> 공화주의자들의 감성과 지성으로 헌신하는 미션은 불평등한 사람들로 평등한 사회를 만들어 막연히 불평등을 줄이는 것이다. 그러나 누구든지 이 입장을 취하는 사람은 그것을 끝까지 완수하는 단 한 가지 방법만을 가지고 있는데, 그것은 사회의 완전한 유아화 pedagogicization, 즉 전체적으로 사회를 구성하는 개인들을 유아로 만드는 일이다. 나중에 이것을 계속 교육으로 부를 것인데 이는 설명의 기관인 학교를 사회로 확장하는 것이다. (같은 책)

해방과 학교 제도

앞에서 우리는 해방에 대한 랑시에르의 사상을 정치이론, 정치 실천 및 교육이라는 세 가지 다른 각도에서 재구성했다. 세 가지 설명은 강조점과 맥락 그리고 어느 정도는 어휘에 있어서 각기 다르지만 전체를 관통하는 공통의 아이디어를 찾는 것은 그리 어렵지 않으며,

랑시에르의 저서임을 말해 주는 기본적인 '언질commitment'을 식별하는 것도 어려운 일이 아니다. 그러나 이는 이러한 '언질'에 이름을 붙이는 것이 쉽다는 것을 의미하지는 않는다. 랑시에르의 저서에서 드러나는 것은 서로 맞물리는 개념들, 즉 평등, 민주주의, 해방에 대한 언질이다. 그러나 그의 저서가 지니는 중요성은 이러한 일련의 개념 자체에 대한 언질에 있지는 않다. 이는 랑시에르의 토론 파트너들[12](이것이 적절한 표현이라면)도 동일한 개념을 중요하게 다루고 있기 때문이다. 랑시에르의 독창성은 무엇보다도 평등, 민주주의, 해방의 이름으로 행해지는 일이 불평등을 재생산하고 사람들을 제자리에 묶어 놓는다는 점에서 종종 그 반대의 결과를 낳는다는 것을 보여준다는 점에 있다. 그러므로 중요한 것은, 우리가 평등, 민주주의 및 해방을 위해 지속적으로 노력하고 있다는 사실이 아니라 어떤 방식으로 노력하고 있으며 이 노력을 어떻게 표현하고 명료화하는가 하는 것이다. 이와 관련하여 랑시에르는 해방, 평등 및 민주주의에 관한 담론에서 벌어지는 중요한 차이점을 소개한다.

랑시에르의 핵심적인 통찰 중 하나는 평등을 미래로 미루고 대중교육이나 사회의 완전한 유아화와 같은, 기존의 불평등을 극복하기 위한 특별한 개입과 활동을 통해 평등을 실현해야 하는 것으로 보는 한 영원히 평등에 도달하지 못할 것이며 불평등을 재생산할 뿐이라는 사실이다. 이러한 곤경에서 벗어나는 길은 평등을 '지금 여기로' 가져오고, 모든 인간이 평등하다는 가정, 혹은 랑시에르가 『무지한 스승』에서 밝힌 것처럼, 모든 인간의 지적 능력이 평등하다는 가정하에 행동하는 것이다. 이러한 가정에 기초하여 행동하려면 이에 대한 지속적인 검증이 필요한데 이것은 이 가정이 참인지 여부를 추상적으로in abstracto 확인하기 위해서가 아니라 이 가정의 진리를 실천하기 위해서, 즉 항상 구체적인 상황에서 이 가정을 진리로 만들기 위해서이다. 랑시에르가 『무지한 스승』에서 말한 것처럼, 문제는 모든 지적 능력이 평등하다는 것을 증명하거나 반증하는 것이 아니라, '이러한 가정하에서 무엇을 할 수 있는가'를 확인하는 것이다. 평등의 가정을 검증하는 실천의 이름이 곧 '정치'이다. 즉 정치는 평등을 이끌어 내거나 산출하는 실천이 아니며, 평등 또한 정치라는 활동을 통해 진전시켜야 하는 원리가 아니다. 어떤 행위를 정치적으로 만드는 것은 그것이 치안 질서의 논리와 평등의 논리 사이의 모순을 '연출'할 때이다. 이것이 정치적 행위의 핵심에 불화가 있는 이유이다. 그러나 불화를 갈등이나 '다툼'으로 이해해서는 안 된다(Rancière, 같은 책, p. 19). 이렇게 이해한다면 그것은 갈등에 관련된 당사자가 이미 존재하고 있으며, 따라서 정체성을 구축하고 있다고 가정하는 것이기 때문이다. 불화는 '감성적 개념의 구성 자체에 있는 간극, 즉 존재 방식과 행동방식, 보는 방식과 말하는 방식 간의 관계에 끼어든 분열'이다(같은 책).

> 평등은 모든 사회질서와 정부 질서의 최종 원칙이며, 그 질서가 정상적으로 작동하도록 하는 숨겨진 원인이다. 그것은 헌법 형태의 체계나 사회 관습의 형태로도, 공화국 학생들에 대한 획일적인 교육의 모습으로도, 혹은 슈퍼마켓 진열대에서 저렴하게 이용할 수 있는 제품의 형태로도 존재하지 않는다. 평등은 근본적이면서도 결핍된 것이며, 시기적절하면서도 타이밍을 놓치기도 한다. 또한

평등은 항상 이것을 검증하는 개인과 집단의 이니셔티브, 즉 그 검증을 위해 개인과 집단의 형태를 평등하게 만드는 모험을 감수하는 (…) 개인과 집단의 이니셔티브에 달려 있다(같은 책).

정치행위가 '사회의 어느 부분에 대해서건 잉여로 새겨진 보충적 주체들'의 행위인 것도 이 때문이다(Rancière 2001). 따라서 랑시에르에게 있어서 항상 민주적인 주체이기도 한 정치적 주체, 즉 데모스는 정치적 행위 안에서 그리고 그 행위를 통해서 구성된다. 랑시에르가 정치를 주체화의 과정이라고 주장하는 것도 이러한 이유에서이다. 그러므로 정치적 행위가 평등의 검증으로 구성되어 있으며 이를 불화의 무대에서 수행할 때 민주주의는 정치 체제로서가 아니라 치안질서의 중지로서 '발생한다'는 점에서 랑시에르의 중심 개념인 평등과 민주주의 및 정치는 서로 연결되어 있다고 할 수 있다. 이것은 해방의 개념에 대해서도 마찬가지다. 해방된다는 것은 평등의 가정에 근거하여 행동하는 것을 의미하기 때문이다. 이것은 공동 세계로의 '강제 진입'의 성격을 가지고 있다. 이 말은 앞에서 살펴보았듯이, 평등에 대한 요구를 드러내려면 자신의 공간을 정의해야만 하며, 다른 사람이 항상 자신의 주장을 이해할 수 있다는 가정하에 행동해야 한다는 것을 의미한다. 따라서 해방은 특정한 교육의 궤도에 진입한 결과로 이루어지지 않는다. 해방은 지적 능력이 평등하다는 가정하에 자신의 지적 능력을 사용하는 일에 관한 것이다.

랑시에르의 사상에서 중요한 것은 해방에 대해 위에서 설명한 전통적인 설명과 근본적으로 다른 설명을 제시한다는 것뿐만이 아니다. 다시 말하면 그의 사상이 지니는 중요성은 해방을 다르게 이해하도록 한다는 사실에만 있는 것이 아니다. 또 한 가지 중요성은 그가 제시한 해방이 근본적으로 의존성에 근거하지 않는다는 점에서 그의 접근 방법은 해방을 이해하고 '실천'하는 전통적인 방식의 주요 모순을 극복할 수 있다는 것이다. 뿐만 아니라 랑시에르에게 있어서 해방은 평등이라는 목표 아래 숨겨진 근본적인 불평등에 기초하고 있지 않다. 또한 랑시에르는 해방될 자의 경험이 적절하고 올바른 이해로 대체되어야만 해방이 일어날 수 있다고도 보지 않는다. 그렇게 하는 것은 해방될 자의 경험을 기본적으로 불신하는 일이다. 이것은 학습해야 할 것이 없다든가 역사와 사회 분석을 통해서 배울 교훈이 없다는 것을 의미하지는 않는다. 그러나 학습을 설명에 의존하는 것으로 보아서는 안 되며, 세계를 아는 사람(해방자/설명자)과 무지한 사람으로 나누는 '교수법의 신화'라는 관점에서 학습을 기획해서도 안 된다. 여기서의 차이점은 교사와 함께 배울 것이냐, 아니면 교사 없이 배울 것이냐가 아니라 '설명의 대가'와 더불어 배울 것이냐, 아니면 '설명의 대가' 없이 배울 것이냐 하는 데 있다. 그리고 이 점은 해방 교육의 실천을 이해하는 데 있어서 랑시에르가 분명히 밝히고자 하는 차이점을 이해하는 데 중요하다(이 문제는 다음 장에서 다룰 것이다). 다시 말해 랑시에르가 시사하는 것은 교사가 없는 학교 혹은 마스터가 없는 학교가 아니다(Pelletier 2009 참조). 그가 해방의 주된 장애물로 보는 것은 '설명의 대가'가 어떤 위치에 있느냐 하는 것이다. 그러므로 해방 교육에는 여전히 권위가 필요하지만 이 권위는 지식이나 통찰력 또는 이해의 차이에 근거하지 않는다. 무지한 교사는 가르치는 자의 지적 능력과 배우는 자의 지적 능력의 관계에 신경쓰지 않는다. 그는 하나의 권위일 뿐이고, 무지한 사람에게 길을 열어 주려는 의지, 말하자면 이미 가지고 있는 능력을 촉진하려는 의지를 가지고 있을 뿐이다'(Rancière, 이 책, p. 5).

그리고 이 모든 것은 학교만의 문제가 아니다. 그것은 바로 동시에, 그리고 아마 무엇보다도 사회의 문제, 나아가 전반적으로 해방을 생각하는 방식의 문제이다. 랑시에르의 사상은 해방을 위해서는 설명이 필요하다고 가정하는 특정한 해방의 '논리'에 대한 비판을 보여준다. 이와 관련하여 랑시에르의 비판은 해방의 열쇠로 설명이 등장하는 모든 상황을 겨냥한 것이라고 할 수 있다. 학교는 이러한 상황의 한 예이지만, 학교 교육과 관련한 이 특정 '논리'는 사회 자체가 학교 교육의 설명적 논리에 따라 모델링될 정도로 다른 많은 상황에서도 발생할 수 있다. 결국 랑시에르의 비판은 무엇보다도 특정한 해방의 논리, 즉 학교 교육의 특정한 개념에서 예시되긴 했지만 학교의 제도에만 국한되지 않는 논리에 대한 비판이다.

3장

랑시에르와
프레이리가
그리는 아이의 모습

제3장

랑시에르와 프레이리가
그리는 아이의 모습

　다음은 유년기에 대한 논의의 배경이 될 일화이다. 이것은 자크 랑시에르가 그의 저서에서 묘사하고 있는 가상의 아이에 관한 이야기이다. 이 이야기 속에서 아이는 언어를 배우면서 또한 정치적 행위자로 변해간다. 이 두 가지 노력은 같은 것으로 이해될 수 있다. 이 아이를 바바라Barbara라고 부르자. 그녀의 나이는 이제 17개월이다. 바바라는 말을 배우기 시작했다. 그녀는 이제 막 '기호의 숲'에 자리를 잡기 시작하고 있는 것이다.[1] 바바라는 지금 다다dada, 롤라lola, 마마mama, 나나nana, 멀너mulner, 노우no 그리고 니모nemo 이렇게 일곱 단어를 알고 있다. 이 단어들이 실제로 기록되어야 하는 것인지 여부는 알기 어렵다. 바바라는 아직 글을 쓸 수 없기 때문이다. 그녀는 입으로 하는 말을 글로 나타낼 수 있음을 알고 있는지 의문이다. 그럼에도 불구하고 우리는 여기서 그녀가 하는 말을 기록할 철자를 만들어내겠지만 제대로 할 수 있을지 예측조차 어렵다. 예를 들어, 이 단어들을 대문자로 표기해야 할지 여부를 확신하지 못한다. 때로는 고유명사처럼 보이지만 그렇지 않은 것도 있다.

바바라는 예상대로 '다다'를 사용한다. 그녀는 아버지가 생각날 때 이 말을 사용한다. 그러나 아버지가 앞에 있을 때는 절대 '다다'란 말을 하지 않으며 아버지에게서 떨어져 있을 때만 이 단어를 사용한다. 아직까지 그녀의 '다다' 사용은 매우 제한적이다. 어머니가 그녀의 귀에다가 수화기에 대주었을 때 반대편에서 아버지의 목소리가 들리면 '다다'라고 말한다. 어머니가 '다다 온다, 집에 온다'라고 말하면 그녀는 '다다, 다다!'라고 반응하면서 '다다'라는 단어를 반복하려 한다. 이것이 그녀에게 있어서 '다다' 사용의 한계이다.

'롤라'는 그녀가 선택한 단어이다. 이 단어는 바바라의 얼굴에 종종 미소를 불러일으킨다. 롤라는 가족의 개이고, 그녀는 롤라가 그 개의 이름이라는 사실을 알고 있다. 그녀가 롤라를 위해 음식을 내놓을 때면, 그녀는 '롤라!'라고 말하고 개를 바라보면서 음식을 놓은 곳으로 그 개가 오기를 바란다. 또 바바라는 눈에 보이는 다른 개를 가리키기 위해 '롤라'라는 단어를 사용하려고 한다. 그녀는 길에서, 책에서, 텔레비전에서 또는 영화에서 개를 보면 '롤라!' 하고 소리를 지른다. 그녀는 어떤 어른과 함께 있든 그에게서 대개 '그래, 그 개는 또 다른 롤라란다.'라는 반응을 얻는다. 그러나 바바라는 또한 모든 큰 동물들에 대해서도 '롤라'라고 부르기 때문에 '롤라'라는 단어는 꽤 자주 사용된다. 따라서 '롤라'는 언어를 배우는 아이의 세심한 시선에 끊임없이 등장한다.

'마마'는 바바라의 어머니를 가리키는 데 사용된다. '다다'보다 '마마'를 더 자주 사용하지만 '롤라'보다는 덜 사용한다. '다다'를 사용하는 경우와는 달리, 바바라는 어머니가 눈앞에 있을 때에도 '마마'라는 말을 사용하려 한다. 즉, 어머니에게 그녀를 안아서 들어 올려주기를 원하면 그녀는 '마마'하고 말한다. 이와 대조적으로 아버지에게 같은 동작을 원할 때는 팔을 들면서 끙끙거리는 소리를 낸다. 다른 상황에서는 '다다'를 사용하는 방식으로 '마마'를 사용한다.

'나나'는 바바라의 어휘에서 특히 흥미로운 단어이다. 적어도 그녀의 부모는 그것이 흥미롭다고 생각한다. 바바라 자신이 그것을 재미있어 하는지는 아무도 모른다. 왜냐하면, '나나'는 바바라의 병^{bottle}을 의미하기 때문이다. 그러나 '나나'라는 단어는 고유명사든 아니든 영어의 특정 단어와 관계가 없는 것 같다. '나나'는 자의적이다. 바바라는 혼자서 그 단어를 영어에 삽입한 것 같다. 어느 날, 화가 났을 때 그녀는 '나나'라고 말했다. 아버지는 그녀가 그렇게 화가 난 이유를 추측하려고 했다. 그는 그녀를 안아서 들어 올려 주려고 했다. 그래도 그녀를 행복하게 하지 못했다. 책을 읽어주려고 했다. 이 또한 그녀를 행복하게 하지 못했다. 그는 그녀와 함께 '이 아기돼지^{This Little Pig}' 놀이를 하려고 했지만 바바라는 여전히 행복하지 않았다. 그녀는 계속 울면서 '나나'라고 말했다. 마침내 아버지는 냉장고로 가서 젖병에 담긴 우유를 꺼내왔다. '나나?' 하고 아버지가 말했다. 바바라는 마침내 미소를 지으며 병을 들고 '나나'라고 했다. 바바라의 부모는 이제 '나나'라는 말을 들을 때마다 어떻게 반응해야 할지 알게 되었다. 바바라는 두 가지 버전의 '나나'를 사용하고 있었다. 하나는 첫 음절에, 다른 하나는 두 번째 음절에 악센트가 있다. 첫 번째 버전은 병을 원할 때 사용하고, 두 번째 버전은 병의 내용물이 마음에 들지 않을 때 사용한다.

'멀너'는 바바라가 멀더를 발음하는 방식인데, 그것은 가족의 고양이 이름이다. 그녀가 '멀너'란 단어를 사용하는 것은 '롤라'라는 단어를 사용하는 방식과 거의 같다. 단, '멀너'가 가족의 고양이를 의미하는 경우에, 그리고 그녀가 볼 때 멀더와 크기가 비슷한 모든 다른 동물을 의미하는 경우에 그렇다. 그러나 바바라가 '멀너'에 견주는 동물들에는 '롤라'에 견주는 동물들보다 더 한계가 많다. 예를 들어, 토끼는 '멀너'라는 외침을 이끌어내지만 다람쥐는 그렇지 않다.

많은 아이들처럼 바바라도 '노우no'라는 단어를 사용한다. 바바라에게 '노우'는 '노우'를 의미하지만, 또한 '예스'를 의미하기도 한다. 프로이트라면 아마 이에 대해 할 말이 있을 것이다. '노우'는 사실 부유기표floating signifier[2]다. 예를 들어, '롤라에게 먹이를 주고 싶니?'라고 물으면 바바라는 바로 '노우'라고 대답할 것이다. 그러나 사실 그녀는 롤라에게 먹이를 주고 싶어한다. 그녀는 행복하게 먹이를 줄 것이다.

바바라의 마지막 단어는 '니모'다. 니모는 그녀가 여러 번 본 영화 <니모를 찾아서>에 나오는 물고기 이름이다. 바바라는 애완동물 가게에서 살아있는 물고기를 보았을 때만 '니모'라고 소리치는 게 아니다. '도제 학습이라는 매우 어려운 일'(Rancière, 이 책, pp. 5-6)을 통해 배우는 세심한 마음으로 주의를 기울일 때 어디서나 외침 소리가 흔하게 들린다. 은행, 버스, 도로 또는 어디에서나 '니모'라는 소리를 들으면 틀림없이 물고기 또는 적어도 물고기의 형상이 있을 것이다.

또한 많은 사람들이 언어 이외의 것으로 생각할 수 있는 바바라의 능력에 주목하는 것도 도움이 된다. 바바라는 자신의 불평을 보완하기 위한 표시로 손가락을 이용하여 자신의 필요와 의도를 투덜거리듯 나타내는 교묘한 능력을 개발했다. 투덜거림을 나타내는 이 유연한 원시 기호는 응용 버전이 너무 많아 여기서 모두 다루기가 불가능하다. 그녀는 투덜거리는 기호로 의사소통의 많은 욕구를 충족시킬 수 있다. 물론 그녀는 수다를 많이 떤다. 그녀의 재잘거림은 혼자 놀 때 일어나는데, 그것은 그녀의 부모도 이해할 수 없다. 그리고 마지막으로, 바바라의 언어 이해력은 결코 그녀가 이런저런 단어들을 사용한다고 말하는 것으로 요약될 수 없다는 점을 덧붙인다. 그녀의 이해력은 매우 넓지만 추측하기는 불가능하다. 아버지는 종종 그의 기억으로는 그녀가 전에 들어본 적이 없는 간단한 일을 하라고 요구한다. 대부분의 경우, 그녀는 침묵으로 응답하며 작업을 완수한다.

교육적 개입

이 책의 의도는 부분적으로 랑시에르의 사상을 여러 분야에서 다양하게 활용함에 있어서 그의 교육 사상이 실제로 핵심적 위치를 차지한다는 사실을 입증하는 것이다. 말하자면 랑시에르의 저서를 교육적으로 접근하면 커다란 통찰력을 얻게 된다는 것이다. 이를 위해 앞에서 해방의 개념과 관련된 교육의 담론을 맥락화하는 것으로 시작하여 랑시에르의 저서를 가지고 교육과 해방의 관계를 어떻게 파악할 수 있는지 살펴보았다. 교육에 대한 언급 없이 랑시에르의 해방과 주체화 개념 자체를 분석할 수도 있겠지만, 그러한 개념 분석에는 난점이 있다. 사실 이런 난점에 대해서는 랑시에르가 이미 여러 가지 방법으로 꽤 분명하게 밝혔다. 한 가지 예는 그의 정치철학을 다루는 방식이다. 랑시에르에게 있어서 정치철학은 기본적으로 용어의 모순이다. 이 모순이 발생하는 것은 정치란 어쩌다 벌어지는 것이고 예측이 불가능하기 때문이다. 정치란 불평하는 자의 지위로 강등된 사람에 의해 촉발된, 기존 감각적인 것의 나눔[3]에 대한 침입이다. 그것은 불법 행위를 통해 선동되고 평등의 시위로 실행된다.[4] 따라서 정치는 항상 특정한 요구, 특정 행위를 통해, 그리고 이론보다 시poetry의 본질에 더 가까운 방식으로 발생하기 때문에 정치는 사실상 개념적으로 이론화하는 것이 불가능하다. 정치철학이 용어상으로 모순이 되는 것도 이 때문이다. 소위 "정치철학"이란 것은, 철학이 정치를 제거하고, 정치적 행동과 관련된 사고에 있어서의 의혹을 억누르려는 일련의 사색적인 작업이라 할 것이다(Rancière, 1999, p. 12). 철학이 정치에 적용될 때에는 항상 정치를 개념화하려고 시도했기 때문에 정치를 말살했다. 정치를 개념화하게 되면 정치가 아닌 그 무엇으로 동결되어 버린다.[5] 다시 말하면 정치를 개념화하면 속이 텅 비게 된다.

교육철학도 마찬가지라고 할 수 있다. 앞 장에서 설명한 것처럼, 교육적 주체화의 측면에서 교육을 해방적인 의미로 받아들인다면, 아이들이 성인기로 접어드는 과정에서 교육이 그들을 위해 무엇을 해야 하는지를 설명하는 유서 깊은 전통, 즉 플라톤의 공화국에서 시작된 이 전통은 정치철학이 모순적인 것과 같은 방식으로 모순적이다. 즉, 교육철학으로서 플라톤, 칸트, 루소, 스펜서 그리고 우리

시대에 존 듀이와 파울로 프레이리의 위대한 프로그램들은 철학이 정치를 말살하는 것과 같은 방식으로 교육을 말살한다. **주체화의 실천으로서의 교육적 해방은 정치와 마찬가지로 예측할 수 없는 방식으로, 간단히 말하면 개념화할 수 없는 방식으로 이루어진다.** 이런 교육적 해방은 교육자의 개념적 대비를 통해서가 아니라 지적인 이해력을 통해 평등을 확인하려는 학생들의 노력을 통해 시작된다. **교사는 학생들이 어떻게 배울지, 무엇을 배울지를 알지 못한다. 왜냐하면 학생들은 무언가를 배우게 될 것이고, 어떻게든 배우겠지만 이 '무언가'와 '어떻게'는 교육의 과정에서 검증이 이루어지는 특정 사건을 통해서 구체화되는 것이기 때문이다.**[6] 랑시에르는 무지한 교사와 관련하여 '학생은 스승의 기량master's mastery 덕분에 무언가를 배우지만, 스승의 지식을 배우는 것은 아니다'라고 말한다(Rancière 2007a). 물론 정치철학과 교육철학의 모순과 관련하여 바로 위에서 지적한 이 논평들 자체도 너무 빨리 그리고 지나치게 개념화된 것이다. 이런 논평들은 현실과의 관련성을 상실하고 개념화될 때 정치철학과 교육철학으로 바뀐다. 그것들은 교육적이 되기보다는 공허해진다. 그렇다면 개념적 분석 말고 다른 것을 수행하는 방법은 무엇인가? 이 책에서는 교육을, 랑시에르의 사상을 불러일으키는 도구로 보고 이런 작업을 하려고 한다. 하지만 이런 작업이 어떻게 개념적인 것 이외의 다른 것을 유발할 수 있을까?

이 질문에 대해 답을 하고 랑시에르의 저서에 대한 논평들에서 간과되었던 교육적 관심을 이끌어내려면 랑시에르 저서에서 그려지고 있는 아이의 모습으로 눈을 돌릴 필요가 있다. 이런 아이의 모습을 염두에 두고 볼 때, 최근 랑시에르의 평등 개념에 대해서는 관심이 많이 집중되었지만 아이의 모습에는 관심을 기울이지 않았다는 것은 참으로 이상한 일이다. 이는 랑시에르가 평등에 관심을 기울이지 않아서 이상하다는 의미가 아니다. 로스^{Kristin Ross}는 『무지한 스승』 서문에서 다음과 같이 제대로 지적을 하고 있다.

> 『무지한 스승』은 많은 허무주의적이고 신자유주의적인 철학들이 회피했으면 하는 정치적 근대성의 기초 개념인 평등에 맞서도록 한다. 그리고 바로 이 평등이라는 관념에 대한 체계적인 공격, 즉 평등을 역사의 쓰레기통에 쳐 넣거나 희미하게 빛나는 미래로 보내버렸으면 하는 강력한 이데올로기에 직면하여 랑시에르는 평등을 사실상 현재로 소환한다. (Rancière 1991a, p. xxiii)

이것은 두말할 나위 없는 사실이다. 평등은 그의 정치적 해방에 관한 저서에서만이 아니라 해방적 교육학에 관한 저서에서의 중심 주제이기도 하다. 평등이, 적어도 지적 능력과 관련하여 당연한 것으로 여겨지는 평등이 특정한 방식으로 확립된다는 점이 오히려 이상하다. 평등은 아이가 모국어를 배운다는 것이 무엇을 의미하는지에 대한 가정에서 설정된다. 아이가 배운다는 것, 모국어를 배운다는 것, 이것이 교육적인 관심사다. 이와 관련하여 랑시에르는 다음과 같이 지적하고 있다.

> 모든 사람이 가장 어려운 견습 과정^{apprenticeship}에서 교사 없이도 성공할 수 있었음을 보여준 능력을 아이는 이미 지니고 있다. 이것은 세계에 도래하는 모든 아이들이 소위 모국어이자 외국어를 학습하는 견습 과정이다. (Rancière 2002)

교육적인 측면에서 아이의 이런 모습을 눈치 채지 못한다는 것은 이상한 일이다. 평등의 가정은 우선적으로 아이의 언어 습득 능력을 중심으로 이루어진다. 랑시에르에 대한 여러 논평자들의 주장과는 달리, 그가 다름 아닌 평등을 출발점으로 삼기로 선택한 것은 사실이 아니다.[7] 오히려 그는 모든 의도와 목적에 있어서 정치철학의 흐름을 받아들이는 사람들에게 금지 대상인 인물(아이를 말함 – 옮긴이)을 출발점으로 선택했다. 더 정확히 말하면 아이의 모습은 금지된다기보다는 감지하는 것이 어렵다. 아이에게는 감각적인 것이 나뉘는 방식에 있어서 특정한 맥락이 있다. 감각적인 것 안에서 평등에 관해 말하는 것과 아이에 관해서 말하는 것은 다른 문제다. 로스가 말했듯이 평등은 '강력한 이데올로기'와 연결되어 있다(Rancière 1991a, p. xxiii). 아이에 관해서 말하는 것은 어쩌면 어머니나 아버지만이 헤아려야 하는 문제다. 그렇지 않으면 교육이론가가 해야 하는 일이 될 것이다.

랑시에르는 외견상 아이의 교육적인 모습을 그의 정치에 관한 담론에다 삽입하고 있다.『무지한 스승』에서 정치와 철학, 평등 등에 대한 개념적 논의가 다루어지고 있다면, 이 논의에서는 실제 아이들의 실제 모습들도 함께 다루어지고 있다. 아이는 모국어를 배운다. 자코토는 실제로 아이들을 가르쳤다. 랑시에르는 이러한 현실을 철학에 삽입하는 것에 대해 말하면서, 1830년대 노동자들의 지적 삶을 다음과 같이 재조명하고 있다.

그 당시 노동자들의 낮과 밤에 대한 이야기를 하다보니 '경험적' 역사의 영역과 '순수' 철학의 영역 간 경계가 흐려졌다. … 이제 철학은 더 이상 경험적 사실의 영역과 분리된 순수 사유의 영역으로 존재할 수 없었다. 또한 철학은 그런 사실들을 이론적으로 해석한 것도 아니었다. 사실도 없었고 해석도 없었다. 이야기하는 방식이 두 가지일 뿐이었다.

학문 분야 간의 경계를 흐리게 한다는 것은 담론의 수준 간 위계 구조는 물론 한편에서 이야기의 전개와 다른 한편에서 그 이야기의 철학적, 과학적 설명 또는 그 이야기의 이면이나 밑에 숨겨져 있는 진리 간의 위계 구조를 흐리게 한다는 것을 의미했다. (Rancière 2007a)

랑시에르가 아이의 모습을 언급하는 것은 학문 간 경계를 모호하게 하는 것과 같은 일이다. 아이가 모국어를 배우는 모습은 정치 참여를 묘사하는 감각의 균열과 같은 것이다. 물론 평등의 가정을 뒷받침하는 이 아이의 모습을 알아차리는 데 교육이론가가 필요하다는 사실은 행복한 일이 아니다. 이는 교육이론가를 치켜세우는 일도, 정치철학자를 치켜세우는 일도 아니다. 한편으로 교육이론가는 현실을 너무 많이 안다. 반면에 정치철학자는 현실을 너무 모른다. 교육이론가와 정치철학자는 둘 다 학문적 경계 내에 자리 잡고 있는데 랑시에르는 자주 이 경계를 뛰어넘으려 하는 것이다.[8]

호모 바바루스 Homo Barbarus

앞에서 바바라의 언어생활에 대한 스케치를 제시한 것은 그녀가 언어를 처음 사용하는 방식이 독특했기 때문도 아니고, 그것이 어떤 식으로든 대표적인 사례 때문도 아니다. 사실 모든 아이들은 바바라가 이 일곱 개의 단어를 사용하고 투덜거리는 것처럼 무작위적이고, 흥미롭고, 특이하고, 자의적이고, 고의적으로 기호의 숲에 발을 들여놓는다. 우리가 이 일화를 제시한 이유는 무엇보다도 랑시에르가 다음과 같은 말을 할 때 의미하는 바를 더 자세히 설명하는 데 도움이 된다고 생각하기 때문이다.

> 인간이란 동물은 모국어를 배우는 것처럼 모든 것을 배운다. 말하자면 동료 인간들 사이에서 자신의 자리를 차지하기 위해 **이것과 저것, 하나의 기호와 하나의 사물, 하나의 기호와 다른 기호를 관찰하고 비교함으로써 자신을 둘러싸고 있는 사물과 기호의 숲을 탐험하는 법을 배운 것처럼** 모든 것을 배우는 것이다. (Rancière 2007a)

바바라는 모국어를 배우는 인간 동물이다. 그녀는 자신을 둘러싼 '기호와 사물의 숲'으로 모험을 떠난다. 지금까지 그녀는 단지 7개의 기호만을 사용하기 시작했지만, 이 7개의 기호를 수천 가지 이상의 것과 연결할 수 있었다. 그녀는 대부분 가족이나 친한 친구인 **'동료들 사이에서 자신의 자리를 차지하기 위해'**[9] 그렇게 하는 것이다. 그러나 만일 소리가 들리는 거리에 낯선 사람들이 있으면 분명 소리를 지를 것이다. 그리고 그녀는 **이것과 저것, 하나의 기호와 하나의 사물, 하나의 기호와 다른 기호를 비교해가면서 주변의 기호와 사물에 대한 이해를 넓힌다.** 예를 들어, 소는 '롤라'이지만 다람쥐는 '멀너'가 아니다. '다다'는 아버지가 부재중일 때 사용하겠지만 '마마'는 어머니가 있을 때와 없을 때 모두 사용한다.

랑시에르는 아이가 모국어를 배우는 것은 특별한 자질이라고 말한다. 모국어 학습은 다른 어떤 학습만큼이나 어렵다. 일반적으로 모국어 습득은 아동의 교육 받기 이전 삶에서 이루어지는 것으로 하찮게 취급되지만, 랑시에르는 이와 같이 새롭게 탄생하는 인간으로서의 아이(혹은 앞에서 논의했듯이 자율적 인간으로 탄생하는 아이)의 모습을 근본적으로 뒤집어 놓는다. 언어를 구사하는 아이는 느닷없이 기호의 세계로 여행을 시작한 것이 아니다. 아이는 이미 오래전부터 '가장 어려운 견습 과정'을 실천해오고 있었다. 바바라가 '롤라'의 의미를 정확히 파악하는 것은 쉬운 일이 아니다. 우리는 아주 다양한 맥락에서 그 단어를 자주 듣는다. '롤라'는 여러 가지 의미 중에서 '가족의 개가 곧 나타날 것이다'라는 의미를 가질 수도 있지만 반대로 그런 의미가 아닐 수도 있다. 결국 어떤 동물을 '롤라'라고 불렀다 해서 그 동물이 항상 반응하는 것은 아니다. 롤라는 그 이름을 부를 때 항상 나타나는 것은 아니다. 모국어가 '가장 어렵다'는 주장은 확실히 언어의 복잡성irascibility[10]에 근거한다. 언어는 과학과 같은 것이 아니다. 문학도 아니다. 그것은 인간의 손으로 기록된 역사나 지리 혹은 그 외의 다른 커리큘럼도 아니다. 살아있는 구어체 언어는 교육적 표현의 성문화codification를 회피한다. 특히 모국어의 경우 아이들은 순서 없이, 각자 특이한 방식으로 배울 수 있다. 모국어 습득은 지도나 안내서, 심지어 계획을 실행하는 교사도 없이 스스로 해야 하기 때문에 가장 어려운 견습 과정이다.

이쯤 되면 랑시에르가 보여준 아이의 모습은 그저 교육적인 가상의 인물일 뿐이라고 말하고 싶은 유혹이 들지도 모른다. 랑시에르가 자코토의 저서를 발굴하여 일련의 긴 목록에서 한 명의 아이를 더 보여주었다고 말할 수도 있다. 랑시에르는 『에밀』에서 루소가 한 것처럼 아이의 지적 발달을 심리적으로 이해하는 데 도움이 되는 가상의 교육적 인물을 내세우고 있다고 말할 수도 있다. 이것은 물론 교육철학에서의 일반적인 관행이며, 그러한 인물들은 심리학자들이 교육을 개선하기 위한 연구를 하는 데 있어서 인간의 멋진 모습을 보여 준다. 이러한 맥락에서 랑시에르는 인간의 학습에 대한 심리학적 주장을 하고 있으며 이것은 더 중요한 정치적 전제로서의 평등을 뒷받침하는 주장이라고 할 수도 있을 것이다. 랑시에르의 언어에 대한 설명이 실제보다 미묘한 차이가 덜 하다면 이것은 사실일지도 모른다.[11] 그리고 만일 그가 다음과 같이 주장할 수 있는 위치에 있지 않다면 그것은 사실일 것이다.

> 우리는 그것이 아이들의 교육을 위한 비법이 아니라 철학과 인류의 문제임을 알 수 있다. 보편적인 가르침은 무엇보다도 모든 해방된 사람들, 즉 자신을 다른 사람들과 똑같은 사람이라고 생각하기로 결정한 모든 사람들이 유사한 것을 할 수 있다는 것에 대한 보편적인 검증이다. (랑시에르 1991a, p. 41)

모국어 학습의 정치학

그 어떤 것보다도 '가장 어려운' 견습 과정이 모국어 학습 혹은 언어 학습이라는 사실은 전혀 심리학적 관찰에 의한 것이 아니다. 왜냐하면 아이가 어린 시절에 언어의 숲으로 뛰어드는 어려운 이 모험은 가장 어렵고 논쟁의 여지가 있는 또 다른 언어적 관행과 다르지 않기 때문이다. 그것은 언어의 세계로 뛰어드는 정치적 모험과 같은 것이다. 따라서 랑시에르가 보여주는 아이의 모습은 언뜻 보기에는 교육을 통해, 그리고 교육의 심리학적 발전을 통해 정치의 영역으로 끌어들이는 아이의 모습을 제시하는 교육 사상의 오랜 전통을 되풀이하는 것처럼 보일 수도 있지만, 이 **아이는 모국어를 습득하는 과정에 있을 때조차도 이미 정치적이다.** 즉, 이 아이는 취학하여 자율성과 해방을 위한 교육을 받기 전에 이미 정치적이다. 어떻게 그렇게 되었는지 알아보기 위해 바바라의 모습을 떠올려 보자. 앞에서 '바바라'라는 이름으로 이 아이를 소개했는데, '바바라'는 어쩌다 실제 그녀의 이름이 되었다. 물론 '바바라'라는 이름은 '낯선' 혹은 '이상한'에서 이끌어 낸 것이다. 그것은 어원적으로 '야만적인barbarian'이라는 단어와 관련이 있다. 이 단어는 그들의 말이 외국어여서 이해할 수 없었기 때문에 그들이 '바르 바르 바르bar-bar-bar'라고만 말하는 것처럼 들렸던 사람들을 일컫는 말이다. 바바라는 인생의 이 특정한 시점에서 여러 면으로 자신의 이름에 걸맞게 살아간다. 그녀의 투덜거림은 대부분의 사람들의 귀에는 '바르 바르 바르'라고 들릴 뿐이다. 실제로 그녀가 사용하는 7개의 단어 중 3개는 그녀를 잘 모르는 사람들에게는 의미가 없다. 지금까지 그녀가 모국어로 알고 있는 7개의 단어 중 3개는 모든 고유명사가 그렇듯이 번역할 수 없는 특수성을 가지고 있기 때문에 정확히 말하면 모국어가 아니다.

언어에 몰두하는 아이의 모습, 즉 말하는 아이의 모습은 사실 랑시에르가 정치라고 부르는 것에 관여하는 사람의 모습과 다르지 않다. 우리는 여기서 비교를 하려는 것이 아니라 동등성을 주장하고 있는 것이다. 바바라는 이름에서 알 수 있듯이 모든 의도와 목적에 있어서

17개월 나이의 '소음 유발자^noise maker'이다. 철학자의 도시 안에서는 야만인의 소리가 분명한 언어가 아닌 것처럼, 그녀의 옹알이는 대부분 감각적인 것의 나눔 안에서 분명한 언어가 아니다. 실제로 어른들은 아이들이 말하는 방식을 묘사하기 위해 '배블^babble'이라는 의성어를 사용한다. 그것은 '바르 바르 바르'와 같이 낯선 소리를 나타내기 때문이다. 아이들은 기존 감각적인 것의 나눔에서 명확하지 않은 옹알이를 한다. 옹알이를 하는 상태에서의 바바라는 랑시에르가 '메네니우스 아그리파^Menenius Agrippa'에 대해 설명할 때 나오는 평민들의 모습과 다르지 않다. '평민들은 단지 말을 하지 않기 때문에 그들과는 토론할 필요가 없다. 그들은 이름도 없고, 로고스, 즉 의미도 박탈당했으며, 도시에 기호로서 등록되어 있지 않기 때문에 말을 할 수 없는 것이다(Rancière 1999, p. 32). 물론, 아이는 때가 되면 언젠가는 말을 하거나 적어도 말할 기회가 있을 것으로 믿고 그에게 이름을 부여한다. 그리고 아이는 평민에게는 배제되어 있는 정치적 행위자가 될 기회를 가지고 있기 때문에 평민과 아이의 관계가 완전히 동동한 것은 아니다.

그러다 어느 순간 아이가 한 마디 한다. 그러나 이것은 이전에 들었던 것에 대한 수동적인 반응으로 말하는 것이 아니다. 바바라는 의도적으로 어떤 단어를 사용한다. 그녀는 배가 고플 때 먹이를 얻기 위해 '나나'라고 소리친다. 그러나 그녀의 아버지는 '나나'가 무엇을 의미하는지 처음에는 알지 못한다. 그는 바바라가 과연 말을 할 수 있는지도 알지 못한다. 그녀는 '나나'라는 단어를 말했으나 원하는 것을 얻지 못하면 울려고 한다. 그녀는 아버지가 '나나'가 무엇을 의

미하는지 이해할 때까지 계속 울려고 한다. 랑시에르에 따르면,

> "정치"가 존재하는 이유는 말하는 존재로 간주될 권리가 없는 사람
> 들이 하나의 세계에 존재하는 두 개의 분리된 세계라는, 바로 이
> 모순에 지나지 않는 '잘못'을 공동으로 고려함으로써 자신들을 중요
> 한 존재로 만들기 때문이다. 한쪽의 세계에는 그들(말할 권리가 없는
> 사람들 - 옮긴이)이 존재하고 다른 한쪽에는 그들이 존재하지 않는다.
> 이것은 한편에서 그들과, 다른 한편에서 그들을 말하는 존재로 인
> 정하지 않는 이들 "사이에" 무언가가 존재하는 세계이다. (Rancière
> 1999, p. 27)

배고픈 순간에 바바라에게 병은 그야말로 온 세계를 의미한다. 병
은 그녀와 그녀의 아버지 사이의 세계다. 바바라가 그 병을 손에 넣
으려면 병의 기호를 나타내는 어떤 것을 말해야 할 뿐만 아니라, 말
하는 존재들의 공동체 내에서 말할 수 있기 위해서는 필요한 것을
말할 수 있는 화자로서의 권리도 얻어야 한다.

다시 한번 말하지만, 언어를 배우는 아이에 대한 이러한 설명은
심리적인 설명이 아니다. 그것은 오히려 해방적인 종류의 정치적 만
남에서 요구되는 모든 힘을 발휘하여 언어에 발을 들여 놓는 정치적
설명이다. 모국어 학습은 단지 지적으로 큰 인내심을 수반한다고 해
서 '가장 어려운 도제 학습'인 것은 아니다. 모국어 학습은 단지 불규
칙하게 진전이 이루어지고 엄청나게 많은 검증과 비교가 필요하기
때문에 어려운 것도 아니다. 또한 기호 자체 및 그 기호와 사물과의
관계, 그 기호와 다른 기호와의 관계, 사물 및 그 사물과 다른 사물과
의 관계를 해독하고 다시 해독해야 하기 때문만도 아니다. **모국어 학습**

이 엄청나게 어려운 이유는 이전에는 언어가 존재하지 않았던 감각적인 것의 나눔에 자신의 존재를 드러내려는 상호주관적 노력이 추가되기 때문이다. 이것은 원자론적인 학습자의 심리적 노력이 아니라 정치적 주체의 상호주관적 노력 또는 힘이다. 아이는 쉽고 얌전한 방법으로 언어에 발을 들여놓지 않는다. 아이는 감각적인 것의 나눔을 재구성하는 방식으로 이해받기 위해 자신의 의지를 다른 사람에게 강요해야 한다. 랑시에르는 『정치적인 것의 가장자리에서』에서 "평등주의적인 말의 반복"은 강제 진입forced-entry의 반복이며, 그렇기 때문에 이로 인해 열리는 공유된 의미의 공간은 합의의 공간이 아니다. … 공유된 의미의 세계를 가정하는 것은 항상 경계를 초월하는 것이다. 그것은 타자와의 관계 및 자기 자신과의 관계 모두에서 상징적인 폭력을 가정한다(Rancière 1995a, p. 49).

랑시에르는 2004년 인터뷰에서 정치적 평등을 가정하는 것과 아이의 모국어 습득에 기초한 평등을 가정하는 것 사이의 연관성을 강조하면서 다음과 같이 지적하고 있다.

> 자코토는 실제로 마스터가 학생에게 무언가를 설명하기 위해서는 학생이 이미 마스터의 말을 이해하고 있어야 말한다. 모국어 습득에는 이미 평등이 있으며 이는 학문의 형식이 아닌 교육의 형식으로 통하는 평등이다. (2004b)

여기서 놀라운 것은 랑시에르가 한편으로 아이가 말하는 모국어에서 평등을 가정하는 것과 다른 한편으로 아이들에게 초점을 두지 않는 그의 정치 활동에서 평등을 가정하는 것 사이에 분명한 유사점을 만드는 방식이다. 랑시에르는 정치 관련 저서에서 피억압자와 억압자 사이의 평등은 피억압자가 억압자의 말을 이해할 수 있다는 근본적인 사실에서 비롯된다고 반복해서 언급한다. 예를 들면 그는 『불화』에서 다음과 같이 주장하고 있다.

> 어떤 사람들은 명령하고 다른 사람들은 거기에 복종하기 때문에 사회에는 질서가 있다. 그러나 명령에 복종하기 위해서는 적어도 두 가지가 필요하다. 상대방은 명령을 이해해야 하며, 또한 그것에 복종해야 한다는 것을 이해해야 한다. 또한 그렇게 하기 위해서는 이미 명령하는 사람과 (지적으로) 평등해야 한다. (Rancière 1999, p. 16)

그리고 정치적 평등에 대한 랑시에르의 이론화 작업에 있어서 평등하면서 불평등한 성인의 모습이 두드러지게 나타나고 있지만, 모국어를 아는 학생의 어린 시절 모습은 이와 같은 평등의 선례로 이해해야 한다. 성인 대가master를 이해하는 아이는 예비 정치 행위자의 모습이다. 이 정치 행위자는 아이와 마찬가지로 다른 사람들과 평등하다고 가정된다. 아이든 성인이든 열등하다고 여겨지는 사람은 언제나 우월하다고 여겨지는 사람의 말을 이미 이해하고 있기 때문에 평등에 기반하여 살아갈 수 있다.

우리는 바바라에 대해 묘사하면서 특히 논쟁의 여지가 있는 언어 습득 과정을 선택해서 살펴보았다. 배가 고파서 발생한 욕구는 울음 소리로 나타났으며 이는 새로운 단어의 도입을 가져왔는데, 이러한 '강제 진입' 전에는 어느 쪽 당사자도 이 단어를 분명히 이해할 수 없었다. 이 강제 진입은 일종의 일탈이며, 아이들이 언어의 세계에 들어가는 통상적인 방식이 아니라 예외적인 탈선이라고 하는 것이 공정한 판단일 것이다. 이것이 예외인 데에는 두 가지 이유가 있다. **첫째**, 비정상적으로 폭력적이기 때문이다. **둘째**, 대개 아이와 성인은 이미 존재하는 단어, 즉 이전에 인정된 기의(의미)를 뜻하는 기표를 가지고 의사소통을 하기 때문이다. 이는 어느 정도 공정한 주장이다. 아이가 말을 배울 때는 '실제real' 단어를 '침착하게' 사용하는 것이 분명 더 일반적이다(그럼에도 불구하고 지적으로 어려움은 남는다). 이는 바바라가 영어에 '나나nana'를 끌어들인 것과 같은 사례보다 발생할 가능성이 훨씬 더 많다. 그러나 이러한 주장은 아이가 정치의 전형 political exemplar이 아니라는 것을 입증하기보다는 랑시에르의 정치 개념에 대해 좀 더 미묘한 언어적 관점을 취할 수 있는 공간을 더 적절하게 마련해 준다. 그리고 다시 한번 강조하지만, 랑시에르에 있어서 아이의 모습은 심리적인 것이 아니라 정치적인 것이다.

바바라가 '나나nana'라는 단어를 사용하는 수행적 성격을 강조하기 위해 언어 습득에 있어서의 특수성에 대한 반론, 즉 '침착하지 않고 non-calm' '실제적이지 않은non-real' 순간에 대한 반론은 잠시 보류하자. 여기서 '수행적'이라는 것은 '그대에게 타이타닉이라는 세례명을 주노라'와 같은 오스틴의 선언적 진술을 사용한 데리다Jacques Derrida, 버틀러Judith Butler, 그 외 여러 사람들의 작업을 언급하고 있는 것이다. 이는 언어적 상호작용에 있어서 주변적이라기보다는 핵심적인 자동 창조 언어적 순간auto-creative linguistic moment의 예이다. 이러한 수행적인 의미에서 보면 바바라와 그녀의 아버지는, 타이타닉이 세례를 받으면서 타이타닉이 되는 것처럼, '병bottle'에 대해서 새로운 이름을 창조해냈다. 랑시에르는 이러한 수행적 분석의 전통 안에서 연구하고 있다고 여겨진다. (한편, 바바라에 대한 스케치로 돌아가서, 바바라가 다른 개를 가리키며 "롤라"라고 외칠 때, "그래, 그 개는 또 다른 롤라란다"라는 어른의 반응은 수행적인 반복의 한 예다. 이것은 롤라Lola의 이름을 롤라Lola의 이름으로만 재설정하려는 시도이다.) 이러한 수행적 이해는 정치와 시학에 대한 랑시에르의 저서 전반에 걸쳐 함축되어 있다. 그의 설명에 따르면 '어떤 영향력이 있는 사회적 대화의 형태는 주어진 상황에서의 주장임과 동시에 이 상황의 은유이다'(Rancière 1999, p. 56). '나나'가 "병"을 의미하는 간단한 사례에서, 아버지는 바바라의 용법대로 그리고 그녀의 용법에 따라 실제로 '나나'를 받아들일 것이라는 메시지를 전달했다. 여기서 아이는 자신의 주장과 그 주장이 이해되는 상황 둘 다를 만들어내야 하는 정치적 위치에 놓여 있다(Rancière 1999, p. 57).

말하기 상황에 대한 이러한 수행적 이해는 실제로 '강제적'으로 보이는 언어적 경험과 좀 더 '유연한'것으로 보이는 언어적 경험 사이에서 이음매 역할을 한다. 이는 또한 '실제적이지 않은' 것으로 보이는 언어적 경험과 '실제적인' 것으로 보이는 언어적 경험 사이에서도 이음매 역할을 한다. **첫째**, 강제적인 경우, 아이가 처음으로 말하기 방식을 정립할 때, 그러한 말하기 방식이 강요된 것으로 보이는지 유연한 것으로 보이는지는 중요하지 않다. 그럼에도 불구하고 여기에는 화자로서의 아이에 대한 구속력 있는 인정을 이끌어내는 **상징적인** 힘, 즉 새로운 은유가 있다. 이러한 상황이 발생하기 이전에는 이러한 은유가 없었다. 이전에 말을 한 적이 없다가 처음으로 발화를 하는 순간 아이는 비로소 화자speaker가 된다. 그리고 이때 그 아이의 대화 상대는 아이가 정말로 화자임을 인정해야 하는 입장에 처하게 된다.

아이가 말을 하면 비유적으로 그 아이는 성인 세계의 관점에서 화자의 지위를 얻는다. 랑시에르는 『불화』에서 이것을 '이해에 대한 이해 understanding of understanding'라고 했다(Rancière 1999, pp. 44-49). 이해는 명제적 내용의 수준에서뿐만 아니라 존재론적 지위의 수준에서도 일어난다. 화자가 '소음 유발자'의 위치에서부터 새롭게 구성된 감각적인 것의 나눔으로 자신의 존재를 드러내면 먼저 다른 사람들에게 자신이 하는 말을 이해하도록 요구한다. 그러나 **둘째**, 아이는 다른 사람에게 더 이상 단순한 소음 유발자가 아니라는 사실을 이해하도록 요구한다. 말하자면 화자로서 새롭게 획득한 지위에 대한 이해와 동시에 말하는 단어에 대한 이해를 요구하는 것이다. 그러므로 "당신은 이해합니까?"와 같은 질문은,

> 그것이 어른의 세계에 있든 아이의 세계에 있든 '이해하다'란 말은, 반대는 아니지만 두 가지 다른 것을 이해한다는 것, 즉 문제를 이해한다는 것과 질서를 이해한다는 것을 말해주는 표현이다. 화용론의 논리에서 보면 화자는 자신의 수행이 성공하려면 상호이해에서 나오는 타당한 조건에 따라야 한다. (Rancière 1999, p. 45)

이 경우 눈물의 힘과 미소의 힘 사이의 구별은, 아이가 화자로서 갖는 언어적 힘 혹은 '이해에 대한 이해'가 갖는 힘과는 전혀 다르며 아무런 관련이 없는 심리적인 구별이다. 다시 한번 말하지만, 랑시에르가 묘사하는 아이의 모습은 심리적인 것이 아니라 정치적인 것이다. 아이의 이러한 정치적 지위는 이전의 어떤 심리 상태에도 의존하지 않는다.[12]

더욱이 우리가 '주장과 그것이 이해되는 상황 둘 다'를 산출하는

정치적 위치에 있는 한, '꾸며낸' 단어와 '실제' 단어 간의 구별도 마찬가지로 무의미하다. 사실 모든 단어는 담화의 질서에 삽입될 때 구성된다. 바바라가 영어에 '나나'와 같은 단어를 삽입하든 이미 모국어에 있는 것으로 보이는 '마마' 같은 단어를 삽입하든 그것은 전혀 중요하지 않다. 두 경우 모두 바바라가 사용하는 단어가 무엇이든 그것을 사용하는 특정 상황에 적합한 이해를 — 그리고 이해에 대한 이해를 — 이끌어 내는 수행 활동이 있다. 하여간 '나나'가 '마마'보다 수행에 있어서 보다 더 마술적으로 보일 수도 있지만, 두 단어의 은유적 힘은 모두 마술적이다. 아이가 화자가 되었다는 것, 이것이 이해에 대한 이해다. 이러한 지위를 얻기 위하여 어떤 특정 언어를 사용하든 이는 정치적 실행의 성패가 달려 있는 것의 일부일 뿐이다.

파울로 프레이리의 피억압자들을 위한 페다고지

우리는 아이의 모습을, 정치이론에 관한 랑시에르의 글을 이해하는 중요한 연결고리로 생각해왔다. 아이의 모습을 살펴보면 인생의 초기에 시작되는 정치를 이해할 수 있다. 이는 아이가 교육을 받기 훨씬 전에, 일반적으로 아이를 '감각적인 것'의 영역으로 끌어들이기 훨씬 전에, 말하자면 정치로 통하지만 실은 일종의 '치안'의 영역으로 끌어들이는 '바보 만드는' 도제과정으로 끌어들이기 훨씬 전에 이루어지는 일이다. 앞에서 살펴보았듯이 랑시에르의 아이는 정치적이다. 왜냐하면 그 아이는 자신을 언어 속으로 삽입했기 때문이다. 이러한 삽입의 과정은 강력하고 어려우며 수행의 양면성으로 가득 차 있다.

그것은 기본적인 필요, 욕망 및 의도를 전달하는 동시에 말하기의 은유를 확립한다는 점에서 양면적이다. 중요한 것은, 이 아이의 모습이 심리적이기보다는 정치적이라는 사실이다. 이것이 중요한 이유는, 랑시에르의 아이가 단지 아이들을 말할 수 없는 위치에서 말할 수 있는 위치로 데려오는 방법을 합리화하기 위해 조작된 또 하나의 자기과시에 불과한 것이 아니기 때문이다. 아이의 심리적 모습은 항상 발달상의 목적을 가정하지만 랑시에르는 바로 이런 목적을 피하려고 한다.

랑시에르가 말하는 아이의 모습을 감안할 때 학생을 해방시킨다고 주장하는 다른 교수법들을 다시 살펴보는 것이 유용하다. 여기서 제기할 수 있는 질문은 다음과 같은 것이다. '그 교수법들은 어떤 아이를 가정하고 있는가?' 가정하고 있는 아이, 즉 학생의 모습에 주목하면 특정한 해방적 교수법이 과연 철두철미 해방적인지 아닌지를 좀 더 쉽게 분별할 수 있다. 실제로 랑시에르가 말하는 아이의 모습에는 매우 높은 기대 수준이 설정되어 있다. 그렇지 않으면서 인간을 해방시킨다고 주장하는 교수법들이 있다면 거기에서는 어떤 모습의 인간을 상정하고 있을지 궁금해진다. 불행히도 인간을 해방시킨다고 주장하는 교수법의 실천과 관련하여 사회의 불의와 학교 교육의 불의에 너무 집착한 나머지 교육을 통해 해방되는 사람들에 대해 설정되고 있는 가정 자체를 잊어버리기가 매우 쉬운 것 같다. 우리는 앞서 언급한 모호한 가정들, 즉 사람은 해방으로 이끌림을 받아야 하고, 해방하는 사람은 해방되는 사람보다 더 많은 것을 알고 있으며, 따라서 해방되는 사람의 경험은 신뢰할 수 없다는 가정들을 잊어버린다.

그러나 이렇게 말한다고 해서 우리는 랑시에르가 이미 말한 그대로 말하고 있다고는 생각하지 않는다. 이보다는 그의 저서에 대해 또 하나의 '개입'을 하고 있는 것이라고 할 수 있다.

랑시에르는 다음과 같이 자신의 방법을 3인칭으로 설명하고 있다.

> 요약하자면 랑시에르의 저서는 무엇에 관한 '이론'이 아니라 '개입'이다. 그것은 논쟁적인 개입이다. 이는 그 저서가 정치적 입장을 취하고 있을 뿐 아니라 거기에 들어 있는 아이디어가 무엇이고 무엇을 하고 있는지에 대한 논쟁적인 견해를 함축하고 있음을 의미한다. (Rancière 2009a, p. 116)

아이의 모습을 그런 개입으로 받아들일 수도 있는데, 이 경우 그것은 '해방적 교수법'이라는 관념에 대한 개입이다. 랑시에르가 묘사하는 아이의 모습은 사실 해방적 교수법에서의 특정 모순을 강조할 만큼 충분히 강력하다. 그렇지 않다면 이 모순은 강조되지 않을 것이다. 우리가 이제 살펴보고자 하는 것은 파울로 프레이리의 해방적 교수법이다.[13]

은행 저금식 모형 대 문제 제기식 모형

프레이리가 생각하는 아이의 모습을 살펴보려면 그의 저서 『페다고지 pedagogy of the oppressed』의 개요가 도움이 된다. 그래서 프레이리의 텍스트는 랑시에르 교육사상의 맥락에서 살펴볼 수가 있다. 주지의 사실을 반복하는 위험을 무릅쓰고, 억압적인 '은행 저금' 방법과 그 대안인 해방적인 '문제 제기' 교육에 대한 프레이리의 개념을 다시 진술하는 것으로 시작하는 것이 유익할 것이다. 이 은행 저금식 방법은 적어도 다섯 가지 억압적인 교수법을 작동시킨다. **첫째,** 은행 저금의 권위는 교수법을 두 부분으로 분리하여 학생을 지배하는 데 사용된다. 즉, 커리큘럼을 인위적으로 나누고 교사만이 교육 내용을 준비할 수 있게 한다. 학생은 그 준비과정에서 가려져 있기 때문에 은행직원으로서의 교사는 학생을 행위자의 고리에서 배제한다. 프레이리에 따르면,

> 은행 저금의 개념(모든 것을 이원화하려는 경향과 더불어)은 교육자의 행동에서 두 단계를 구분한다. 첫 번째 단계에서 교육자는 자신의 연구실 또는 실험실에서 수업을 준비하는 동안 인식 가능한 내용을 인지한다. 두 번째 단계에서 그는 그 대상에 대해 학생들에게 설명을 한다. 학생들은 교사의 설명 내용을 아는 것이 아니라 그것을 암기하도록 요구받는다. (Freire 1970, p. 61)

지식을 준비하는 과정에서 은행 저금식 모형의 교사가 하는 일은 교육과정에 대한 학생의 관계가 지식을 다루는 능동적 관계가 아니라 이전에 소화된 지식을 살펴보는 수동적 관계가 되도록 하는 것이다. 학생들은 결론에 대한 미사여구를 강요받는다.

둘째, 은행 저금식 교수법은 학생의 의식 내부에 집을 세우고 학생의 세계관 속에 교육자의 슬로건과 정책을 주입한다. 프레이리는 헤겔의 주인/노예 변증법을 바탕으로 주인의 가치를 내면화하는 노예

의 의식과 동일하게 이 상황을 묘사한다. 은행 저금식 교육자들은 피억압자들의 내면을, '자유에 대한 공포를 더욱 조장하는 구호'로 채운다(Freire 1970, p. 176). 억압자들을 자신의 내면에 받아들인 피억압자들은 … 진정한 인간이 될 수 없다(Freire 1970, p. 176). 그 이유는 피억압자들이 타인을 위한 존재가 되었기 때문이다(Freire 1970, p. 31). '피억압자들의 특징은 그들이 주인의 의식에 종속되어 있다는 것이다.' 그리고 이러한 종속은 은행 저금의 권위를 실행함으로써 더욱 심화된다. 이러한 권위의 실행으로 학생들은 세계를 진실되지 않은 자아의 한 부분으로 대신 경험하는 데 만족한다(Freire 1970, p. 31). 은행 저금식 학습을 하고나면 학생들은 자신의 생각이 교사로부터 빌린 것일 뿐이기 때문에 더 이상 스스로 생각할 수 없다. 게다가 그들은 더 이상 그들 자신을 위한 존재가 될 수 없다. 왜냐하면 그들의 존재 자체가 바로 교사에게서 빌린 것이기 때문이다. 은행 저금식 교수법은 학생을 억압하기 위해 다양한 심리적 수단을 사용한다. 은행 저금식 시스템은 학생의 자유를 희생시키면서 권위를 활용한다. 그러한 권위는 수동적인 학생들을 만들어 내고, 인식론적/실존적 행위주체를 부정하며, 지식 생산으로부터 학생을 분리해 내고, 지배 이데올로기를 조장하며, 학생의 의식 속에 권위를 주입한다.

셋째, 은행 저금의 권위는 지위를 능동적/수동적 구조로 이원화하고 이 중에서 학생들을 수동적 지위로 밀어 넣는 방법을 사용한다. 이러한 능동적/수동적 이분법의 예로는 '교사는 가르치고 학생들은 배운다', '교사는 모든 것을 알고 있지만 학생들은 아는 게 없다', '교사는 사고하지만 학생들은 사고의 대상이 된다', '교사는 통제하고 학생들은 통제를 받는다' 등이 있다(Freire 1970, p. 54). 교사가 하는 일과 학생이 하는 일을 이분법적으로 나눌 때 교사는 항상 교육실천에 있어서 전수자가 되지만 학생은 항상 그러한 실천의 대상이 된다. 은행 저금식 교사는 적극적인 압제자의 위치를 취하고 있는 권위자이고 학생은 피억압자로서 수동적인 위치에 있다.

넷째, 은행 저금식 권위는 인식론적 힘을 사용하여 학생에게서 행위자의 위치를 박탈한다. 프레이리는 은행 저금식 시스템을 설명하면서 인식론적 행위자와 실존적 행위자가 수렴하는 것을 보여준다. 스스로 안다는 것은 스스로 존재한다는 것이기도 하다. 반대로 다른 사람이 나 대신 생각한다는 것은 완전한 인간이라는 존재론적 지위가 결여되어 있음을 의미한다. 은행 저금식 권위의 대상이 될 때 그 '사람'은 의식적인 존재corpo consciente가 아니라 의식의 소유자, 말하자면 외부 세계로부터 현실reality이라는 저금을 수동적으로 받아들이는 공허한 '마음'의 소유자일 뿐이다(Freire 1970, p. 56). 충만함과 공허함이란 것은 무엇보다도 습득되었거나 습득되지 않은 지식에 대한 설명이다. 그러나 이와 동시에, 이는 인간 존재가 완전히 또는 부분적으로만 실현되는 정도에 대한 설명이다. 은행 저금식 권위는 학생들에게 인식론적 수동성을 강요하는데, 이것은 사실 그들에게 실존적 수동성을 강요하는 것과 다름이 없다.

마지막으로 은행 저금식 권위는 이데올로기적 장치로 작동한다. 프레이리에 따르면 '은행 저금식 교육은 (확실히) 현실을 신화화함으로써 인간이 세계에 존재하는 방식을 설명하는 특정 사실을 은폐하려고 한다'(Freire 1970, p. 64). 이렇게 은폐하는 교육은 세계에 대한 상식적인 이해를 촉진함으로써 의문의 여지가 없는 것으로 믿게 한다. 이것이 프레이리가 언급하고 있는 '신화'이다. 은행 저금식 시스템에서 사람들은 '자신과 함께 있고 자신을 둘러싸고 있는 세계에 존재하는 방식을 비판적으로 인식할 수 있는 힘을 기르지 않고(Freire 1970, p. 64), 세계를 '정적인 현실static reality'로 본다(Freire 1970, p. 64). 그래서 은행 저금식 권위는 세계에 대한 정적인 신화를 만들어낸다. 또한 언어에 대한 정적인 신화를 만들어내기도 한다. 교사와 학생들이 사용하게 되는 바로 그 언어들은 지배 이데올로기의 상식에 가려져 있다. 은행 저금식 시스템 안에서 학생들은 언어에 대해서 의문을 제기하지 못한다. 그들은 '진정한 언어'를 말하지 못하는 것이다(Freire 1970, p. 68).

　프레이리는 은행 저금식 교육과는 대조적으로 문제 제기식 교육방법을 추천한다. 문제 제기를 하게 되면 은행 저금식 교육의 **다섯 가지 작동 방식**이 뒤집힐 것이다. 학생들은 더 이상 수동적인 존재로 여겨지지 않을 것이고 교사들은 교육적 만남에서 자기들만이 유일한 행위자인 것처럼 행동하지 않을 것이다. 예를 들어, 교사는 교사인 동시에 학생이 될 것이고, 학생은 학생인 동시에 교사가 될 것이다(Freire 1970, p. 61). 그리고 교사의 인식론적 강점은 더 이상 학생에게서 행위자의 지위를 박탈하는 데 활용되지 않을 것이다. 대신 교사의 지식과 학생의 지식은 동등한 가치로 간주될 것이다. 학생의 지식은 자신의 세계를 학문적으로 탐구함으로써 정당화되고 교사의 지식과 동등하게 될 것이다. 문제 제기식 교육은 또한 교사의 숨겨진 준비라는 문제와, 이러한 준비가 지식을 모든 사람들이 항상 이용할 수 있는 것으로 이해하는 학생의 능력에 미치는 영향의 문제를 해결할 것이다. 이것은 문제 제기가 대화를 통해 이루어짐으로써 사고와 지식이 학생에게 숨겨지기보다는 투명해지는 상황을 설정하기 때문이다.

또한 문제 제기식 교육은 수업을 특징짓는 이념적 침투로부터 벗어나게 될 것이다. 문제 제기 교육에서 교수법의 목표는 더 이상 문화 자본의 상징을 전달하는 것이 아니다. 왜냐하면 이러한 상징은 억압자들에 의한 피억압자들의 지배를 지속시키는 역할을 하기 때문이다. 대신 문제 제기식 교수법은 억압자들이 자신의 의제를 규정하기 위해 사용하는 이데올로기적 '진실'에 직접 의문을 집중시킬 것이다. 문제 제기식 교육에서는 억압자보다는 피억압자의 이데올로기적 현실이 탐구의 초점이 될 것이다. 그리고 마지막으로, 문제 제기식 방법은 결코 학생들에게 교사의 가치, 즉 압제자의 가치를 받아들이도록 요구하지 않는다. 문제 제기는 교사의 현실보다는 학생의 현실에서 시작하기 때문에 학생은 결코 자신의 의식을 교사의 의식으로 대체하도록 요구받지 않는다.

랑시에르와 프레이리

랑시에르와 프레이리의 저서는 언뜻 보면 어떤 공통점들이 있는 것처럼 보인다. 실제로 프레이리가 은행 저금 방식을 묘사한 것은 랑시에르의 바보 만들기 교수법에 대한 설명과 유사한 것처럼 보일 수도 있다. 예를 들어, 프레이리가 '연구실'에서 수업 전에 부지런히 자료를 준비하면서도 그러한 지적 노력이 결코 필요하지 않았던 것처럼 가르치는 은행 저금식 교사에 대해 화려한 설명을 제시할 때,

이것을 랑시에르가 말하는 바보 만들기stultification 교육의 구체적인 예로 볼 수도 있다. 랑시에르의『무지한 스승』은 학생의 입장에서 느끼는 인식론적인 신비감을 반영한다. '학생은 방금 이끌려온 길을 혼자 힘으로는 걸어가지 못했을 것이라고 생각한다. 그리고 자신의 의지에 따라 지적 공간에는 수많은 길이 열려 있다는 것을 잊어버린다' (Rancière 1991a, p. 59).

연구실에 있는 은행 저금식 교사에 대한 프레이리의 설명은 설득력이 있으며 이는 유식한 ─ 무지하지 않은 ─ 교사에 대한 랑시에르의 스토리에 힘을 실어주는 듯하다. 압제자, 즉 유식한 교사는 학생을 놀라게 하려는 분명한 목적을 가지고 자신의 지적 노동을 숨긴다. 이 놀라운 것은 계산된 것이다. 교사인 억압자는 모든 학생이 교사 없이는 지식을 얻을 수 없다는 것을 확신할 수 있도록 사전에 충분히 준비한다.

또한 소외된 의식이라는 헤겔의 논리에 대한 프레이리의 호소는 랑시에르의『무지한 스승』에 제시된 것과 같은 무력감에 대한 또 다른 설명을 제시하고 있는 것으로 보인다. 랑시에르는 소크라테스의 방법에 대해서도 이러한 무력감의 측면에서 설명하면서 자코토의 용어를 사용해서 다음과 같은 점을 지적하고 있다.

> 그[소크라테스의 방법을 따르는 교사]는 뒤집어 생각해보고 앞으로 나아갔다가 반대로 가도록 명령한다. 학생의 사고는 돌고 돌아 출발점에서는 감히 생각지도 못했던 종점에 다다른다. 학생은 종점에

이르렀다는 사실에 놀라고 돌아서서 교사를 바라본다. 이 놀람은 감탄으로 바뀌며 이러한 감탄은 학생을 바보로 만든다. (Ranciere 1991a, p. 59)

프레이리는 이러한 자코토의 관찰과 유사한 억압의 심리적 역동성에 호소한다. 따라서 프레이리는 억압된 학생의 의식에 대해 유사한 설명, 즉 무력감에 젖은 학생의 이미지와 일치하거나 능가하는 설명을 묘사하고 있다고 할 수 있는데, 여기에는 수동적인 학생의 '비어 있는 마음empty mind'에 대한 생생한 묘사도 포함된다(Freire 1970, p. 56). 사실, 학생들과 교사들은 종종 '비어 있음emptiness'이라는 메타포를 즐겨 사용한다. '확실성'으로서의 지식과 채워지기를 기다리는 그릇으로서의 '마음'이라는 비유는 교육 등의 영역에서 유행처럼 사용된다. 이 비유는 의심할 여지없이 자코토와 랑시에르가 묘사한 교육의 진보라는 사회적 논리에 의해 확립된 무한 퇴행의 이미지를 강화하는 데 도움이 된다.[14] 지식의 탐구에 끝이 없다는 것을 학생이 알게 되고, 다음 단계의 진리에 대해서는 이를 안내하는 또 다른 교사가 항상 있을 것이라는 것을 알게 되면, 이 무한한 탐구에 어떤 부정적인 자기 이미지가 수반된다는 것은 충분히 이해가 된다. 프레이리가 지적한 바와 같이 마음은, 유용하지만 억압적인 방식으로, 다양한 지식을 끊임없이 쓸어 담기 위한 그릇으로 이해된다. 그리고 이 공허함의 메타포 반대편의 논리는 이렇다. 유식한 교사는 그로서는 이미 충분한 지식을 가지고 있다. 그(녀)는 이미 진리에 도달한 사람으로서 끊임없이 비교의 원천으로 서 있다.

파울로 프레이리의 아이: 아이는 말을 하지 않는다

그러나 한편으로 프레이리의 은행 저금식 교육과 다른 한편으로 유식한 교사의 '바보 만들기' 기술 사이에 어떤 유사점이 있든지 간에 프레이리의 해방적 교수법이 묘사하는 아이는 어떤 모습일까라는 다른 질문을 던지고자 한다. 프레이리의 해방 교육학에서 그리는 아이는 어떤 모습일까? 궁극적으로 프레이리가 그리는 모습은 - 인정의 정치 및 화자로서의 학생과 관련해서 다시 한번 언급하겠지만 - **정치적인 것이 아니라 심리적인 것이다.** 은행 저금식 교육에 관한 개요로서의 이 텍스트와 이런 방식에 대한 해결수단으로서의 문제 제기식 방법에 대해 읽는 사람, 혹은 프레이리의 저서를 연구하는 사람에게 있어서 문제 제기식 방법을 적용한다는 것은 분명 학생들을 하나의 심리적 상태에서 다른 심리적 상태로 옮기는 수단이다. 문제 제기식 방법을 통해 학생보다 교사를 우선하는 불균형한 심리적 방정식은 교사와 학생 간 균형 있는 심리적 상태로 바뀔 것이다. 학생이 교사의 지적 능력에 놀라서 감탄하고 있는가 아니면 자신이 놀라운 사람이라는 것을 알고 있는가, 학생은 다른 사람을 위한 존재인가 아니면 자기 자신을 위한 존재인가, 학생은 무언가를 채우기 위해 수동적으로 기다리는 빈 그릇으로 자신을 보는가 아니면 이미 항상 채워져 있음을 더 적절하게 깨닫고 있는가, 이런 것이 문제 제기식 방법에서 던지는 질문이다. 간단히 말해서, 프레이리가 그리는 아이의 모습은 여전히 심리적인 것으로 남아 있다(Bingham 2002, 2008, pp. 129ff).[15]

이런 아이는 말을 하지 않는다는 점을 제외하면 이 아이의 심리적 모습에는 아무런 문제가 없다.[16] 앞에서 설명한 대로 소음에서 언어로 자신의 존재를 드러내려면 말을 해야 하는 것이 정치인데, 프레이리의 아이는 이런 정치적 의미에서 말을 하지 않는 것이다. 프레이리가 묘사하는 아이의 심리적인 모습은 하나의 특정한 형태로 주어진다. 그것은 가령, '아이가 놀라서 감탄하는가 아니면 자신이 놀라운 사람인가', '타인에게 끌려가는 존재인가 아니면 자신이 주인인가', '적극적으로 지식을 추구하는 능력이 결여되어 있는가 아니면 충만한가'라는 일련의 '이것이냐 저것이냐'의 형태로 제시된다. 이러한 양자택일의 구도에서 사실상 한쪽은 보다 더 주체적이고 다른 한쪽은 비주체적이다. 사실, 프레이리의 설명을 받아들인다면, 당연히 자신을 놀라운 사람으로 인식하고 주체적이며 충만하게 지식을 적극적으로 추구하는 것이 더 바람직하다. 그러나 이러한 심리적 형태는 이것이냐 저것이냐, 억압이냐 자유냐의 이원적 구도에서 벗어나지 못한다. 이런 시나리오에서 교육의 역할은 '아이가 자유로운 존재인가 아니면 억압된 존재인가'라는 두 가지 상황 중 어느 하나에 직면해 있다. 아이가 자유로운 존재라면 피억압자의 교수법이 해야 할 역할은 남아 있지 않으므로 해방의 교수법은 동어반복으로 간주된다. 반대로 아이가 억압된 존재라면 해방을 추구하는 교사는 아이를 연구 대상으로 삼아 특정한 방법으로 아이가 지배로부터 자유롭도록 해야 할 것이다. 즉 자유롭지 못한 아이들이 자유롭게 될 수 있는 조건을 만드는 일에 착수해야 하는 것이다.[17]

왜 이 아이는 말을 하지 않는 것일까? 심리학적으로 볼 때 아이는 언제 어떻게 말을 할 것인지 이미 정해져 있기 때문에 말을 하지 않는 것이다. 아이가 말을 하게끔 하는 것은 특정한 방법을 선택함으로써 이미 결정이 되어 있다. 이것이 프레이리가 문제를 제기하는 방식이다. 심리학의 설명에 따르면 아이는 임의대로 뭔가를 할 수 없으며, 분명 '근접에서 근접으로' 진행할 수 없다(Ranciere, 이 책, p. 8).[18] 오히려 그(또는 그녀)는 사회적 자의성에 질서를 부여하는 프로젝트의 일부이다. 심리학은 무언가를 설명한다. 설명을 하는 이유는 심리학이 설명 질서의 일부이기 때문이다. 심리학은 인간이, 특히 이 경우는, 아이가 어떻게 질서 있는 존재인지, 즉 질서 정연하게 말을 하는 데 이를 수 있고 또 그래야 하는 존재인지를 설명한다.

그러나 **언어에는 질서 잡히지 않는 자의성이 있다.** 『정치적인 것의 자장자리에서』에서 랑시에르는 다음과 같이 서술하고 있다.

> 자코토는 평등주의자들에게 말하기 행위에 함의된 평등주의 논리와 사회적 유대에 내재된 불평등주의 논리라는 두 가지 모순된 논리를 묶는 것이 불가능하다고 경고했다. 말하는 존재가 두 가지 유형의 자의성, 즉 언어의 자의성과 사회적 유대의 자의성에 희생양이 되는 두 가지 상반된 의미 간에는 어떤 일치도 존재하지 않는다.
> (Ranciere 1995a, p. 81)

소음에서 언어 속으로 진입하게 되면 거기에는 미리 예측할 수 없는 자의성이 있다. 이런 자의성은 사전에 준비할 수 있는 것이 아니다. 그러나 아이의 모습을 심리학적으로 보는 관점에서는 특정의 아이가 말을 하기 전에 해야 할 준비 작업이 있다고 가정한다. 구체적으로 말하면 아이가 말할 준비를 하기 전에 아이에 대한 설명이 먼저 있어야 한다는 것이다. 그런 다음 이 설명은 아이를 특정 방식으로 가르치는 데 활용해야 한다. 아이를 특정한 방법으로 가르친 후에야 비로소 그는 말을 할 수 있게 된다. 이와 같이 아이의 모습을 심리학적으로 보게 되면 바바라와 같은 아이가 이미 말을 했다는 사실이 망각된다. 그러나 랑시에르는 아이들이 이미 말을 한다는 사실을 상기시켜 준다. 아이들은 이미 정치를 말하고 있는 것이다.

아이의 심리적인 모습 — 말을 하기 위해 심리적인 설명이 필요한 아이의 모습 — 은 오랜 역사를 가지고 있으며, 프레이리는 여기에 합류했다. 랑시에르는 개인과 집단의 정신에 관한 과학의 특징으로서의 심리적, 사회적 질서에 대한 열망을 설명하기 위해 플라톤의 『국가론』을 인용하고 있다.

> 이 공화국은 보편적인 법이 아닌, 그 법을 끊임없이 그 정신으로 번역하는 교육에 기반을 두고 있다. 플라톤은 … 공동체의 유대감을 내면화하는 것과 어울리는 과학, 즉 오늘날 심리학과 사회학이라 불리는 개인 및 집단의 정신에 관한 과학을 창안했다. (Ranciere 1999, p. 68)

물론 우리가 플라톤의 선언이 직접적인 원인이 된 교육 환경에 살고 있다거나 프레이리의 저서가 사실상 플라톤의 입장을 따르고 있다고 주장하는 것은 쓸데없는 일이다. 이보다는 한편에서 심리학과 사회학을 교육에 일관성 있게 다시 적용하는 것과, 다른 한편에서 '개인 및 집단정신의 과학'이 사회에 부여하는 질서 및 조화 사이에 유사점이 존재한다는 사실을 인정하는 것이 중요하다. 교육에서 심리학과 사회학은 끊임없이 아이의 모습을 설명하고, 이에 따른 심리학적 또는 사회학적 모습에 근거를 두고 교육적 처방을 권고하는 방식으로 도움을 주고자 한다. 프레이리의 저서 또한 이런 방식으로 심리학을 적용한다는 점에서 예외가 아니다. 프레이리는 심리적 억압으로 고통 받는 아이의 모습을 제시한 다음 그 고통을 덜어주기 위한 교육방법을 제시한다. 프레이리의 연구는 결국 피억압자 개인의 영혼에 조화를 가져오는 데 기여하는 것을 목표로 삼는다.

프레이리의 저서에서 학생의 심리적 억압은 문제 제기식 교육자의 해방적 실천이 그 해답이다. 여기가 바로 랑시에르가 묘사하는 아이의 모습이, 프레이리가 그리는 모습과 완전히 상반되는 지점이다. 랑시에르의 과제는 무기력에 빠진 아이를 대상으로 심리적 질서를 회복시키는 것이 아니다. 대신, 아이가 이미 다른 아이와 동등하다고 가정하는 것이 과제다. 다시 말하면 아이가 이미 정치적이었다고 가정하는 것, 이미 가장 어려운 도제 과정을 거쳤다고 가정하는 것이다. 이러한 평등의 가정은 바로 심리적 관점이 해방적 교사의 실천에 한 몫 낄 수 없는 이유가 된다. 심리적 관점을 취하면 아이를 진보하는 존재, 해방을 향해 나아가는 존재, 교육적 방법을 활용하여 칸트가 옹호하는 '성숙'에 이르는 존재로 받아들여야 한다. 프레이리에게 있어서 피억압자가 해방에 이를 수 있는 피억압자의 교육학, 즉 특별한 교육방법이 있다는 것은 지극히 당연한 일이다. 그러나 랑시에르에게 있어서는 이러한 방법이 있을 수 없다. 왜냐하면 아이에 대해서는 이미 평등한 존재, 정치적 존재, 역설적으로 이 아이를 위한 특별한 방법이 없는 것이 오히려 진정한 방법이 되는 존재라고 가정하고 있기 때문이다. 이 아이의 방법은 자의적인 것이다. 그것은 사회적 또는 심리적 논리를 따르지 않는 언어의 자의적인 방법이다. 그것은 말하고 행하고 느끼는 방법이다. 아이는 해방되기 위해서 교사의 방법을 필요로 하지도 않고, 어쩌면 그것을 실제로 활용할 수도 없다. 아이는 이미 말을 하고 있는 것이다. 그게 아이의 방식이다. 이 아이는 다시 말하기 위해 교사의 지식을 필요로 하지 않는다.

　요약하면 랑시에르가 교육 사상가들의 긴 라인에 합류해서 아이의 모습을 제시하고 있는 것은 주목할 만하다. 이것이 주목할 만한 이유는 그가 다른 사람들로 하여금 교육을 합리화하고 향상시키기 위한 자부심으로 사용할 수 있도록 하기 위해서 아이의 모습을 가정하는 숭고한 전통을 따르고 있기 때문이 아니라 오히려 그렇게 쉽게 빠지는 자부심에 저항하는 아이의 모습을 제시하고 있기 때문이다. 랑시에르가 묘사하는 아이의 모습은 자의적인 기호의 숲에 존재한다. 어린 시절 아이의 모습은 랑시에르의 저서에서 중심이 되는 평등의 가정에서 시작한다. 불행하게도 평등에 관심이 있는 사람들이 랑시에르가 했던 것처럼 언어의 자의성을 인식하고, 그리고 교육에 대한 '유치한' 이야기와 보다 '진지한' 정치적 이야기를 구분함이 없이 사회 현실을 이해하기 시작하지 않는 한, 이러한 아이의 모습은 보다 비중 있는 개념적 문제, 즉 평등의 심리학과 평등의 사회학에 묻힐 가능성이 높다.

4장

포용의 문제

제4장

포용의 문제[1]

> 민주주의를 보장하는 것은 모든 데드타임(시스템이 작동하지 않는 시간
> – 옮긴이)과 빈 공간을 어떤 형태의 참여나 대항권력으로 채우는
> 것이 아니다. 그것은 행위자들과 그 행위의 형태를 지속적으로 갱
> 신하고 끊임없이 변화하는 주체가 새롭게 출현할 수 있는 가능성을
> 항상 열어 놓는 것이다.
>
> (Ranciere 1995a, p. 61)

서문

랑시에르의 글에서 '평등'의 개념이 핵심적 위치를 차지하는 것은
그의 작업이 민주주의의 궁극적인 목표를 모든 것의 포용에 두고 민
주정치를 보다 포용적으로 만드는 것을 목표로 하는 정치적 사고 및
행위의 전통과 잘 어울릴 것이라는 점을 시사하는 것 같다. 결국 평
등의 가정에서 출발하자는 랑시에르의 주장은 모두가 평등한 몫을
갖는 정치 질서를 제시하는 것처럼 보인다. 이 장에서는 민주주의와
포용에 관한 논의와 관련하여 랑시에르의 사상을 검토한다. 그 이유

는 민주화의 두 가지 '궤적', 즉 포용을 궁극의 목적으로 하는 것과 평등을 출발점으로 하는 것 사이의 차이를 강조하기 위한 것이다. 전자는 어떤 의미에서 어디로 가려고 하는지 알고 있는 반면, 후자는 단지 어디에서 출발하고자 하는지만 알고 있을 뿐이다. 이러한 차이로 인해, '포용'이라는 개념은 근본적으로 다른 방식으로 작동하는데, 이는 소위 민주주의 정치의 실천만이 아니라 정치이론의 스타일에도 영향을 미친다. 이 장에서는 앞 장에서 소개한 주제와 아이디어를 가지고 이것들이 포용과 민주주의에 대한 논의에 어떻게 개입할 수 있는지를 보여준다. 앞으로 살펴보겠지만, 교육은 이 논의에서 비켜갈 수 없다. 그 이유는 교육이 해방의 과정에서 중추적인 힘으로 여겨지듯이 특정 교육의 논리는 포용과 민주주의에 대한 사고방식에도 새겨져 있기 때문이다.

민주주의와 포용

포용의 개념은 민주주의에 대한 토론에서 핵심적인 역할을 한다. 포용이 민주주의의 유일한 핵심 가치는 아니더라도 그중의 하나라고는 할 수 있다(예: Allan 2003, Gundara 2000, Young 2000 참조). 결국 민주주의의 '요체'는 민중(결국 민중 전체를 의미함)을 사회의 지배 주체 ruling, kratein에 포함시키는 것이다. 이것이 페리클레스가 민주주의를 '권력이 소수가 아니라 전 인민의 손에 맡겨져 있는 상황'(Held 1987, p. 16)이라고 정의하고, 아리스토텔레스가 '모두가 각 개인을, 역으로 각 개인이 모두를 지배하는 것'(같은 책, p. 19)이라고 기록한 이유이기도 하다. 이는 또한 '인민의, 인민에 의한, 인민을 위한 정부'(Torres 1998, p. 159)라고 한 링컨Abraham Lincoln의 정의 및 보다 구체적인 정의로서 '집단적 의사결정에 대한 대중의 통제와 그 통제권 행사에 대한 권리의 평등이라는 두 가지 원칙'(Beetham and Boyle 1995, p. 1)을 포함시킨 비담과 보일David Beetham and Kevin Boyle의 정의에도 반영되어 있다. 그러나 이 모든 것은 정의의 문제일 뿐만 아니라 민주주의의 정당성에도 영향을 미친다. 영Iris Marion Young이 지적했듯이 민주적 의사결정의 규범적 정당성은 바로 '의사결정의 영향을 받는 사람들이 의사결정 과정에 얼마나 포함되었고 의사결정의 결과에 영향을 미칠 기회를 얼마나 가졌는지'에 달려 있다(Young 2000, pp. 5-6).

포용은 민주주의의 주요 특징이자 목표일뿐만 아니라 주요 문제 중 하나이기도 하다. 처음부터 민주주의를 괴롭혔던 질문(그리고 어떤 의미에서 출발도 하기 전에 민주주의를 괴롭혔던 질문)은 '인민은 누구인가?' 또는 다르게 말하면 '누가 민중에 (그 정의에) 포함되어야 하는가?'이다. 이것은 민주적 시민권의 문제이며 아테네 도시 국가에서 시민권이 매우 제한되어 있었다는 것은 너무나 잘 알려져 있다. 20세 이상의 아테네 남성만이 시민권을 받을 자격이 있었고, 여성, 어린이, 노예(인구의 약 60%를 차지)와 이민자, 심지어 몇 세대 전에 아테네에 정착한 이민자도 정치 참여에서 제외되었다(Held 1987, p. 23 참조). 민주주의의 역사는 포용의 범위를 확대하기 위한 지속적인 노력으로 기록될 수 있다. 지난 세기의 가장 강력하고 성공적인 사회 운동 중 하나는 '억압 받고 소외된 사람들이 완전하고 평등한 시민으로 포함되도록 하는 요구'를 중심으로 추진되었다(Young 2000, p. 6). 그러나 민주주의의 역사는 포용의 역사일 뿐만 아니라 동시에 배제의 역사이기도 하다. 때로는 민주주의라는 이름으로 배제가 정당화되기도 했다. 예를 들어, 자유민주주의 사상이 여기에 해당되는데 자유민주주의에서 인민 통치popular rule의 민주적 원칙(평등의 원칙을 나타냄)은 사상, 언론, 표현, 결사 및 종교의 자유, 그리고 사유재산 보유권, 선거권, 공무담임권, 또한 법치의 개념에서 정의된 대로 임의체포 및 압류로부터의 자유 등 몇 가지 기본적 자유에 의해 제한된다. 이는 인민 통치보다 우선순위를 갖는 것으로, 인민 통치로 인해 개인의 자유가 제한되거나 방해받지 않도록(자유의 원칙을 나타냄) 하기 위함이다(Gutmann 1993, 413 참조, Mouffe 2000 참조).

특정 성과들을 배제하려고 하지만(따라서 그러한 성과를 주장하는 사람들을 배제한다), 민주주의와 배제 사이에는 보다 직접적인 연관성이 존재한다. 여기서 가장 중요한 논거는 민주주의에 '적합하지 않다'고 여겨지는 사람들에게 초점을 맞추고 있는데, 그 이유는 그들이 합리성 혹은 분별력reasonableness(아래 참조)과 같은 민주적 참여의 기본으로 여겨지는 특정한 자질이 부족하거나 민주주의의 이상 자체에 동의하지 않는다고 보기 때문이다. 보니 호닉(Bonnie Honig, 1993)이 주장했듯이, 이것은 특정한 정치적 정체성을 중심으로 민주 정치가 조직되기를 바라는 공동체주의자들에게만 이슈가 되는 것은 아니다. 이는 자유주의자들에게도 이슈가 되는데 그 이유는 자유주의자들이 합리적으로 행동할 의지가 있고 그럴 능력이 있는 사람들, 그리고 좋은 삶에 대한 실질적인 개념은 사적 영역에 기꺼이 남겨 두려는 사람들에게만 정치 참여를 한정하는 경향이 있기 때문이다. 이러한 전략은 '합리적 수준에 미치지 못하는sub-rational'(예: 정신과 환자의 특정 범주) 또는 비합리적인 것으로 간주되는 사람들을 배제하는 결과를 초래할 뿐만 아니라, 또한 전 합리적pre-rational이거나 좀 더 일반적인 의미에서 민주적 수준에 이르지 못한pre-democratic 사람들에 대한 배제를 정당화하기 위해 사용된다. 아이는 이러한 범주의 가장 명백한 사례이다. 여기에 교육과의 강한 연관성이 존재한다. 민주주의 사회에서 교육의 과제는 종종 개인이 미래의 민주적 숙고와 의사결정에 참여할 준비를 하도록 하는 것으로 간주되기 때문이다. 이는 교육을 민주주의 앞에 그리고 외부에 두는 사상으로 정치와 교육이 간단하고 쉽게 분리되고 서로 독립된 것이라고 주장하는 사상이다 (이에 대한 비판적 논의는 Biesta 2007; 2010 참조).

그러므로 민주주의의 이론과 실천에 있어서 포용의 문제에 관해 중요한 질문을 제기해야 하지만 이것은 포용의 문제를 다루기 위한 어떠한 시도도 없었음을 의미하는 것은 아니다. 다음 섹션에서는 바로 민주적 절차와 실천에 있어서 포용의 범위를 확대하려는 정치철학과 민주주의 이론의 최근 발전에 대해 논의한다. 이러한 논의를 통하여 포용의 문제가 지속적인 관심사일 뿐만 아니라 포용과 민주주의 및 민주화가 이 논의에 특정한 방식으로 연결되어 있음을 보여주고자 한다. 이를 통해 민주화에 대한 랑시에르의 사상이 어디에서 어떻게 불화를 끌어들이고 있는지 보여줄 것이다.

민주적 포용의 다양성

현대 정치이론에서 민주적 의사결정과 관련해서는 총합 모델aggre-gative model과 숙의 모델deliberative model이라는 두 가지 접근이 지배적이다(Elster 1998, p. 6; Young 2000, pp. 18-26). 첫 번째 모델에서는 항상 그렇지는 않지만 종종 공직자 선출과 정책 채택의 과정에서 민주주의를 개인의 선호를 집계하는 과정으로 본다. 이 접근법에는 두 가지 핵심 가정이 있는데, **첫째**, 개인의 선호는 주어진 것으로 간주되며, **둘째**, 항상 그런 것은 아니지만 종종 정치는 다수결 원칙에 근거한 선호의 집계와 관련이 있다고 보는 것이다. 이러한 선호가 어디에서 왔는지, 타당하고 가치가 있는지, 그리고 선호하는 이유가 이기적인지, 아니면 이타적인지 하는 것은 관련 없는 문제로 여겨진다. 다시 말하면 선호 총합 모델에서는 '목적과 가치가 주관적이고 합리적이지 않으며 정치적 과정의 외부에 존재하고, 민주 정치는 기본적으로 '사적인 이익을 둘러싼 선호 간의 경쟁'이라고 가정한다(Young 2000, p. 22).

지난 수십 년에 걸쳐 민주주의는 단순한 선호의 집계(집계와 합산으로서의 민주주의)에 국한되어서는 안 되며 숙의를 통한 선호의 변화를 수반해야 한다고 주장하는 정치이론가들이 점점 더 많아지고 있다. **두 번째** 숙의 모델에 따르면 민주적 의사결정은 '참여자의 논의를 통한 의사결정'을 수반하는 과정으로 여겨진다(Elster 1998, p. 8). 여기에는 반드시 집단행동의 수단과 목적 모두에 대한 의사결정이 포함된다. 영Young의 설명대로 숙의 민주주의는 가장 많은 사람들의 지지를 받는 선호가 무엇인지를 결정하는 문제에 관한 것이 아니라 공동체가 지지하는 제안 중에서 **최선의 이유로 지지를 받는 제안**이 어떤 것인지를 결정하는 문제에 관한 것이다(Young 2000, p. 23). '최선의 이유'에 대한 언급은 숙의 민주주의가 특정한 숙의 개념에 근거를 둔다는 것을 나타낸다. 예를 들어, 드라이제크John Dryzek는 숙의가 비교적 광범위한 활동을 포함하지만 진정한 숙의가 이루어지기 위해서는 선호에 대한 성찰이 강압적이지 않은 방식으로 이루어져야 한다고 지적한다(Dryzek 2000, p. 2 참조). 그는 이런 조건을 충족하려면 '권력의 행사, 조작, 교화, 선전, 기만, 단순한 사리추구의 표현, 위협, 이념적 동조의 강요 등을 통한 지배를 배제해야 한다'고 설명한다(같은 책). 이러한 논의는 숙의 민주주의가 '합리성과 불편부당의 가치에 헌신하는' 참여자들 간 논의의 교환에 관한 것이며(Elster 1998, p. 8), '숙의는 자유롭고 평등하며 합리적인 행위자들' 사이에서 이루어져야 한다는 엘스터의 주장과 일치한다(같은 책, p. 5).

어떤 면에서 '숙의 모델로의 전환'은 민주주의의 이론과 실천에서 중요한 진전이다. 숙의 모델에 따른 접근은 민주주의의 기본 가치, 특히 민주주의란 집단적 의사결정에 실제로 참여하는 문제에 관한 것이라는 생각을 보다 충실하게 나타낸 것으로 보인다. 반면에 선호 총합 모델에서는 참여가 별로 없으며 의사결정은 거의 알고리즘에 의해 이루어진다. 뿐만 아니라 숙의 모델에 따른 접근은 훨씬 강력한 교육적 잠재력을 가지고 있는 것으로 보인다. 숙의 모델에서는 '정치적 행위자들이 선호와 관심을 표현할 뿐만 아니라 포용적인 평등의 상황에서 어떻게 이것들 사이의 균형을 맞출지에 대해 서로 협력한다'(Young, 2000 p. 26). 영Young에 따르면 이러한 협력적 상호작용을 위해서는 '참여자들이 서로에게 개방적이고 서로의 입장을 존중해야 하며 모두가 받아들일 수 있는 방식으로 자신의 주장과 제안을 정당화해야 하기 때문에 참여자들의 태도가 자기중심에서 공개적으로 내세울 수 있는 방향으로 변화한다'(같은 책). 이렇게 함으로써 사람들은 종종 새로운 정보를 얻기도 하고, 집단의 문제로부터 다양한 경험을 배우거나, 자신의 처음 의견이 편견과 무지에 근거하고 있었고 자신의 이익과 다른 사람의 이익 간의 관계를 오해하고 있었음을 발견하기도 한다. 또는 워렌Warren이 지적했듯이, 숙의에 참여하면 참여자들이 보다 더 공적 가치를 지향하고 관용적이 되며 식견이 풍부해지고 타인의 관심에 더 주의를 기울이며 자신의 관심을 더 많이 성찰할 수 있게 된다(Warren 1992, p. 8). 따라서 숙의 민주주의는 더 민주적일 뿐만 아니라 더 교육적이라고 지지자들은 주장한다. 숙의 민주주의의 세 번째 자산은 민주적 의사결정에 참여하면 참가자들이 성과에 더 많이 전념할 가능성이 있다는 점에서 정치 행위자의 동기 부여에 잠재적 영향을 미친다는 데 있다. 이것은 숙의 민주주의가 근본적으로 바람직한 방법일 뿐만 아니라 사회적 문제 해결에 효과적인 방법이기도 하다는 것을 시사한다(Dryzek 2000, p. 172 참조).

숙의 모델로의 전환은 민주주의를 핵심 가치에 더 충실하게 하려는 시도로 볼 수 있으며, 이 점에서 선호 총합 모델 및 보다 일반적으로 자유 민주주의에서의 개인주의 및 '단절된 다원주의'에 대한 중요한 수정을 보여준다(Biesta 2006, p. 89). 그러나 숙의 민주주의는 민주주의의 이해관계를 끌어올림으로써 민주적 포용의 어려움을 훨씬 더 날카롭게 부각시켰고, 따라서 — 아이러니하지만 놀랄 것도 없이 —

포용의 의제를 둘러싼 일련의 문제들을 발생시켰다. 따라서 여기서 말하고자 하는 주요 쟁점은 숙의에 참여하기 위한 진입 조건에 있다. 일반적으로 숙의 민주주의에 관한 담론은 민주적 숙의에 대한 참여가 규제되어야 하며 특정 가치와 행동에 헌신하는 사람들에게만 허용해야 한다고 주장하는 경향이 있다. 예를 들어 영Young의 주장에 따르면 숙의 모델에는 포용, 평등, 분별성, 공공성을 포함하여 숙의 당사자들 간의 관계와 그들의 성향에 대한 몇 가지 규범적 개념이 필요하며, 이런 개념들은 숙의 모델과 논리적으로 관련되어 있다(Young 2000, p. 23). 숙의 민주주의 지지자들은 참여를 위한 일련의 진입 조건을 명시하고 있지만, 토론과 관련하여 흥미로운 점은 대부분이 이상적인 조건은 고사하고 민주적 숙의에 필요한 최소한의 조건을 설정하는 데도 큰 어려움을 겪고 있다는 사실이다(예를 들어, Elster 1998 투고).

영은 분별력(진입 조건의 필요조건으로 봄)과 합리성(진입 조건의 필요조건으로 보지 않음)을 구별하는 흥미로운 예를 제시한다. 영에게 있어서 분별력은 토론 참여자들이 토론에 실질적으로 기여한 실질적인 내용이라기보다는 '토론 참여자들이 지니고 있는 일련의 성향'을 가리키기 때문에 분별력이 있다는 것이 곧 합리적임을 의미하지는 않는다(Young 2000, p. 24). 그녀는 분별력 있는 사람들이 '종종 엉뚱한 생각을 한다'는 것을 인정하지만 '그들을 분별력 있게 하는 것은 누군가가 그들의 생각이 왜 부정확하고 적절하지 않은지 설명할 때 그들의 말을 기꺼이 경청하는 것이다'(같은 책). 따라서 영의 관점에서 분별력은 사람들의 선호와 신념의 논리적 '자질'에 대한 기준이 아니라 의사소통의 미덕으로 나타난다. 이것은 왜 포용의 문제가 숙의 모델에서 그렇게 두드러지는지를 보여줄 뿐만 아니라, 왜 숙의 모델로의 전환이 포용에 관해 완전히 새로운 일련의 이슈를 만들어냈는지를 설명해준다. 그 이유는 숙의가 단순히 '정치적 의사결정'의 한 형태일 뿐 아니라 무엇보다도 '정치적 의사소통'의 한 형태이기 때문이다. 따라서 숙의 민주주의에서 포용의 문제는 누가 포함되어야 하는지, 누구를 계산에 넣어야 하는지에 대한 질문이 아니라 – 물론 이 질문도 항상 제기되어야 하지만 – 무엇보다도 누가 숙의의 과정에 효과적으로 참여할 수 있느냐의 문제이다.

드라이제크가 적절하게 언급했듯이, 숙의 민주주의에서 미심쩍은 것은 '특정한 부류의 분별력 있는 정치적 상호작용에 초점을 맞추는 것이 실제로 중립적이 아니며, 민주 정치에 효과적으로 참여하는 문제에 있어서 다양한 목소리를 체계적으로 배제한다'는 사실이다 (Dryzek 2000, p. 58). 이와 관련하여 영은 두 가지 형태의 배제, 즉 외적 배제와 내적 배제를 구분한다. 외적 배제란 '사람들이 토론과 의사결정 과정에 들어오지 못하게 하는 차단된 방식에 관한 것이고, 내적 배제란 형식적으로는 의사결정 과정에 포함은 되지만 가령, 자신의 주장이 진지하게 받아들여지지 않고 다른 이들과 동등한 존중을 받지 못하고 있다고 믿게 되는 경우를 말한다(Young 2000, p. 55). 다시 말하면 내적 배제는 사람들이 의사결정의 형식과 절차에 접근할 때조차도 다른 사람들의 사고에 영향을 미칠 수 있는 효과적인 기회가 부족한 상황을 의미한다(같은 책). 이러한 내적 배제는 사실상 의도하지 않은 결과일 수 있는데, 이는 숙의 민주주의의 일부 지지자들이

'냉정하고 상황을 고려하지 않으며 중립적인 이성'을 강조한 결과로 인해 빚어진 의도하지 않은 결과일 수 있다(같은 책, p. 63).

영은 논의에 대해 너무 편협한 관점에서 접근한 결과로 빚어진 내적 배제에 대응하기 위해 몇 가지 다른 정치적 의사소통 방식을 제안했는데, 이는 '숙의 관행의 배타적 경향'을 개선할 뿐만 아니라 '존중과 신뢰'를 증진시키고 '구조적, 문화적 차이를 초월한 이해'를 가능하게 하기 위하여 숙의 과정에 추가해야 할 것들이었다(같은 책, p. 57). 그 중 **첫 번째는 환영 또는 공개적 인정**이다. 이것은 갈등 관계에 있는 사람들이 … 상대편, 특히 의견, 관심 또는 사회적 위치가 다른 사람들을 토론 상대자로 인정하는 소통의 정치적 제스처에 관한 것이다(같은 책, p. 61). 영은 환영을 정치적 상호작용의 출발점으로 생각해야 한다고 강조한다. 환영은 '근거의 제시와 평가'(같은 책, p. 79)에 선행하며, 숙의 과정에서 상대편을 인정하는 것이다. 정치적 의사소통의 **두 번째** 방식은 **수사법**이다. 보다 구체적으로 말하면 수사법을 긍정적으로 사용하는 것이다(같은 책, p. 63). 수사법은 정치적 의사소통의 내용이 아니라 특정한 형식에만 관여하는 것이라고 할 수도 있지만, 영의 주장에 따르면 포용적인 정치적 의사소통은 다양한 형식의 표현에 관심을 갖고 이에 대해 포용적이어야 하며 합리적인 주장을 수사법에서 제외하려 해서는 안 된다. 수사법이 중요한 것은 특정의 이슈를, 숙의를 위한 의제로 올리는 데 도움이 될 뿐만 아니라(같은 책, pp. 66-67 참조), '특정 상황에서 특정 대중에게 적절한 방식으로' 주장과 논의를 명확히 하는 데 도움이 될 수 있기 때문이다(같은 책, p. 67). 수사법은 항상 '특정의 청중을 위해 배치하고 거기에 구체화된 스타

일과 어조'를 부여함으로써' 논쟁을 일으킨다(같은 책, p. 79). 영이 제시한 **세 번째** 정치적 의사소통 방식은 **서사 혹은 스토리텔링**이다. 민주적 의사소통에서 서사의 주요 기능은 '무엇이 중요한지에 대해 매우 다른 경험이나 가정을 가진 정치 주체들 간의 이해를 촉진시킬 수 있는 잠재력'에 있다(같은 책, p. 71). 영은 교수 및 학습 차원에서 정치적 의사소통이 지니는 서사의 역할을 강조한다. 그녀의 주장에 따르면 '포용적이고 민주적인 의사소통'에서는 '모든 참여자들에게는 함께 사는 사회에 대해 일반 대중에게 가르칠 것이 있다'는 점과 '그들은 사회적 또는 자연적 세계의 어떤 측면에 대해서는 무지하기 때문에 어떤 선입견, 편견, 인식의 맹점 또는 고정관념으로 정치적 갈등을 겪는다'는 것을 가정한다(같은 책, p. 77).

환영과 수사법 및 서사가 논쟁을 대체하기 위한 것이 아니라는 점을 강조할 필요가 있다. 영은 숙의 민주주의가 '참가자들이 서로에게 근거를 요구하고 이를 비판적으로 평가한다'는 점을 여러 번 반복해서 강조한다(같은 책, p. 79). 숙의 모델의 다른 지지자들은 훨씬 더 편협한 접근법을 취하며, 숙의는 단지 합리적 논쟁의 한 형태일 뿐이고(예를 들어 Benhabib 1996 참조) 이 접근법에서 유일하게 정당한 힘은 '더 나은 논증이라는 무력한 힘'일 뿐이라고 주장한다(Habermas 1988, p. 47 참조). 마찬가지로 드라이제크는 영의 초기 저서에 대한 검토 끝에 '논쟁은 항상 숙의 민주주의의 중심이어야 한다'고 결론 지었다(Dryzek 2000, p. 71). 그는 다른 의사소통 방식들이 존재할 수 있고 이를 환영할 합당한 이유가 있음을 인정하지만, '그것들은 존재할 필요가 없기 때문에' 그 지위는 다르다고 주장한다(같은 책). 드라이제크에게 있어서 모든 정치적 의사소통 방식은 궁극적으로 합리성의 기준에 부응해야 한다. 이것은 모든 의사소통 방식들이 합리적인 논쟁에 종속되어야 한다는 것을 의미하지는 않지만, 그 논의 전개는 무엇을 해야 하는가에 대한 논쟁이 중심이 되는 맥락에서만 의미가 있다 (같은 책, p. 168). 이 모든 것이 사실일 수도 있지만, 영이 기여한 바가 정확히 어느 지점에서 중요한지를 잊어서는 안 된다. 왜냐하면 그녀가 하고자 한 것은 숙의 민주주의에 의해 초래된 특정한 형태의 배제, 즉 숙의 민주주의가 특정한 형태의 정치적 의사소통을 명시한다는 사실에서 비롯되는 내적 배제를 다루는 것이기 때문이다. 솔직히 말하자면, 총합 모델에서는 계산만이 중요하기 때문에 내적 배제는 단순히 이 모델에만 해당되는 문제가 아니다.

포용과 치안 그리고 정치

앞의 논의에서는 정치철학과 민주주의 이론에 대한 최근의 논의에서 포용 개념의 중심 역할을 분명히 드러냈다. 숙의 민주주의 이론과 영 Young의 수정 논의는 모두 민주적 과정을 보다 포용적으로 만드는 것을 목표로 한다. 이러한 목표의 달성을 위해서 첫째, 민주주의에 대한 다른 '의제'(총합 모델에서 숙의 모델로 전환해야 한다는 것)를 제안했고, 둘째, 민주적 과정에서 배제되는 사람들이 거의 없도록 더 많은 사람들이 참여할 수 있는 기회를 만들어야 한다고 주장했다. 이러한 전략의 궁극적인 목표는 개인들을 민주적 질서에 더 많이 끌어들이는 것이기 때문에 양적인 포용 개념이라 할 수 있다. 이 논의에서 포용은 민주주의의 영역 밖에 위치하고 있는 사람들을 이 영역 안으로 끌어들이는 과정으로 나타나는데, 더욱 중요한 것은, 이미 '내부'에 있는 사람들이 외부에 있는 사람들을 끌어들이는 과정으로 나타난다는 것이다. 여기서의 가정은, 포용이란 안에서 밖으로inside out'[2] 나타나는 과정, 즉 이미 민주적이라고 여겨지는 사람들의 위치에서 나오는 과정이라는 것이다. 이러한 포용의 용법은 곧 누군가가 다른 누군가를 포용한다는 것을 의미할 뿐만 아니라, 누군가가 포용 조건을 설정하고 있는데 이것은 포용되기를 원하는 사람들이 그 조건을 충족해야 하는 것임을 시사한다. 이는 숙의 민주주의를 지지하는 사람들이 민주적 숙의에 참여하기 위한 최소한의 진입 조건을 규정하는 방식에서 뚜렷이 드러난다. 숙의 민주주의는 사람들에게 합리적이고 더 나은 논쟁의 힘에 헌신할 것을 요구한다. 기꺼이 그렇게 하려하고 그렇게 할 수 있는 사람은 더 많이 환영 받는다. 이와 관련하여 교육은 흔히 핵심적인 '조력자'로 자리매김되고 있다. 즉, 아이들과 다른 새로운 사람들에게 민주주의를 '준비'시켜 줘야 하는 제도로 인정되고 있는 것이다.

이것은 또한 토론의 기저에 깔린 두 번째 가정, 즉 민주주의는 표준적인 상황이 될 수 있고 또 그렇게 되어야 한다는 믿음을 드러낸다. 포용과 관련한 논의에 있어서 주요 과제는 실천적인 문제, 즉 어떻게 하면 민주적 실천을 더욱 포용적으로 만들 수 있는가(예를 들어, Young의 '내적 포함' 개념을 통해), 그리고 어떻게 더 많은 사람들을 민주적 숙고의 영역으로 끌어 올 수 있는가(Young의 '외적 포용'의 개념을 통해)하는 문제로 인식되는 것 같다. 여기서의 가정은 우리가 타자성과 차이에 더 많이 주의를 기울일 수 있다면 결국에는 완전한 민주적 포용의 국면, 즉 민주주의가 표준이 되는 상황에 이르게 된다는 것이다. 언제 이런 상황에 도달할 수 있을지(가까운 미래에 혹은 아주 먼 유토피아적인 미래에), 어떻게 이 상황에 도달할 수 있을지(점점 더 많은 사람들을 민주주의의 '복음'으로 개종시키거나 민주주의 실천과 원칙을 지속적으로 조절하거나 미세 조정함으로써), 그리고 민주적 질서에 포용되지 못하는 일부 사람들은 언제나 남아 있을 것인지에 대해서 다양한 견해를 가질 수 있지만(Mouffe 1993 참조), 민주화란 점점 더 많은 사람들을 민주주의의 영역으로 끌어들이는 것이라는 개념은, 최고의 민주주의는 가장 포용적인 것이라는 기본적인 관념과 더불어, 민주주의는 표준적인 정치적 현실이 될 수 있고 또 그렇게 되어야 한다는 기본적인 가정을 드러낸다.

이상의 논의를 랑시에르의 용법으로 정리하면 민주주의와 포용에 관한 최근의 논의에서 명시된 민주화의 궤적은 사실 특정한 치안 질서의 수립과 이 질서의 외부에 있는 사람들을 이 질서 안으로 끌어들이는 것에 관한 것임을 알 수 있다. 따라서 이상적인 최종 상태가 이미 알려져 있고 정의되어 있어서 포용이 전적으로 양적인 작용이 된다는 점에서 민주화의 궤적은 목적론적인 것으로 보인다. 숙의 민주주의와 같은 '진전'으로 어떤 사람은 포용될 수 있고 어떤 사람은 배제될 수 있는지에 대해 약간의 질적 뉘앙스가 더해진다고 해도, 그것은 여전히 누구는 끌어들이고 누구는 배제하는 문제이다. 결국 그것은 여전히 양적인 문제인 것이다.[3] 더구나 특정 질서의 '내부'에 있는 사람들이 질서의 경계를 설정할 권리를 내세우고 포용에 대한 진입 조건을 설정하기 때문에 숙의 민주주의는 통제된 조작이 된다. 랑시에르가 치안의 질서와 정치의 과정을 구분한 것이 갖는 의미의 하나는, 앞서 논의했듯이, 치안의 질서가 반드시 나쁜 것만은 아니라는 것이다. 그런 점에서 기존의 치안 질서를 좀 더 포용성 있게 만들기 위한 조치를 취해야 하는 것이 맞는 일인지도 모른다. 그러나 랑시에르의 이러한 구별이 갖는 또 하나의 의미는 엄격하게 양적인 포용의 관점이 갖는 한계를 보여주는 것이다(이와 관련한 그의 견해는 포용과 민주화의 문제에 접근하는 근본적으로 다른 방법을 보여준다).

양적인 관점의 주된 한계는 포용의 개념을 기존의 신분이나 주체의 지위를 받아들이는 측면에서만 이해할 수 있다는 것이다. 다음과 같은 사고 실험을 생각해 볼 수 있다. 한 집단의 아이들이 투표권을 원한다고 가정해 보자. 현재 투표를 할 수 있는 대상은 성인에 한정되기 때문에 기존 신분에 대한 포용의 논리에서는 아이가 투표할 수 있기 위해서는 성인으로 판단되어야 한다. 그러나 아이들이 투표를 하고 싶어 한다고 해서 특정의 아이가 반드시 투표하는 성인이 되고 싶어 하는 것은 아니다. 모든 아이들이 성인이 되고 싶어 하는 것은 아니며 성인이 되고 싶어 하지 않는 아이들도 많기 때문이다. 이 경우에는 이미 유권자를 '성인'으로 규정했기 때문에, 또는 숙의 민주주의에 대한 영의 주장에 따라 '필연적으로 합리적인' 자격에 해당하는 것으로 규정했기 때문에 포용이라는 프로젝트는 난처한 상황에 놓이게 된다. 이런 상황에서 '아이'가 투표할 수 있는 가능성은 사실상 없다. 그런 아이의 신분으로 투표할 수 있는 신분은 결코 존재할 수 없다. 랑시에르는 또 다른 대안에 주목한다.

인간과 시민[여기서는 아이와 유권자로 대신할 수 있다]이란 개인의 집합체를 가리키는 것이 아니다. 인간과 시민은 정치적 주체이다. 정치적 주체들은 명확한 집합체가 아니다. 이들은 확정되지 않은 이름, 말하자면 누구를 계산에 포함시킬 것인지에 대한 질문이나 논쟁을 제기하는 이름이다. 마찬가지로 자유와 평등도 명확한 주체에 속하는 술어predicates가 아니다. 정치적 술어는 열린 속성이다. 그것은 정확히 무엇을 수반하는지, 어떤 경우에 누구에게 관심을 갖는지에 대한 논쟁을 불러일으킨다. (Rancière 2004c, p. 303)

아이가 투표를 하려면 투표할 수 있는 사람의 수에 아이의 이름을 단순히 추가하는 것만으로는 충분하지 않다. 정치적 술어인 '아동'과 '유권자'는 그 자체로 논쟁의 여지가 있다.

결국 정치의 핵심은 '당사자, 몫 또는 몫의 결여를 규정해 왔던' 공간의 재구성에 관한 것이다(Rancière 1999, p. 30). 정치 활동은 '눈에 띄지 않았던 것을 보이게 하고 예전에는 소음으로서의 자리만 주어졌던 담론을 들리게 만든다'(같은 책). 그것은

기본적으로 몫이 없는 사람들의 몫과 관련한 이질적인 가정, 결국 몫이란 것은 그 자체가 순전히 질서의 우연성을 보여주는 것이라는 가정을 실행함으로써 지각할 수 있는 치안 질서의 분할을 되돌리는 표현 방식이다. (같은 책)

랑시에르가 민주주의를 '체제나 사회적 삶의 방식'이 아니라 오히려 '정치 제도 그 자체'로 이해해야 한다고 주장했을 때(같은 책, p. 101), 그것은 바로 모든 치안 질서에는 민주주의가 '결여'되어 있음을 부각

시키기 위함이었다. 앞에서 지적했듯이, 이것은 모든 치안 질서가 꼭 나쁘다는 것을 의미하지는 않는다. 분명 '더 나쁜 치안질서도 있고 더 나은 치안질서'도 있다(같은 책, pp. 30-31). 이는 기존 질서에 어떤 요소를 추가하는 것만으로는 특정한 신분과 주체 지위의 분할에 아무런 영향을 미치지 않는다는 것을 나타낸다. 이 점에서 치안 질서를 재구성한다고 해서 정치가 되는 것은 아니기 때문에 이는 민주화의 사례로 간주되지 않는다는 것을 잊지 않는 것이 중요하다. 랑시에르는 이것을 치안 과정과 평등 과정 간의 만남으로 확실하게 제한한다. 민주화는 이 구도에서 평등의 가정, 말하자면 모든 말하는 존재들 간 평등의 가정을 검증할 수 있는 실질적인 '시금석'으로 나타난다(같은 책, p. 30 참조). 그러므로 랑시에르에게 있어서 민주화의 '궤적'은 결코 결과론적인 것이 아니다. 평등은 바라는 최종 상태가 아니라 출발점으로 등장하며 개방적이고 실험적이며 비목적론적인 방식으로 지속적인 검증이 요구된다. 포용을 기존의 치안 질서로 끌어들이는 것으로 볼 때, 랑시에르가 평등을 강조하는 것이 포용에 대한 호소가 결코 아닌 것은 바로 이 때문이다. 그러므로 랑시에르의 민주화는 수량적인 용어가 아니라 질적인 변화, 즉 재분할과 재구성으로 이해되어야 한다. 적어도 기존의 신분과 주체성은 다른 관계 네트워크에서는 종료되기 때문에, 이러한 질적 변화는 새로운 신분과 주체의 지위를 창출할 뿐만 아니라 동시에 기존의 신분과 주체성을 변화시킨다는 것을 아는 것이 중요하다. 결국 남성만이 투표권을 갖는 치안질서에서 투표권을 가진 남성이 된다는 것은 남성과 여성이 모두 투표권을 갖는 치안 질서에서 투표권을 갖는 것과는 다른 것을 의미한다. 이는 랑시에르가 말하는 민주화가 양적인 과정으로 이해되지 않고 또 그렇게 이해될 수도 없는 또 다른 이유이다.

— 결론

이 장의 목적은 랑시에르가 민주주의와 포용에 관한 현재의 논의에 기여한 점을 자리매김하는 것이었다. 랑시에르가 평등을 주장하는 것은 얼핏 보면 민주주의를 더욱 포용적으로 만들려는 더 넓은 야심의 일부라는 인상을 줄 수도 있지만, 랑시에르에게 있어서 평등은 최종의 목표로서가 아니라 정치의 출발점으로 작용하는 것이기 때문에 여기서는 민주화의 궤적이 민주주의와 포용의 영역에서 현재 진행되고 있는 연구와는 그 지점이 근본적으로 다르다는 것을 보여주려고 노력해 왔다. 랑시에르의 저서에서 민주주의는 '어쩌다가 출현하는sporadic' 것으로 나타난다(Rancière 1995a, p. 41 참조). 민주주의는 이따금 그리고 매우 특별한 상황에서만 발생하며 결코 통상적인 상황을 의미하지 않는다. 더욱이 랑시에르에게 있어서 민주화는 '인사이드–아웃inside-out'이 아니라 '아웃사이드–인outside-in'에서 작동하는 과정이다. 이러한 맥락에서 랑시에르는 기존의 민주적 질서의 확장만을 추구하는 양적 개념의 민주화가 갖는 한계를 드러내는 데 도움을 준다. 이와 관련하여 랑시에르의 저서는 양적 개념의 민주화 전략이 주어진 감각적인 것의 나눔 안에서만 작동하고 이 나눔의 질서 자체를 변경하거나 재구성하지 않는다는 것을 보여줌으로써 이러한 전략의 한계를 드러내는 데 도움이 된다는 것을 다시 한번 강조하려고 한다. 기존의 신분과 주체의 자리를 차지하면 중요한 이득이 있을 수 있다. 예를 들어, 특정한 성적 정체성을 가진 젊은이들이 '커밍아웃'하는 경우를 생각해보자. 랑시에르의 저서는 그러한 전략적 행동이 도움이 되지 않거나 필요하지 않다는 것을 주장하지 않으며 오히려 그 반대이다. 그러나 이러한 과정을 치안 질서의 재구성에 관한 과정과 구별하는 것은 후자의 경우에만 평등 자체의 운명이 판가름되는 반면, 전자의 경우에는 감각적인 것의 나눔이 영향을 받지 않은 채로 남아 있게 된다는 것이다. 이것이 엄격한 양적 변화에 대해서는 '민주주의'와 '민주화'라는 용어를 유보하고 감각적인 것의 나눔이라는 질적 변화에 대해서만 이 용어를 사용하고자 하는 랑시에르와 의견을 같이하는 이유의 하나다. 랑시에르는 민주주의와 포용의 논의에 개입함으로써 정치적 실천에는 다양한 접근이 있음을 보여주고 있을 뿐만 아니라 치안 질서의 재생산에 정치철학과 민주주의 이론이 어떻게 함축되어 있는지를 드러내고 있다. 따라서 이러한 랑시에르의 통상적이지 않은 관점은, 이 장의 서론에서 언급했던 정치이론 자체의 '스타일'에도 영향을 미친다. 이제 이 문제를 다룰 것이다.

5장

인정의 페다고지

제5장
인정의 페다고지

오늘날 사회적 투쟁은 일반적으로 인정에 대한 요구로 이해되고 있지만, 랑시에르가 볼 때 인정 투쟁은 정치적 핵심을 놓치고 있다. 말하자면 사회적 인정을 위한 투쟁은 정치의 문제라기보다는 치안 질서의 문제라는 것이 더 적절하다는 것이다. 이어지는 논의에서는 인정을 위한 투쟁이 어떻게 해방보다는 치안유지 패러다임 속에 안주하고 있는지를 좀 더 자세히 살펴볼 것이다. 랑시에르 자신이 실제로 명확히 표현하지는 않았지만 이 문제와 그의 사상과의 밀접한 관련성을 밝히는 방식으로, 특히 이와 관련한 그의 사상이 교육적으로 어떤 의미가 있는지를 밝히는 방식으로 관련 논의를 전개할 것이다. 인정의 패러다임이 어떻게 치안 유지와 연결되어 있는지를 보여주기 위해 교육을 하나의 도구로 사용할 것이다. 즉, 랑시에르의 교육 사상은 정치철학에서 진행되는 현재의 인정 논쟁이 사실은 정치보다 치안에 방점을 둔 무의미한 교수법의 일부임을 이해할 수 있는 구체적인 방식을 제시하고 있음을 보여주고자 한다. 따라서 이 장의 **한 가지 목표**는 인정에 대한 비판을 제시하는 것, 이미 언급한 랑시에르의 용어로 말하면, 인정의 정치에 대한 '개입'을 제시하는 것이다(Rancière 2009a, p. 116). 이러한 개입은 해방의 교육을 하나의 도구로 사용하여 인정의 정치가 어리석은 일임을 강조하는 방식으로 이루어질 것이다. 이어지는 논의의 **두 번째 목표**는 학문 활동 자체가 어리석음을 드러내는 경향에 주의를 기울이지 않고 이루어지는 데 대하여 보다 폭넓은 비판을 제공하는 것이다. 우리는 인정의 정치에 대해 랑시에르가 말한 소위 '논쟁'의 장을 만들면서 동시에 학술 연구를 특징짓는 질서에 대한 일반 의지에 대해서도 의문을 제기하고자 한다(Rancière 2009a, p. 116). 인정에 대한 개입은 인문학과 사회과학의 많은 연구에서 지속적으로 나타나는, 설명하려는 경향에 대한 개입으로 해석해야 한다.

정치철학과 인정/재분배 논쟁

인정의 정치에 개입하기 위해서는 현재 인정의 정치에서 무엇이 논란거리인지를 구체화함으로써 우리가 다루고 있는 주제의 매개 변수를 밝히는 것이 도움이 된다. 이를 위해 얼마 전부터 인정의 측면에서 정치에 대한 이해를 주창해 온 낸시 프레이저Nancy Frase와 악셀 호네트Axel Honneth의 저작을 살펴볼 것이다. 현재 정치철학에서 알려진 '인정 투쟁'은 사회적 '내재성' 안에서 어떤 '초월성'을 발견함으로써 비판이론의 기획을 더욱 진전시키려는 사회적 투쟁에 대한 설명이다(Fraser and Honneth 2003, p. 238). 이는 해방 운동을 일으킬 수 있는 사회적 형식(초월성)과 사회적 경험(내재성)의 결합을 포착하려는 시도이다. 따라서 긍정적 인정에 대한 인간의 욕구는 심리적으로 관찰 가능한 사실이자 불의를 바로 잡기 위한 이론적인 그리드grid로 간주된다. 정치철학에서 인정의 전통은 헤겔의 초기 예나 저술들 및 유명한 『정신현상학』(Hegel 1983, 1977)에서의 유명한 '주인/노예 변증법Master/Slave dialectic'으로 거슬러 올라간다.

이상에 소개한 내용들은 인정의 정치이론에 쉽게 입문하는 방법이다. 그러나 인정 이론을 간단한 문장으로 소개했지만 오늘날 인정에 관한 철학적 옹호자들 사이에 존재하는 커다란 차이에 주목해야 한다.

프레이저는 인정의 '초월성'을 확고히 다지는 데 있어서 헤겔에 크게 의존하지도 않았고 인정의 철학적 계보에도 깊은 인상을 받지 않았다. 대신, 그녀는 현재 진행되는 사회 운동에 주목하고 있다. 그녀는 소위 인정의 '대중적 패러다임folk paradigm'을 끌어들인다. '대중적 패러다임'은 사회운동과 정치 행위자들이 암묵적으로 전제하는 것으로, 불의의 원인 및 그 해결책과 관련하여 서로 관련된 일련의 가정들로 이루어져 있다(Fraser and Honneth 2003, p. 11). 프레이저에게 있어서 인정의 '대중적 패러다임'과 재분배의 '대중적 패러다임'은 오늘날 시민 사회의 투쟁을 알리는 두 가지 주요 논리이다. 따라서 인정과 재분배는

> 철학적 의미와 정치적 의미를 모두 가지고 있다. 이것은 철학적으로 볼 때 정치이론가들과 도덕 철학자들이 개발한 규범적 패러다임을 가리키며, 정치적으로는 공론장에서 정치 행위자들과 사회운동들이 제기하는 일련의 요구들을 지칭한다. (Fraser and Honneth 2003, p. 9)

이와 같이 프레이저의 인정 분석에서는 비판 이론의 '초월성'보다는 그 '내재성'에 더 관심을 갖는다.[1] 그러나 프레이저는 이렇게 내재성에 초점을 맞춤으로써 독자들로 하여금 미묘한 인정의 단계를 이해할 수 있게 해주는 몇 가지 예리한 분석 도구를 얻을 수 있었다. 예를 들어, 그녀는 정체성 인정 또는 정체성 무시의 특정 사례를 설명할 수 있었지만 동시에 인정을 위한 투쟁은 자원 분배를 위한 투쟁과 결코 분리될 수 없음을 보여주고 있다. 이러한 의미에서 프레이저의 내재성에 대한 접근은 헤겔의 현상학적 전통이 간과한 생생한 특수성을 보여준다.

특정 사건에 집중하는 프레이저가 사례 하나를 제시하고 그녀의 분석 기술이 구체적 사례에서 어떻게 적용되는지를 알아보려면 프랑스의 머리 스카프 금지[2]에 대한 인정 추론을 살펴보는 것이 도움이 된다(그리고 '교육적'이다).

> 풀라르foulard(머리 스카프를 뜻하는 프랑스어)에 대한 프랑스인들의 논쟁을 검토해보자. 프랑스의 일부 공화주의자들은 풀라르 자체가 [여성] 종속의 표식이며 따라서 인정을 거부해야 한다고 주장해왔다. 그러나 일부 다문화주의자들은 이러한 해석에 이의를 제기하면서, 보다 일반적인 측면인 젠더 관계와 마찬가지로 스카프의 의미가 오늘날 프랑스 이슬람 공동체에서 크게 논쟁거리가 되고 있다는 주장에 다시 합류했다. 따라서 이 스카프를, 남성 우월주의자들에게 이슬람을 해석할 수 있는 유일한 권한을 실질적으로 부여하는 획일적인 가부장제로 해석하는 대신, 국가는 파울라르를 과도기에 있는 무슬림 정체성의 상징으로 받아들여야 한다는 것이다. … 내가 보기에 다문화주의자들은 여기서 더 강한 주장을 하고 있다. (Fraser 2003, pp. 41-42)

여기서 인정에 대한 프레이저의 설명에는 몇 가지 주목해야 할 점이 있다. **우선**, 그녀는 자기실현보다는 참여 동등성에 기초하여 인정에 대한 현실적 접근을 지지하고 있다. 이는 긍정적인 인정이 단지 인간의 번영을 증진하기 때문에 그 자체로 최종 목표가 되어야 한다는 주장이 아니라는 것을 뜻한다. 그가 취하는 참여 동등성 접근은 학생들의 자기 가치를 높이기 위해 파울라드를 착용하는 것을 옹호하지 않는다는 것을 의미한다. 반대로 프레이저는 상이한 문화적 지위의 속성에 대해 숙고하기 위한 단서로 풀라르를 받아들인다. 참여 동등성에 대한 규범은 해석의 차이에도 불구하고 문제의 문화적 또는 종교적 관행에 대한 윤리적 평가를 필요로 하지 않으며 인정에 대한 이러한 주장을 의무론적으로 평가하는 역할을 한다(Fraser 2003, p. 42).

둘째, 프레이저가 볼 때 풀라르는, 인정 투쟁이 소위 '문화적 또는 상징적' 수준에서 가장 적절히 발생한다는 것을 상기시키는 역할을 한다. 그녀가 말했듯이,

> 문화적 불공평에 대한 해결책은 … 일종의 문화적 또는 상징적 변화이다. 여기에는 존중받지 못한 정체성과 비난받는 집단의 문화적 산물을 상향적으로 재평가하는 것이 포함될 수 있다. 또한 문화적 다양성을 인정하고 긍정적으로 평가하는 것도 요구된다. 좀 더 근본적으로 말하자면, 모든 사람의 자아감을 변화시킬 정도로 표상과 해석 및 의사소통의 사회적 패턴을 전면적으로 변혁시키는 것도 포함될 수 있다. 이러한 해결책들은 서로 크게 다르지만, 앞으로는 '인정'이라는 일반적인 용어로 그들 집단 전체를 언급할 것이다.
> (Fraser 1997, p. 15)

이러한 인정이 상징적이며 문화적이라는 것은 프레이저의 '관점적 이원론'[3]의 핵심이다(Fraser and Honneth 2003, p. 64). 그녀는 이런 식으로 '상징적인 인정'과 '물질적인 재분배'를 다른 것으로 구분하고 있다. 이것은 인정을 위한 투쟁이 물질적 측면을 수반하지 않으며 재분배를 위한 투쟁이 상징적 측면을 수반하지 않는다는 의미가 아니다. 프레이저는 구체적이고 생생한 투쟁에 세심한 주의를 기울임으로써 인정과 재분배를 통해 상징적인 것과 물질적인 것의 결합을 추구한다. 그녀가 지적했듯이 '가장 물질적인 경제 제도조차도 본질적이고 환원할 수 없는 문화적 차원을 가지고 있다. … 반대로 실체가 없는 문화적인 관행에도 구조적이고 환원할 수 없는 정치 경제적 차원이 있다'(Fraser 1997, p. 15). 그럼에도 불구하고 프레이저에게 있어서 인정은 가장 순수한 형태에 있어서, 그리고 정치 분석의 목적에 비추어 볼 때 문화와 상징의 문제이다.

풀라르에 대한 프레이저의 설명에서 중심을 이루는 **또 하나의 측면**은 문화를 가변적인 것으로 보는 것이고, 따라서 인정을 잠재적으로 변혁적인 것으로 이해하는 것이다. 그녀는 변혁적 인정과 긍정적 인정을 대조적인 것으로 이해하며, 다음 표와 같이 전자를 해체와 연결하고 후자를 주류 다문화주의와 연결한다.

이 표에서 분명히 드러나듯이, 인정 투쟁이 있는 상황의 뉘앙스를 설명하기 위해 구체적이고 생생한 경험을 활용하는 프레이저의 예민함은 학문적 이론화를 바로 인정 투쟁과 연결하는 예리한 능력과 일치한다. 이 경우 그녀의 주류 다문화주의와 해체주의의 대중적 패러

	긍정	변혁
재분배	**자유주의적 복지 국가** 기존 집단에 존재하는 재화를 표면적으로 재할당 집단 분화 유지 무시 초래 가능성 존재	**사회주의** 생산 관계의 심층적 재구조화 집단 차별의 희석을 통해 일부 형태의 무시를 개선하는 데 도움 될 수 있음
인정	**주류 다문화주의** 기존 집단의 기존 정체성에 대한 존중을 표면적으로 재조정 집단 차별화 유지	**해체주의** 인정 관계의 심층적 재구조화 집단차별의 불안정 초래(Fraser 1997, p. 27)

다임은 상징과 물질성의 경우와 거의 같은 방식으로 변증법의 전형으로 작용한다.

물론 인정 투쟁은 그 자체가 하나의 투쟁이다. 프레이저는 상징이나 물질성의 어떤 상태도 인정 투쟁과 정확하게 일치하지 않는다고 주장했지만 인정 투쟁 자체는 랑시에르가 말하는 '사회적 자의성'을 수반한다고 할 수 있다(Fraser 1995, p. 71). 인정 투쟁 자체는 사회적 연속성이라는 허구에 의해서만 지탱되는 논쟁의 패러다임이다. 호네트는 프레이저가 지나가는 말로 언급한 철학적, 역사적, 심리적 전통의 확고한 근거를 인용하면서, 인정의 초월성과 내재성을 프레이저보다 더 심도 있게 파악하고 있다고 주장한다. 그는 프레이저보다 더 확실한 초월성을 주장한다.

여기서 [프레이저]의 오류는 비판적 사회 이론이 규범적으로 의미 있는 문제 영역을 진단하기 위해서는 '사회 운동'을 일종의 경험적으로 확인 가능한 지침으로 사용해야 한다는 암묵적 전제에 있다. 이러한 과정에서 철저히 간과되고 있는 것은 '사회운동'으로 공식 지정되는 것 자체가 인정을 위한 지하투쟁의 결과라는 사실이다. (Fraser and Honneth 2003, p. 120)

따라서 호네트는 인정 투쟁을 모든 정치적 행동의 기초로 판단한다. 그는 프레이저가 실행한 분석의 뉘앙스를 '일방적'이고 '미국의 경험을 과도하게 일반화한 것'이라고 비난한다(Fraser and Honneth 2003, p. 118). 호네트가 볼 때 요구되는 뉘앙스는 모두 헤겔의 철학적 뉘앙스와, 마르크스주의 계급투쟁의 역사적 뉘앙스 그리고 위니콧D. W. Winnicott 과 미드George Herbert Mead의 심리적 뉘앙스에서 기원한 것이다. 요컨대, 호네트는 프레이저의 특정 사례(프랑스에서의 풀라르 논쟁과 같은 것인데, 이는 미국의 경험을 정확히 일반화한 것이 아님)에 대해 그 조건을 달기보다는 인정 투쟁의 고전적인 패러다임을 따르고 있다고 공격한다.

인정에 대한 호네트의 설명은 사회적 고통이 어떻게 윤리적, 사회적, 정치적 이론의 근거가 될 수 있는지 보여준다. 그는 자아실현의 관점에서 출발하여 인정을 '보편적 인간 욕구의 충족'으로 간주한다.[4] 이러한 인정의 욕구는 세 가지 수준의 사회적 상호작용에서 목소리를 낸다.

인정 질서의 혁명으로 가능해진 새로운 형태의 개인적 자기 관계라는 측면에서 볼 때, 이는 부르주아 자본주의 사회의 주체들이 계급과 성별에 따른 지연은 있지만 **친밀한 관계, 법률관계** 그리고 최종적으로 **느슨한 사회적 관계**라는 세 가지 다른 태도로 자신을 지칭하는 것을 배웠음을 의미한다. 여기서, 느슨한 사회적 관계에서는 부르주아 사회의 주체들이 일방적으로 해석된 업적 원칙의 지배를 받으며 직업의 지위를 둘러싼 경쟁을 벌인다. 그들은 원칙적으로 자신을 사회에 가치 있는 능력과 재능을 소유한 주체로 이해하는 법을 배운다. (Fraser and Honneth 2003, p. 142)

따라서 호네트는 인정을 시작점과 종결점으로 가정한다. 사회적 고통은 사랑, 법률 또는 정치적 행동의 영역에서 시작된다. 그리고 이 고통은 긍정적 인정의 감정을 회복시키는 다양한 조치를 통해 이 세 가지 영역에서 해결될 수 있다.

상징과 물질성의 변증법을 주장한 프레이저와는 대조적으로, 호네트는 무시를 감정의 원천으로 다룬다. 개인으로 하여금 가정에서의 존엄성, 법률 체계에서의 권리 및 사회 전반에서의 지위를 위해 투쟁하도록 하는 것은 고통을 야기했을 수도 있는 잘못된 형태의 표현이라기보다는 사회적 고통 그 자체이다. 따라서 인정은 감정의 문제이다. 더욱이 이 세 영역 중 어느 하나에서의 인정 투쟁은 물질적인 해결책을 요구할 수 있기 때문에, 호네트로서는 교육의 목적을 위한 경우조차도 재분배와 인정을 그다지 명백하게 구별할 필요가 없었다. 대신, 인정은 사회적 고통에서부터 자기실현에 이르는 연속선상의 시작점이자 종결점이기 때문에 재분배는 인정과 상충되기보다는 인정에 필수적이다. 그런데 흥미롭게도 호네트의 프로젝트에는 중요한 언어적 요소가 있다. 호네트는 사회적 고통이 표현도 되지 않고 너무 자주 경험되어 왔다고 우려하기 때문이다. 사회적 고통은 오랫동안 사회운동의 원인이자 목적이었는데, 호네트는 자신을 사람들로 하여금 무시의 느낌과 사회적 행동 간의 관계를 언어로 분명하게 밝혀 주는 '도덕적 문법'의 대변인 혹은 사실상의 교사로 생각하고 있다. 따라서 그의 작업은 감정과 행동 사이의 '의미론적 다리'를 구축하는 것으로 간주된다. 말하자면 그의 연구는 헤겔^{Hegel}과 미드^{Mead}, 그 외 여러 사람들이 이론적으로 확인한 일상적인 무시의 감정에 대한 어휘목록을 구성하는 것이다. 프레이저는 인정을 표현과 해석의 문제로 보는 데 반해서 호네트는 이를 표현과 해석이 필요한 문제로 해석하고 있다.

인정에 대한 호네트의 설명은 주로 심리적이며 기껏해야 원론적인 것이기 때문에 상징의 영역을 가변적인 것으로 볼 수 있는지, 따라서 인정이 담론의 변혁으로 이어질 수 있는지 여부를 식별하기가 어렵다. 프레이저는 이 점에 대해 확실하게 호네트를 비판하고 있다. 그녀가 보기에 호네트는 사회적 고통을 획일적으로 이해하고 있기 때문에 그의 입장을 '인정 일원론^{recognition monism}'이라고 비난하는 것이다 (Fraser and Honneth 2003, p. 215).

> [호네트가] 경험의 층위에 호소하는 것은 경험적이면서 동시에 원론적이기 때문에 일관성이 없다. '이미 주어진 신화'의 사례와 같이 그의 호소는 규범적 담론들을 통하지 않고는 도덕적 경험에 결코 접근할 수 없다는 사실을 인식하지 못하고 있다. 왜냐하면 규범적 담론들은 사회적 행위자의 경험뿐만 아니라 그것을 연구하는 이들의 관점에도 반드시 스며들게 되어 있기 때문이다. (Fraser and Honneth 2003, pp. 204-205)

모든 사회적 행동의 기반을 인정에 두는 호네트의 주장은 보고 말하고 행동하는 것이 변화될 여지를 거의 남기지 않는 것 같다. 왜냐하면, 호네트의 주장을 따를 때 그러한 변화는 개인적 상처에 대한 그의 초월적이고 심리적 설명을 재구성하는 것에 제한을 받으며, 개인적 상처에 대한 그의 심리적 설명은 추정으로 여겨지는 모든 사회적 행동의 원인을 **고정불변의 것으로 과도하게 결정**하기 때문이다. 그 결과 상징적/문화적 영역에서 보고 말하고 행해지는 대부분의 것들은 당연한 것으로 추정되는 인정이라는 대인 관계 심리의 초월성으로 미리 고정된다. 요컨대, 사회적 행동의 이유는 논쟁의 여지가 없어지는 것이다. 호네트와 헤겔, 미드 및 다른 사람들이 그런 이유들을 이미 결정해 버렸기 때문이다.

랑시에르의 정치와 인정의 치안

랑시에르의 저서를 이용하여 모든 정치철학을 대충 평가절하하고 그 연장선상에서 프레이저와 호네트의 노력을 간략하게 무시하는 것은 구미가 당기는 일이기는 하다. 다음과 같은 랑시에르Rancière의 말을 떠올리고 싶은 생각이 든다. '소위 "정치철학"이라는 것은 철학을 통해 정치를 제거하고 정치력의 발휘에 특유한 사상적 스캔들을 억누르려고 하는 일련의 반성적 작업일 수 있다'(Rancière 1999, p. xii). 이런 맥락에서 우리는 정치철학의 전통을 간단히 무시할 수 있으며, 따라서 랑시에르가 규정한 대로 정치를 죽이려는 이러한 전통의 주요 부분으로서 프레이저와 호네트 같은 학자들의 주장도 평가절하

할 수 있다. 이와 관련하여 랑시에르는 다음과 같이 지적한다.

> 나는 정치철학자가 아니다. 정치철학에 대한 나의 관심은 정치의
> 기반에 관한 질문들에 있지 않다. 나에게 있어서 정치철학을 탐구
> 한다는 것은 정치철학에 의해 정책과 정치철학의 문제점 혹은 장애
> 물로 드러나고 지적된 것을 정확히 조사하는 것이었다. 왜냐하면
> 각각의 기반에서 확인되는 것은 정치 그 자체일 수도 있지만 다른
> 것일 수도 있으며 올바른 정책의 질서를 방해하는 어떤 것일 수도
> 있다고 생각했기 때문이다. (Rancière 2003b)

앞에서 살펴보았듯이 정치철학과는 달리 정치는 치안 질서에 딴지
를 건다. 그것은 감각적인 것의 나눔을 재구성함으로써 다른 목소리
를 낸다. 프레이저와 호네트의 저서는 기존 목소리의 질서를 해체한
다기보다는 거기에 질서를 부여한다고 말할 수 있다. 그것은 정치의
일이라기보다는 치안 유지의 일을 하고 있는 것이다. 이러한 일은
일찍이 플라톤이 시작했던 전통과 맞닿아 있다. 이는 심리학과 사회
학의 질서유지 담론을 그의 공화국에 도입했던 것을 말하는 것이다.
앞에서(제3장) 다음과 같은 랑시에르의 주장을 살펴본 바 있다(제3장).

> 이 공화국은 보편적인 것으로서의 법이 아니라 법을 끊임없이 그
> 정신으로 번역하는 교육에 기반을 두고 있다. 플라톤은 … 공동체의
> 유대감을 내면화하는 것에 어울리는 과학, 즉 오늘날 심리학과 사
> 회학이라 불리는 개인 및 집단정신의 과학을 창안했다. (Ranciere
> 1999, p. 68)

사실, (프레이저와 호네트 같은) 인정 이론가들이 공언한 목표가 한편으로는 플라톤에 의해, 다른 한편으로는 아리스토텔레스에 의해 설정된 요인들 '속에서', 실제로는 이런 요인들 '사이에서' 작동한다는 점을 상기할 때 정치철학에 대한 이러한 전면적인 비판은 일리가 있는 것 같다. 프레이저가 설명했듯이 플라톤의 프로젝트는 '과거 철인왕들의 사고방식을 채택하고 있으며, 여기서 우리의 질문에 대한 해답은 전반적인 제도적 설계라는 유토피아적인 모습이든, 점진적인 개혁을 위한 정책 제안이라는 현실주의적인 모습이든 간에 일종의 청사진과 유사한 것이 될 것이다'(Fraser and Honneth 2003, p. 70). 이와 대조적으로 아리스토텔레스의 접근법에서는 '민주적 정의의 관점을 가정으로 받아들여 정의의 요건들을 가장 잘 충족시키는 방법에 대한 시민들의 토의를 촉진하려고 한다'(Fraser and Honneth, 2003, p. 70). 프레이저는 플라톤과 아리스토텔레스 사이에서 중용을 취함으로써 양극단의 함정을 피하려고 한다. 그녀는 자신의 저서에 대해 언급하면서 '이론적 논쟁이 정당하게 종결되고 대화적 판단이 시작되어야 하는 시점'을 식별함으로써(Fraser and Honneth 2003, p. 71) '독백주의의 스킬라Scylla of monologism와 절차주의의 카리브디스Charybdis of proceduralism[5]를 모두 피하는 것'이 목표(Fraser and Honneth 2003, p. 72)라고 말한다.

그러나 프레이저가 플라톤과 아리스토텔레스 사이에서 줄타기 하는 것은 랑시에르의 사상, 특히 '민주주의에 대한 철학의 뿌리 깊은 증오'에 대한 그의 설명을 헤아려 본다면 비판받을 수 있다. 랑시에르는 플라톤과 아리스토텔레스가 사실 진정한 민주주의의 혁명성radicality, 즉 제비뽑기에 의한 지배를 무력화하는 데 관심이 있었음을 보여준다.[6]

그는 정치를 무력화시키는 반정치적 anti-political인 이 두 체제를 각각 '아르케정치 archipolitics'와 '유사정치 parapolitics'라고 부른다. 랑시에르 는『불화』에서, 플라톤이 그 모델을 제공한 아르케정치는 공동체 원 형의 총체적 실현과 총체적 감성에 기초한 공동체의 프로젝트를 급 진적으로 드러내면서 정치의 민주적 구성을 끊임없이 대체한다고 주 장한다(Rancière 1999, p. 65). 플라톤의『국가론』은 피지배자들의 다양 한 능력에 따라 사회를 조직하는 것에 기초한 정치철학이다. 각 개인 에게는 가장 잘 할 수 있는 한 가지 특별한 것이 있으며, 그 한 가지는 각자의 몫이 될 것이다. 피지배자들의 능력은 고려되나 그들의 이익 은 고려되지 않는다. 이 계획에서 정치철학자들도 한 가지는 가장 잘 할 수 있다. 그들은 다른 사람들이 가장 잘 해내야 하는 것에 대한 아이디어를 생각해낸다. 반면에 유사정치에서는 피지배자들의 중심 적 위치를 인정한다. 비록 그들이 지배자에게 봉사한다는 이유만으 로 이러한 중심성이 인정되는 것이기는 하지만 말이다. 알다시피 아 리스토텔레스의 해결책은 [유사정치적] 문제를 해결하는 것이다. 따 라서 폭정을 유지하는 유일한 방법은 폭군이 법치주의에 복종하고 국민의 물질적 개선을 진척시키는 것이 될 것이다(Rancière 1999, p. 73). 아르케정치와 유사정치는 둘 다 진정한 민주주의의 스캔들을 피하기 위한 프로그램을 제공한다. 전자는 서로의 원활한 통합을 통해, 후자 는 그렇지 않았다면 폭군을 전복하려던 사람들의 물질적 개선을 통 해 제공된다. 아르케정치와 유사정치의 계보가 그다지 환영받지 못 한다는 점을 감안할 때, 사실 이러한 계통을 자랑으로 삼는 정치철학 의 프로그램을 비판하는 것은 분명 구미가 당기는 일이다.

이런 맥락에서 정치철학이 진정한 민주주의를 희생시키면서 아르케정치와 유사정치의 양극단 사이에서 끊임없이 작동하는 방식의 또 다른 예로서, 호네트와 프레이저가 서로의 주장에 대해 비판한 내용을 검토해볼 수 있다. 앞서 언급했듯이 호네트와 프레이저는 각자 비판이론의 전통에 기대어 초월성과 내재성 사이의 미묘한 상호 작용을 이끌어내는 중요한 기준에 부응하지 못한다고 상대를, 서로를 비난한다. 사실 이렇게 설명하고 있는 비판이론이 관심을 갖는 것은 아르케정치와 유사정치 간 공간의 이론적 예시, 즉 아르케이론architheory과 유사이론paratheory의 공간일 뿐이다. 아르케이론은 정치가 진행될 청사진을 충실하게 제공하는 것이다. 이론은 그 이론을 가장 잘 아는 이론가로부터 나온다. 유사이론에 따르면 이론은 그 이론에 관심을 갖는 사람들에 의해 해명되어야 한다. 이는 전제군주의 인식이다. 비판이론은 부당한 대우를 받는 자들을 대상으로 하기 때문에 부당한 대우를 받는 이들의 말에 귀를 기울임으로써 그 관심사의 특수성으로 인해 문제가 간과되지 않도록 해야 한다. 호네트의 입장은 프레이저보다 아르케이론에 한층 더 가까운데, 호네트는 프레이저가 북미의 특정한 무시의 사례에 너무 많은 관심을 기울였기 때문에 '초월'의 의미를 정당하게 평가하지 않았다고 비난한다(Fraser and Honneth 2003, p. 238). 즉 프레이저는 아르케이론에 충실하지 않고 부당한 대우를 받는 사람들의 말을 너무 많이 듣는다는 것이다. 다시 말하면 그녀는 부당한 대우를 받는 사람들을 배려하지 않아서가 아니라 이론에 충실하지 않아서 오류를 범하고 있다는 것이다. 반대로 프레이저는 아르케이론보다 유사이론에 더 가까운 입장을 유지하면서 호네트를 비난한다. 호네트는 부당한 대우를 받는 사람들의 말에 귀를 기울이지 않음으로써 '독백주의 스킬라'의 희생양이 된다는 것이다 (Fraser and Honneth, 2003, p. 72).

인정에 대한 논쟁의 범위를, 식별 가능한 '민주주의의 증오'로 틀이 잡힌 정치이론과 관련된 모든 논쟁의 일부로 한정하여 진행하는 것은 가능하고 아마도 합리적일 수도 있지만, 이와 달리 랑시에르의 정치적 사고보다는 그의 교육적 사고를 활용하는 방식으로 진행하는 것도 가능하다. 위에서 정치에 대한 랑시에르의 저서에 있어서 몇 가지 신조, 즉 정치철학 자체의 평가절하, 정치와 치안의 구분, 아르케정치와 유사정치의 관행 등을 다룬 바 있다. 앞에서 우리는 이러한 신조의 노선을 따라 인정 논쟁을 분석하는 것이 매력적이라고 주장한 바 있다. 랑시에르의 정치적 관점에서 볼 때, 인정은 분명 정치와 관련하여 비판하기 쉬운 정치철학적 담론의 일부이다. 왜냐하면 랑시에르는, 정치철학이 그 실천뿐만 아니라 계보에서도 소위 '정치'의 문제가 아니라 치안유지의 문제임을 드러냄으로써 정치철학 비판의 기준을 세웠기 때문이다. 그러나 인정과 관련하여 무엇이 정치적이고 무엇이 정치적이 아닌지, 누가 진정 비판 이론가이고 누가 아닌지, 아르케정치와 유사정치 사이의 스펙트럼에서 자신을 어느 지점에 위치시킬 것인지에 관한 성인들의 논쟁에는 암묵적으로 아이가, 즉 취학 중인 학생이 숨겨져 있다. 여기서 우리가 살펴보고자 하는 것은 랑시에르의 정치철학 연구에 동반되고 있는 교육적 장치이다. 이 장치는 인정에 대한 정치적 담론을 다른 관점에서 이해할 수 있는 방식을 제공한다. 이는 정치에 관한 랑시에르 저서의 핵심 신조에 안주해

버린다면 간과될 수 있는 방식이다. 이것은 한편에서 전체적으로는 정치철학, 특수하게는 인정 논쟁과, 다른 한편에서 랑시에르가 개괄한 정치 사이에는 공통의 비교 기준이 존재하지 않는다는 앞서의 코멘트를 평가절하하기 위한 것이 아니라, 랑시에르와 같이 경계를 초월하여 교육의 영역을 이론화하려는 것이다.

정치철학의 페다고지

교육 영역에서의 인정에 관한 논쟁에 참여하면서 랑시에르가 플라톤 정치철학의 출발을 '아르케정치'와 더불어 '아르케정치의 페다고지'로 특징지은 점을 살펴볼 필요가 있다. 랑시에르에 따르면 '공화국이란 개념과 교육의 프로젝트, 그리고 개인 및 집단의 정신에 관한 과학의 발명이 어떻게 아르케 정치적 장치의 특징으로 함께 묶이는지를 아는 것이 중요하다'(Rancière 1999, p. 69). 교육의 프로젝트 자체가 아르케정치 프로젝트 및 유사정치 프로젝트와 얽혀 있다. 그리고 랑시에르는 이러한 교육의 프로젝트가 단순히 과거를 이해하는 방식이 아니라는 것을 상기시킨다.

> 시민의 보편주의가 사라진 것으로 추정되는 낙원인 쥘 페리 공화국은 아르케정치 프로젝트의 유산인 인문학과 사회과학의 그늘에서 태어났다. 학교 시스템과 공화국은 최근에 와서야 심리학과 사회학에 의해 왜곡된 것이 아니다. 그것들은 단지 심리학과 사회학의 브랜드를 바꾸었을 뿐이며, 지식 분배 체계 내에서 개인과 집단의 정

신에 대한 가르침이 작동하는 방식을 변화시켰고, 교육적인 숙달의 관계와 지식의 민주적 순환이라는 무정부 상태, 그리고 인격과 도덕 간의 조화로운 공화주의적 발전을 재분배했다. (Rancière 1999, p. 69)

이 구절은 약간의 논평이 필요하다. 어쩌면 랑시에르는 현대 교육 제도의 실추를 설명하고 있다. 최근 프랑스 교육 시스템에 대해 보수주의자들이 비판한 대상은 심리학과 사회학이었다. 즉 그들은 진보적인 교육이, 개인적, 사회적 차원에서 교육을 지속적으로 개선한다는 명분으로 보다 유서 깊은 교육의 전통을 탈선시키는 패러다임이라고 비난해왔다. 랑시에르의 말을 빌리면 '공화주의 이데올로기에서 평등의 힘은 사회적 출신과 관계없이 모든 사람에게 균등하게 분배된 지식의 보편성에, 그리고 불평등한 사회의 영향으로부터 잘 차단된 학교에 존재하는 것이었다'(Rancière, 이 책, p. 19).

그러나 이 유서 깊은 교육의 전통은 '민주주의를 증오하는' 특정한 방식을 전제로 하는 일련의 정치적 가정을 바탕으로 자리 잡고 있는 것으로 이해하는 편이 더 적절하다. 말하자면 '공화주의' 형태의 교육 역시 여전히 정치철학의 원초적 요소, 특히 심리학적이고 사회학적인 두 요소의 구체적 사례로서 정신과 사회제도의 발전을 추구하는 것이다. 진보주의 형태이든 '공화주의 형태'이든 교육은 '지식의 민주적 순환이라는 무정부 상태'를 진정시키기 위한 노력이다(Rancière 1999, p. 69). 아르케정치와 유사정치를 양극단으로 태연하게 분리하는 정치철학과 마찬가지로 교육은 '국민의 물질적 개선을 촉진한다'고 주장하면서도 각 개인을 그의 특별한 능력에 따라 특정한 자리에 배치하려는 공동의 노력을 수반한다(Rancière 1999, p. 73).

랑시에르의 교육 분석에서 인정의 정치철학으로 옮겨가기 위해서는 그가 자코토로부터 얻은 특별한 교훈을 기억하는 것이 유익하다. 랑시에르에게 있어서 자코토는 교육을 해석하는 방식뿐만 아니라 역사의 특정 순간에 사회 질서를 해석하는 방식을 보여준다.

> 자코토 논쟁이 벌어진 때는 실제로 프랑스 혁명의 격변 이후 재구성된 사회 질서가 자리를 잡아가고 있던 시기와 일치한다. 그 시기는 '성취'라는 말의 의미 그대로 혁명을 성취하고자 하는 시대, 말하자면 군주제와 신의 초월성을 파괴하는 비판의 시대에서 자체의 내재적인 이성에 기초하여 사회가 '유기적' 시대로 넘어가고자 하던 시기였다. (Rancière, 이 책, p. 12)

학교는 이러한 내재성을 성취하기 위한 도구가 되어야 했다. 그러나 자코토는 학교의 이러한 역할이 어리석다는 것을 아는 사람을 상기시켜주고 있다. 보다 더 구체적으로 말하면, 그는 이러한 내재성을 성취함에 있어서 학교의 어리석음을 말해주는 또 다른 방법인 설명식 교수법의 어리석음을 아는 사람이었다. 민주주의는 항상 미움을 받아왔는데, 그는 설명적 질서를 '민주주의를 증오하는' 또 다른 방법으로 보았다. 랑시에르가 이 특별한 역사의 시점에서 얻은 교훈은, 국민교육은 단지 하나의 도구, 즉 사회 질서를 강화하기 위한 실질적 작동 수단일 뿐만 아니라, 실은 사회에 대한 하나의 '설명'이라는 것이다. 그것은 '평등'을 가시화함으로써 불평등을 재생산하는 방식으로 작동하는 알레고리인 것이다(Rancière, 이 책, p. 14).

그러므로 랑시에르가 자코토로부터 얻은 교훈은 부르디외, 파세롱등의 '재생산 이론가들'이 학교라는 형식으로부터 얻은 교훈과는 크게 다르다. 학교는 단순히 사회 질서를 반영하거나 재생산하는 기능만 하는 것이 아니라 보다 구체적으로 말하면 서구 민주주의 국가의 정치철학을 반영하는 기능을 한다. 오히려 학교는 사회에서 일어나야 할 모든 일이 '설명을 통해' 바로잡히거나 변화되거나 개선될 수 있다는 것을 '설명을 통해' 보여줌으로써 사회를 설명한다. 이런 식으로 설명이라는 관행, 주로 학교에서 시작은 되지만 사회 전체로 확산되는 관행은 설명 그 자체를 넘어선다. 그것은 또한 사회가 어떻게 기능해야 하는지에 대한 '작동하는 알레고리'이기도 하다. 이 작동하는 알레고리는 실제로 사회 질서를 반영하고 재생산하지만, 그것이 전부는 아니다. 그것은 사회 질서에 대한 특정한 방식의 설명적 이해를 재생산하기도 한다. 그것은 설명을 통해 이루어지는 모종의 자기 위안, 설명 자체로 인해 끊임없이 초래되는 불평등을 무시하는 자기 위안을 재생산한다. 이것이 '유아화된 휴머니티 humanity pedagogicized' 이다(Rancière 1991, p. 120).[7] 자코토를 통해서 우리는 다음과 같은 사실을 배운다.

> 따라서 설명에 의존하는 모든 사회 질서는 다른 모든 설명을 포괄하며, 특히 가르침에서 설명의 무익함과 위험에 근거한 지적 해방의 방법을 거부한다. (Rancière 1991, p. 105)

우리는 설명하는 사회라는 '사회에 대한 이러한 설명'의 의미, 즉 이와 같은 작동하는 알레고리의 의미를 파악하기 위해 랑시에르의 말을 그대로 받아들일 것이다. 이 설명의 알레고리는 무엇을 설명할 수 있을까? 이 설명의 알레고리는 그것이 설명하는 것을 어떤 방식으로 설명할 것인가?

사실 교육에 대해 그리고 교육을 통해 그 기틀을 마련한 설명 체제에 대해 이러한 질문을 할 수 있다는 것은 교육 사상에 대한 랑시에르의 독특한 공헌의 하나이다. 이것이 독특한 것은 바로 교육에 대해 일반적으로 생각하는 일반적인 방식을 뒤집기 때문이다. 무엇보다도 교육은 일반적으로 다른 학문 또는 다른 지식의 체제에 정보를 제공하는 실천이 아니라 다른 분야 또는 다른 지식의 체제로부터 정보를 제공받는 실천으로 여겨진다. 또는 재생산 이론의 경우와 마찬가지로 교육은 사회 규범과 헤게모니적 사고방식을 재생산하는 실천으로 간주된다. 아니면 비판적 저항 이론의 경우처럼 교육은 사회 규범과 헤게모니적 사고방식에 저항하는 활동 공간으로 이해된다. 랑시에르의 이러한 공헌, 즉 교육의 논리를 사용하여 교육과의 동일시를 가장 많이 거부하는 문제들을 밝히려는 이러한 실천 활동은 단순히 관찰에만 그칠 것이 아니라 실지로 활용해야 할 일이다. 랑시에르의 말을 그대로 받아들이려면 교육의 관점에서 정치철학에 대해 다음과 같은 질문을 던질 수 있어야 한다. 그렇게 하는 것은 교육이 아이로 남아 있어야 한다고 가정하는 것과 달리 하는 것, 즉 다른 생각의 갈래들이 자신에게 던지는 모든 질문에 대답하는 것을 의미한다. 오히려 교육이 주도적으로 질문을 던질 수도 있다. 우리가 제기할 수 있는 교육의 질문들은 다음과 같은 것들이다. 현 상황에서 교육적 설명의 알레고리는 정치철학에서의 인정에 대한 논쟁을 설명하는가? 인정 논쟁에서는 이것을 어떻게 설명하는가? 이것들이 인정에 대한 교육적인 질문들이다. 이러한 질문들은 교육이 성찰하고 재생산하고, 그리고 당연히 설명하는 것의 핵심, 즉 설명 그 자체로부터 도출된 것이다.

프레이저와 호네트의 가르침

랑시에르가 정치철학에서 학교라는 형식을 줄곧 강조한 것은 국가 혹은 정치적 통일체에 대한 논쟁이 단지 하나의 이론일 뿐 아니라 일종의 가르침을 구성한다는 점을 상기시켜 준다. 이것은 간과하기 쉬운 사실이다. 다시 말하면 정치철학에서의 논쟁이 단지 논쟁에 그치는 것이 아니라 **논쟁에 대한 가르침**을 수행한다는 사실은 지나치기가 쉽다. 앞서 랑시에르 정치사상의 핵심적 주장에 입각해서 정치철학을 비난하는 것은 '구미가 당기는 일'이라고 주장했던 것도 이 때문이다. 이 논쟁이 수행하는 것보다는 논쟁의 표면적인 논리를 살펴보는 것이 더 쉽다. 인정을 이론화하는 것은 문자 그대로 인정의 이론화이이지만 동시에 이 이론화는 하나의 가르침이다. 낸시 프레이저와 악셀 호네트가 『분배냐 인정이냐』라는 제목의 책을 집필하고 버소 출판사Verso Press에서 출판할 때, 그들이 한 일은 책 판매에서 인세를 얻는 것에 그치지 않는다. 그들은 자신들의 학문적 업적을 높이려는 것 이상의 일, 존경할 만한 학술 토론에 참여하는 것 이상의 일을 하고 있는 것이다. 프레이저와 호네트가 이러한 일들을 하는 과정에서 사실은 더 많은 일을 하고 있는 것이다. 한 마디로 프레이저와 호네트는 **독자들에게 모종의 설명적 가르침을 제공하고 있는 셈이**다. 그들은 플라톤의 아르케정치와 아리스토텔레스의 유사정치 이후 점점 더 정밀해지고 다양해진 심리학과 사회학을 제시해 온 학교라는 형식에 참여하여 초월성과 내재성의 양극단을 조율하는 일을 해 왔다. 인정 논쟁이라는 형태의 정치철학은 그 자체가 페다고지의 한 형태, 즉 '개인과 집단정신에 대한 교육의 프로젝트이자 과학의 발명'이다(Rancière 1999, p. 67). 그것은 '법을 끊임없이 그 정신으로 번역하는 교육'의 한 부분이다(Rancière 1999, p. 68).

무지한 교사가 아닌 다른 이들이 수행하는 모든 교육활동과 마찬가지로 인정의 교육활동 역시 설명의 방식으로 진행된다. 프레이저는 문화적 인정의 여러 측면과 그 카운터파트인 물질적 재분배에 대해서 설명을 한다. 그녀는 앞에서 살펴본 그리드에 세심한 주의를 기울이며 설명을 한다. 한 축에는 가르침의 대상인 물질의 재분배와 인정이 있고 다른 축에는 이 두 속성이 달성할 수 있는 특성으로 긍정 또는 변혁이 있다. 프레이저의 설명에 따르면, 재분배와 인정은 사실 유연한 연속선상에서 원형prototypical의 종착점으로 생각할 수 있다. 재분배에는 언제나 인정이 있고, 인정에는 언제나 재분배가 있다. 마찬가지로 긍정 및 변혁 역시 원형의 종착점으로서 역할을 하며 이는 발견적 목적으로만 사용된다. 긍정에는 언제나 변혁이, 변혁에는 언제나 긍정이 있다.[8] 프레이저 논의가 갖는 설명적 성격은 실제로 모든 학식 있는 교사가 학생들을 가르칠 때 설명하는 방식과 다르지 않다.

> 교수법의 논리는 사물의 불명확한 베일을 벗기는 행위로 나타난다. 그 형태는 위와 아래, 표면과 이면 사이를 옮기는 것이다. 설명자는 불명확한 심층을 투명한 표면으로 끌어올리며 반대로 표면의 거짓된 모습을 비밀스런 이성의 심층으로 되돌린다. (Rancière, 이 책, pp. 7-8)

프레이저는 재분배, 인정, 긍정, 변혁이라는 네 가지 이상적인 형태를 조명하면서 자신의 주장을 편다. 이러한 형태들은 분석 그리드에서 명확하게 표면으로 떠오른다. 따라서 프레이저의 가르침은 **첫째**, 이러한 이상적인 형태들을 **빛으로** 끌어올 수 있는 능력이 있기 때문에 무지한 교사가 아니라 유식한 교사에 적합하다. 그녀가 언급했듯이, '실질적인 목적을 고려할 때 사실상 종속과 관련된 현실 세계의 축들은 모두 이차원적인 것으로 처리할 수 있다'(Fraser and Honneth 2003, p. 25).

두 번째 특징은 그녀의 가르침에서 나온다. 분석 그리드를 설명하면서 그녀는 학습 주제에 대해서는 사전에 알고 있을지 모르지만 지식이 빈약한 그런 학생들을 무시한다. 앞에서 언급했듯이, 그녀는 자신의 그리드가 사회 투쟁에 참여하는 사람들이 무의식적으로 이미 사용하고 있는 재분배와 인정이라는 '대중적 패러다임'에 느슨하게 기반을 두고 있다고 설명한다. 대중적 패러다임들은 '사회 운동과 정치 행위자들이 암묵적으로 전제하고 있는 것으로, 여기에는 불의의 원인과 해결책에 대한 일련의 연관된 가정들이 담겨 있다'(Fraser and Honneth 2003, p. 11). 그러나 대중적 패러다임들에는 '오해의 소지가 있는misleading' '공통의 연상'이 있다(Fraser and Honneth 2003, p. 11). 그래서 프레이저는 『분배냐 인정이냐』에서 '앞으로 나는 이 공통의 연상에 대해 유보적인 태도를 취할 것이다'라고 하면서 논의를 시작한다(Fraser and Honneth 2003, pp. 11-12). 이런 까닭으로 가르침에 앞서 일어나는 혼란스러운 생각이 프레이저의 가르침에 의해 소멸된다. 모든 유식한 교사들이 그러하듯, 그녀는 한편에서 '학습된 이성의 질서가 지니는 수직적 깊이와 다른 한편에서 모르는 것과 아는 것을 비교하면서 근접에서 근접으로 옮겨가는 독학자들의 수평적 방식을 구분한다'(Rancière, 이 책, p. 8). 프레이저는 대부분의 교사들이 애써 언급하지 않는 것을 명확히 언급한다. 그녀는 학습된 사고와 그녀가 대변할 것으로 추정하는 사람들의 사고 사이에 유사점이 있음을 이해하지만 이러한 유사점은 피상적일 뿐이다. 사람들은 재분배와 인정에 대해 알고 있을지 모르지만, 그들의 지식은 '일련의 연관된 가정', '공통의 연상', '근접에서 근접으로'에 의해 창출된다. 그러나 사람들은 그런 지식의 논리를 알지 못한다. 이러한 논리에 대해서는 설명의 대가가 설명을 해주어야 한다.

셋째, 이러한 가르침에 의해 수행되는 설명 자체에 대한 가정이 있다. 그 가정이란 사회 질서는 설명될 수 있고 설명되어야 한다는 것이다. 앞에서 보았듯이 프레이저는 다음과 같이 가정한다. '실천적인 목적을 고려할 때 사실상 종속과 관련된 모든 현실 세계의 축들은 이차원적인 것으로 볼 수 있다'(Fraser and Honneth 2003, p. 25). 이것은 랑시에르가 모든 정치철학에서 확인하는 정돈된 지식에 대한 의지다. '사회적 자의성'은 자의적이지 않은 방식으로 설명할 수 있으며, 그러한 방식의 설명은 다른 사람들에게 유익할 것이라고 가정하는 경향이 있다(Rancière 1995a, p. 81). 이것이 플라톤의 아르케정치가 작동시킨 설명 패러다임이다. 다시 말하면, '플라톤의 공화국은 보편적인 법에 근거한다기보다는 끊임없이 법을 정신으로 번역하는 교육에 기반을 둔다'(Rancière 1999, p. 68). 사회 질서는 설명할 수 있고 설명해야 한다고 말하는 것은, 그것을 가르칠 수 있고 또 그래야 한다는 것, 그렇지 않았다면 대중적 패러다임을 사용했을 사람들은 사회 질서를 가르치는 교사가 제공한 패러다임 사용법을 배울 수 있고 또 그래야 한다는 것을 말하는 것이다. 결국『분배냐 인정이냐』같은 책을 쓰는 데 어떤 이유가 있는지 물어보는 것은 불필요한 일이다. 이 책은 사회 질서 자체를 설명하고 있다는 사실을 설명하면서 동시에 질서는 설명될 수 있고 또 설명되어야 한다는 사실을 설명하고 있다. 인정에 대한 논쟁은 그 자체가 하나의 가르침임을 증명한다. 모든 교육활동과 마찬가지로 '그것은 사회질서를 강화하는 실질적 작동 수단이다. 그것은 사실 사회에 대한 하나의 "설명"이다. 그것은 작동하는 알레고리다'(Rancière, 이 책, p. 14).

호네트의 작업 역시 설명의 방식으로 진행된다. 그가 공언한 목적은 한편에서 사회적 고통에 대한 개인적 경험과 다른 한편에서 사회적 행동 사이에서 '사회적 갈등의 도덕적 문법', 말하자면 '의미론적 다리'를 놓으려는 것인데, 이는 비판 이론의 난해한 연구 맥락에서만 의미가 있는 것이 아니다. 이러한 문법의 목적은 전형적으로 교수법의 문제이기도 하다. 이것은 아마도 처음에 새로운 인정의 언어에 유창하지 않을 것 같은 사람들에게 이러한 언어를 제공하려 한다는 점에서 교육적이다. 호네트는 이에 대해 다음과 같이 말하고 있다.

> 그러나 이런 상처받은 감정은 주체가 전체 집단에 전형적으로 나타날 수 있는 상호주관적 해석의 틀 내에서 이 감정을 분명히 표현할 수 있는 경우에만 냉정한 저항의 동기 부여 기반이 될 수 있다. 이러한 의미에서 사회 운동의 출현은 개인적인 실망 경험이 그 개인 자신뿐만 아니라 다른 많은 주체들에게 영향을 미치는 것으로 해석될 수 있게 하는 공유된 의미론의 존재에 달려 있다. (Honneth 1996, pp. 163-164)

'공유된 의미론'이라는 이 주제는 두 가지 의미에서 교육적이다. **첫째**, 호네트가 정치적 주체들에게 정치적 에스페란토를 '가르치는 것'을 목표로 한다는 점에서 교육적이다. 정치적 에스페란토[9]는 정치적 주체들로 하여금 자신들의 무시당한 감정을, 집단 전체의 주체들 중에서 그런 감정을 소유한 다른 구성원들의 전형적인 감정으로 이해할 수 있도록 한다.

둘째, 이 특별한 언어적 비유는 또한 무지한 교사의 방식으로 가르치는 사람과 설명의 대가처럼 가르치는 사람과의 차이점을 분명하게 드러낸다는 점에서 교육적이다. 무지한 교사의 경우는 자의성이 모든 언어의 속성이라는 것을 알고 있다. 자의성은 모든 아이들이 '가장 어려운 도제과정, 즉 세상에 태어나는 모든 아이들이 모국어라는 외국어 습득을 위한 도제과정'을 밟을 때, 해결해야 하는 속성이다(Rancière, 이 책, p. 30). 무지한 교사는, '말하는 존재가 한편으로는 언어의 자의성에, 다른 한편으로는 사회적 유대의 자의성에 희생양이 된다는 두 가지 다른 의미 사이에는 아무런 우연이 있을 수 없다는 것을 알고 있다'(Rancière 1995, p. 81). 아이가 언어의 자의적인 특성과 성공적으로 씨름하는 것은 무지한 교사에게 모든 주체가 평등하다고 가정할 권리를 준다. 반면에 유식한 설명자는 언어가 자의적이라는 것에 동의하지 않는다. 이러한 설명자는 학생의 언어 습득을 용이하게 하기 위해 교사가 만든 문법 또는 의미론에 따라 모든 언어를 체계화하고 가르칠 수 있다고 가정한다. 이 설명자는 아이가 모국어를 습득할 때 직면하는 자의성과 이 아이가 이 자의성을 배우는 과정에서 진행되는 '근접에서 근접으로'의 방식을 표준적인 과정이 아니라고 주장한다(Rancière, 이 책, p. 8). 설명자는 문법이 먼저 확정되어야 한다고 생각한다. 이러한 문법이 확정된 후에라야만 올바른 문법을 활용하여 올바른 가르침을 제공할 수 있다는 것이다.

그런 교사가 아니라 이런 교사라고 말할 수 있게 하는 것은 단지 호네트의 잘못된 비유 선택에 대해 장기간 숙고한 결과만이 아니다. 호네트가 다른 비유를 사용했더라도 그것은 중요한 일이 아닐 것이다. 그는 단순히 정치적 주체들이 자신의 개인적인 실망 경험을 해석하고 전달할 수 있는 '다리'나 '연결' 또는 '방법'을 확고히 하기를 원한다고 말했을 수도 있다. 해석과 의사소통이 언어에 있어서 자의성의 일부라는 사실은 호네트에게 여전히 미해결의 과제로 남는다. 인정 개념의 철학적, 심리학적, 사회학적 역사를 재구성하려는 호네트의 노력으로부터 어떤 교육과정이 도출되든, 이 교육과정을 무엇이라 부르든, 이를 언어라 하든 문법이라 하든, 그것은 여전히 설명적 가르침의 일부이다. 그러한 가르침을 받는 학생들은 이미 느꼈던 것을 이해하는 또 다른 방법을 배워야 하는 정치적 주체들이다. 호네트의 학생들은 실망감을 느끼는 이들이다. 호네트의 관점에서 볼 때 학생들은, 아이가 처음으로 언어를 경험하는 것과 같은 방식으로 이러한 감정을 경험했다. 이것은 호네트에게 불행한 사실이다. 설명의 대가에게 있어서 이것은 적절한 학습이 아니다. 이것은 '근접에서 근접으로' 진행되는 유치한 경험이다(Rancière, 이 책, p. 8). 호네트가 볼 때 정치적 주체들은 이런 식으로 배워서는 안 된다. 정치적 주체들에게는 적절한 교육과정, 적절한 문법이 필요하다(Honneth 1996, p. 163).

그러나 호네트가 설명자라면 적어도 진보적인 설명자라는 점에 유의해야 한다. 호네트는 인정의 문법을 구축하는 프로젝트의 명시적 목표가 정치적 주체로 하여금 자신의 사회적 고통에 대해 스스로 말할 수 있도록 하는 것이라고 설명한다. 그가 자세히 설명했듯이 그는 인정 패러다임과 관련하여 규범적이 되려고 했을 수도 있다. 그는 무시의 경험에 직접 호소함으로써 모든 사회적 모욕을 사회적 행동으로 변화시켜야 한다고 주장했을 수도 있다. 그러나 그는 무시에 관해 토론하는 문법을 정치 행위자들에게 제공하는 쪽을 선택했다. 그는 그들의 고통을 해결하려면 상징보다 물질에 더 많이 기반을 둔 치료법이 필요하게 될 가능성을 포함하여 다양한 뉘앙스의 사회적 고통에 대해 토론할 수 있는 문법을 그들에게 제공했다. 호네트가 말했듯이,

사회 집단이 물질적, 상징적 또는 수동적인 힘을 사용하여 전형적으로 경험하는 무례함과 위반에 대해 분명히 밝히고 보상을 요구할 것인지 여부는 철저히 미해결 상태로 남아 있다. (Honneth 1996, p. 163)

진보적인 설명자로서, 호네트는 학생들이 배울 문법을 제공한다. 그렇지만 학생들은 어떻게 그 문법을 사용할지에 대해 자유롭게 대화할 수 있다. 그들은 가장 민주적인 교실 수업 방식으로 서로 토론하도록 권장된다.

프레이저와 호네트의 저서를 설명적 교수법의 관점에서 설명한다고 해서 인정의 정치철학이 아무래도 너무 학문적이어서 '현실' 정치라는 보다 실제적인 세계와 연결되지 않는다는 것을 입증하려고 하는 것은 아니다. 물론, 그의 저서를 읽어보면 거기에는 아이러니하게

도 이 저서가 설명하려고 하는 바로 그 사회적 행위자의 삶과 어긋나는 모종의 학문적 느낌이 있는 것처럼 보인다. 프레이저가 정밀하지 않은 '대중적 패러다임'에 대해서 글을 쓸 때(Fraser and Honneth 2003, p. 11), 그리고 호네트가 자신의 '개인적 실망 경험'만을 이기적으로 감지하는 사회적 행위자들에 대해서 글을 쓸 때(Honneth 1996, p. 163), 이런 겸허한 태도를 현실과 동떨어진 전형적인 학문 연구자의 측면에서 생각할 수도 있다. 그러나 이러한 설명은 자주 사용되는 이분법, 즉 현실과 동떨어진 학자들과 그들의 서술 대상인 '현실'의 사람들 사이의 이분법조차도 설명적 논리에 기초하고 있다는 점을 놓치고 있다. 즉 그것은 '사회의 전체적인 유아화' 논리(Rancière 1991a, p. 133)에 근거하고 있다. 그 이유는 학계의 연구자들이 현실과 동떨어져 핵심을 놓쳤다고 비난받을 때 그러한 비난은 그 자체로 연구자가 현실과 접촉하기만 한다면 사회를 완벽하게 설명할 수 있다는 더 큰 설명적 가정의 속성일 뿐이기 때문이다. 앞서 언급했듯이 사회적 자의성이란 언어적 자의성과 마찬가지로 설명을 핵심과제로 삼는 조직이 격렬하게 논박하려는 대상이다. 설명의 논리에 따르면 학문적 담론은 사물의 질서를 설명하기 위해 노력하고 있기 때문에 항상 정도를 걷고 있다. 학문적 담론이 사물의 질서를 설명하는 데 도달하지 못할 수도 있지만, 그것은 다른 문제다. 원하는 목표에 도달하지 못한다면 그것은 '현실'로부터 너무 멀리 떨어져 있기 때문이다. 유아화된 사회에서는 학문적 담론이 오류를 범할 수 없다. 그것은 단지 현실과의 연결이 끊길 따름이다. 따라서 인정의 정치철학이 현실과의 연결이 끊길 수도 있다는 것은 여기서의 핵심이 아니다.

인정담론의 함정

지금까지 교수법이란 렌즈를 통해서 랑시에르의 정치론과 인정의 정치론 간의 차이를 설명했다. 특히 우리는 인정의 두 주요 지지자인 낸시 프레이저와 악셀 호네트 사이에서 벌어진 인정 논쟁을 살펴보았다. 우리는 이 논쟁을 하나의 가르침으로, 즉 논쟁 자체가 설명적 질서의 한 부분으로서의 가르침으로 이해하는 것이 더 적절하다는 것을 보여주었다. 이와 관련하여 우리는 단지 인정을 논하는 교사들이 빠지기 쉬운 함정을 보여주었을 뿐이기 때문에 프레이저와 호네트에 대한 종전의 독해가 인정 '그 자체'에 반하는 충분한 사례가 되지 않는다고 반론을 제기할 수도 있다. 말하자면 프레이저와 호네트가 인정에 대해 정당한 평가를 하지 않는다면 다른 누군가가 할 것이라고 반박할 수도 있다. '무지한 교사'가 인정을 가르치게 된다면 인정 자체가 훌륭한 정치적 선택으로 남는다고 말할 수도 있다. 또는 다음과 같이 질문할 수도 있다. 인정을 가르칠 수 있는 교사가 없다면 설명에 오염되지 않은 상태가 되어 실행 가능한 정치적 전략으로 남을 수 있는가?

이러한 견해를 지지하는 사람 중 하나가 장-필립 데랑티^{Jean-Phillipe} ^{Deranty}이다. 데랑티는 '자크 랑시에르의 인정 윤리에 대한 공헌'이라는 글에서 랑시에르의 사상과 인정의 정치이론 사이에는 상당한 유사점이 있다고 주장했다(2003). 데랑티는 인정에 관한 랑시에르의 공헌을 다음과 같이 요약, 제시하고 있다.

랑시에르는 인정의 윤리에 비판적 참여자의 입장을 취하고 있다. 그는 인간 공동체가 구조적으로 지배와 착취에 기반을 두고 있다는 돌이킬 수 없는 사실을 상기시킨다. 그러나 그는 또한 인정 투쟁을 인간 공동체의 또 다른 환원 불가능한 사실로 이해하는 도구를 제공한다. 실용주의적 평등 검증에 관한 그의 유연한 이론은 현대의 사회적, 정치적, 문화적 투쟁을 이해하고 분석하는 데 적합하다. (Deranty 2003, p. 153)

데랑티는 인정의 윤리와 랑시에르 정치이론 사이에는 구조적, 상호주관적, 언어적으로 유사점이 많이 있다고 생각한다. 데랑티에게 있어서 인정 투쟁의 헤겔적 유산은 오늘날 하버마스나 호네트 같은 학자들의 이론적 입장에 남겨져 있지만 이들도 헤겔의 변증법적 사고는 더 이상 받아들이지 않는다. 데랑티가 보여주었듯이, 헤겔의 지배와 착취가 지니는 핵심을 다루는 하버마스와 호네트의 방식은 적절하지가 못하다. '랑시에르의 정치 관련 저서가 갖는 매력은, 그것이 일종의 인정 윤리지만 지배와 착취 현상을 진지하게 다루며 이를 이론에 있어서 개념의 핵심에 둔다는 사실에 있다'(Deranty 2003, p. 150). 랑시에르의 논리는 명목상의 후계자들보다 헤겔 변증법의 정신에 더 가깝다. 왜냐하면 그것은 소외와 분리를 모든 화해 순간의 중심에 두기 때문이다(Deranty 2003, p. 150).

우리는 데랑티에 동의할 수도 있고 그렇지 않을 수도 있다. 예를 들어, 인정이론과 랑시에르의 사상 모두 정치가 투쟁과 불화에서 비롯된다고 주장한다는 점을 근거로 데랑티가 인정이론을 랑시에르의 정치사상에 비유하는 것은 확실히 옳다. 그러나 인정이론과 랑시에르의 정치사상 각각의 경우에 언어가, 인정의 무시가 드러나는 매개체, 즉 인정 투쟁의 수단이 되는 매개체이기 때문에 이런 비유를 하는 것은 분명 옳지 않다(Deranty 2003, p. 147). 그러한 주장으로는 언어의 자의성에 대한 랑시에르의 설명을 이해하지 못한다. 랑시에르의 저서에서 '기호의 숲'은 매개체나 도구와는 거리가 멀다. 언어는 인간이 보다 더 초월적이고 비언어적인 좋은 삶의 형식을 얻기 위해 도구적인 방법으로 사용하는 매개체가 아니다. 이러한 것들은 우리가 어떻게 데랑티에 동의할 것인지 그렇지 않을 것인지에 대한 간단하지만 확실히 불완전한 사례들이다.

그러나 랑시에르의 사상과 인정 사상이 유사하냐 그렇지 않으냐 하는 미묘한 문제에 대해 데랑티에 동의하거나 마느냐 하는 것은 아무런 의미가 없다. 이 문제에 대해 동의하든 안하든 그것은 이미 정치철학의 설명을 신봉하는 사람이 규정한 질서에 대한 어떤 의지를 따라가는 것이다. 말하자면 그러한 진리에 동의하거나 동의하지 않음으로써 우리는 다시 한번 설명의 대가master explicator로서 행동하는 것이다. 이는 비교와 대조를 드러내고, 보여주고, 말하고, 심연을 표면으로 끌어올리는 것이다.[10] 이것은 '진리와 환상을 분리하는 담론'에 참여하는 것이다(Rancière 2006a, p. 10). 랑시에르와 인정에 대한 오해를 바로 잡으려는 어떤 실천적 노력도 실은 인정의 가르침이라는 설명의 논리와 쉽게 분리될 수 없다. 인정에 대한 대화에 참여하게 되면 어쩔 수 없이 인정의 논리를 설명하는 사람들과의 대화에 발을 들여놓는다. 따라서 설명의 논리를 사용하여 대화를 하게 된다. 설명의 언어는 설명의 언어로만 대답할 수 있다.

사실 이것은 설명의 논리 혹은 페다고지 논리의 사회적 역할에 대한, 말하자면 '유아화된 사회'에 대한 랑시에르의 통찰이다(Rancière 1991, p. 133). 설명은 가르치는 교사만을 위한 논리가 아니다. 프레이저와 호네트는 인정에 대한 설명의 대가로 꼽힐 수 있지만, 설명의 논리에 의해 제한받는 것은 그들의 생각만이 아니다. 정치철학에 관한 대화에 참여하고자 하는 사람은 누구나 질서를 향한 의지에 사로잡힐 것이다. 이것은 프레이저와 호네트의 저서가 너무 학문적이며, 따라서 '현실의' 사람들과 접촉하지 않아서 그들을 비판하는 것은 아니라는 의미이기도 하다. 설명의 논리에 의해 제한받는 것은 학술 연구만이 아니다. 설명의 논리는 사회적 논리로서 특정 교사들만의 논리도 아니고 학문 연구자들만의 논리도 아니다. 더 넓게 보면 그것은 우리를 자유롭게 하기로 되어 있는 진리에 어떻게 도달해야 하는지에 대한 방향성의 논리이다. 그래서 인정의 진리와 같은 고지에 도달하려고 하면 정치철학의 사유를 이끄는 설명적 논리에 금세 빠져들게 된다.

따라서 랑시에르의 교육적 사고는 인정 담론에 참여하는 모든 사람들에게 '입장이 없는 관점은 없다there is no view from nowhere'는 사실을 일깨워줌으로써 정치철학을 가르친다. 그리고 사실 그러한 담론에 참여할 때는 구체적인 참여 방법이 존재한다. 랑시에르가 정치철학이 사회생활의 자의성에 질서를 부여하려 한다고 비판할 때, 그러한 질서는 특정한 방식으로 확립된다는 사실을 망각해서는 안 된다. 우리는 바보 만드는 교수법의 동향에 주의를 기울임으로써 이 특정한 방식을 배운다. 평등이라는 이름으로 불평등을 만들어냄으로써 질서가 확립된다고 하는 것으로는 충분하지 않다. 감각적인 것을 분할하여 누구의 목소리에는 귀를 기울이고 누구에게는 몫이 없도록 함으로써 감각적인 것이 확정된다고 말하는 것으로도 충분하지 않다. 우리가 이러한 말을 할 때, 불평등, 위계 구조 및 감각적인 것의 분할은 어쨌든 '외부'에서 또는 '권력자들'에 의해 확정된다는 것을 의미한다. 반대로 모든 불평등, 위계, 감각적인 것의 질서는 '설명'의 방식으로 확립된다. 말하자면 질서는 교사와 연구자의 업무와 같은 방식으로 확립되지만 이는 교사와 연구자의 일에 한정되지 않는다. 그리고 이렇게 질서가 확립되면 설명이 아닌 다른 말로는 질서에 반응할 수가 없다. 이는 우리가 랑시에르의 생각이 인정 투쟁에 적합한지 아닌지를 입증하려고 하다보면 치안 질서를 벗어날 수 없다는 것을 의미한다. 우리는 설명을 통해 앞으로 나아가야 한다고들 말한다. 랑시에르의 사고가 '일종의 인정의 윤리'를 제시하는 것이라고 말한다면 이는 랑시에르의 사고를 치안질서의 틀에 가두는 것이다(Deranty 2003, p. 150). 그러므로 랑시에르의 사상에 적합하거나 그렇지 않다고 입증될 만한 인정의 진리는 없다. 아니면 그러한 진리가 있을 수는 있지만 그러한 진리는 오직 설명의 논리를 통해서만 찾을 수 있다. 그런 경우에 어울리는 진리는 있을 것이다. 그러나 모든 설명적 진리와 마찬가지로 그런 진리는 우리를 자유롭게 하는 진리가 아니다. 그것은 중요한 곳에 도달하는 데 도움이 되는 진리가 아니다. 말하자면 설명적인 진보가 아닌 다른 진보의 길로 나아가게 하는 진리가 아닌 것이다.

6장

교육의 진리,
해방의 진리

제6장

교육의 진리, 해방의 진리

진리는 말로 표현할 수 있는 것이 아니다. 진리는 전체적이지만 언어는 그것을 조각낸다. 진리는 필연적이지만 언어는 자의적이다. 자코토의 가르침에서 보편적 가르침의 선언 이상으로 스캔들을 불러온 것은 언어의 자의성에 관한 이 명제였다.

(Rancière 1991a, p. 60)

서문

교육은 일반적으로 세 가지 방식 중 하나로 설명된다. 이는 대체로 전통적, 진보적, 비판적 교육 모형과 일치한다. 전통적인 프로젝트에서는 교육을 일련의 공통의 학습을 전파하기 위한 플랫폼으로 인식한다. 시민들은 이러한 학습을 통하여 공공 영역에서 사용할 공통의 언어를 공유할 수 있게 된다. 이러한 학습은 학생의 경험에서 이끌어낼 수도 있고 그렇지 않을 수도 있다. 왜냐하면 전통적인 교육은 학생들이 과거에 누렸던 사생활이 아니라 공공 영역에서 다른 사람들과 대화할 수 있도록 하기 위해 습득할 필요가 있는 공통의 지식과 관련되어 있기 때문이다. 진보적인 교육은 전통적인 이론과 동일한 자유주의 경향을 공유하지만, 진보주의자들은 사적인 경험과 공공생활 사이에 구축될 다리에 더 관심이 있다. 진보적 관점에서는 공공영역에서 시민들의 의사소통을 가능하게 하는 공통된 지식 체계를 만들고자 하는 욕구를 공유하지만 공통의 지식 체계를 각 개인의 특정 경험에서만 이해할 수 있다고 주장한다. 따라서 사적 경험을 공적 담론과 연결시켜야 한다. 한편 비판적인 관점에서 보면 전통적인 설명과 진보적인 설명은 모두 결함을 가지고 있다. 교육은 그 자체 국가가 불평등을 조장하기 위해 사용해 온 도구로 드러났기 때문에 더 이상 헤게모니에 종속되지 않도록 바뀌어야 한다. 요컨대 교육은 민주주의, 해방, 계몽을 더 이상 방해하지 않도록 재구성되어야 한다는 것이다.

이 세 가지 관점은 또한 진리의 상태 및 진리와 교육의 관계에 대해서도 각기 다른 가정을 가지고 있다. 사실 각각의 관점은 진리와 관련한 계몽주의 사상의 방향성과 부분적으로 맥락을 같이한다. 즉, 세 관점은 진리를 성취 가능한 교육 목표로 해석한다. 그러나 각각의 관점은 교육과 진리의 관계에 대해 다른 해석을 내놓는다. 전달 중심의 교육을 통해 학생들을 공통의 지식 체계에 노출시키는 전통적인 모델에 따르면 교육은 학생을 현재 위치하고 있는 지점에서 진리를 향해 나아가게 하는 것이다. 진리란 학생이 달성해야 하는 도착점이다. 그리고 공유해야 하는 것은 공통의 언어다. 진리는 직접적인 가르침을 통해 노출되어야 하는 대상이다. 반면에 진보적 관점에서 보면 진리는 모든 사람이 공유해야 하지만 실용적인 방식으로, 즉 경험에 호소하는 방식으로 공유되어야 한다. 진보주의자들은, 진리란 '어디론가 나아가는 데 활용할 수 있는 탈것(도구)'으로서의 관념이라는, 실용주의 진리론에 관한 윌리엄 제임스의 유명한 명제에 대체로 동의한다(2009). 다시 말해서, 교육을 통해 배워야 할 진리가 공동체에서 성공적으로 활용되려면(단순히 수동적으로 이해되는 것이 아니라) 각 개인 나름의 경험에 근거해야 한다. 한편 비판적 관점에 따르면, 교육은 직접적인 가르침을 통해 학생들을 진리로 데려갈 수도 없고, 경험에 호소함으로써 그렇게 할 수도 없다. 진리를 획득하는 것은 그렇게 쉬운 일이 아니다. 왜냐하면 진리는 이데올로기적 혼돈의 베일 속에 숨겨져 있기 때문이다. 학교가 사람들을 분류하고 위계를 만들 때, 즉 어떤 학생들을 다른 학생들보다 더 유리하게 교육할 때, 학교는 대개 실제로 하고 있는 것을 은폐한다. 진리는 사실 어떤 사람들에게는 특권을 주고 다른 사람들은 억압하는 이념적, 구조적 불평등 속에 존재한다. 따라서 비판적인 프로젝트는 교육의 가림막(그것이 전통적이든 진보적이든)을 제거하여 권력과 억압의 진리를 드러낼 수 있도록 하는 것이다.

그러나 중요한 것은, 교육에 대한 이 세 가지 지배적인 접근법 중 어느 것도 교육적으로 근거가 있는 진리관을 갖고 있지 않다는 것이다. 이 말의 의미는 교육에 대한 이 세 가지 접근법, 즉 전통적, 진보적, 비판적 관점은 모두 교육외적 사고에 근거한 진리관을 받아들인다는 것이다. 말하자면 세 접근법은 공통적으로 계몽사상의 객관주의 사상에서 유래한 진리관을 가지고 있다. 전통주의는 개개인이 공유할 수 있는 공적 공간에 대한 계몽사상의 관심에서 직접 도출된 진리관을 가지고 있고 진보주의 역시 동일한 관점이지만 여기에는 아이의 경험과 심리적 발달에 대한 관심이 더 들어 있다. 한편 진리에 대한 비판적 관점은 근본적으로 마르크스의 철학에서 비롯되었으며, 소위 교육에 있어서 '교통 수단적 진리관vehicular understanding of truth'이라는 것을 전통주의 및 진보주의와 공유한다. 즉, 비판적 교육이론에서는 전통적 교육이론 및 진보적 교육이론과 마찬가지로 교육은 학생을 움직여 진리에 도달하게 할 수 있다고 가정한다. 그러나 비판이론의 경우, 교육이 학생을 진리로 옮기기 전에 이데올로기적 혼돈의 베일을 먼저 제거해야 한다. 이러한 관점들은 교육과 관련한 진리에 대해 다양한 방식으로 사고하는 데 매우 중요하지만 진리의 지위를 교육의 기능으로 간주하지 않는다. 즉 교육에 대한 이 지배적인 접근법들은 교육 자체가 진리의 지위에 대해 가르쳐 줄 수 있는 것에 관심을 두지 않는다. 이 각각의 관점들은 교육이 진리에 대한 비유를 제공할 수 있는 가능성을 염두에 두지 않는다. 이 관점들은 모두 본질적으로 교육 자체의 작용과는 무관한 진리관을 받아들인다.

이 장에서 우리는 먼저 랑시에르의 저서를 가지고 교육 자체에서 도출한 교육적 진리관을 제시할 것이다. 그러나 이 말은 랑시에르가 교육사상가로서 이러한 진리관을 제시했음을 의미하지는 않는다. 또한 교육이 수행하는 것, 혹은 수행하지 않는 것에 대해 모종의 진리를 제시할 것이란 의미도 아니다(그렇게 할 것이라 믿기는 하지만). 뿐만 아니라 진리에 대한 전통적인 관점, 진보적 관점, 비판적 관점, 혹은 우리가 설명할 어떤 관점 중에서 어느 것이 가장 신뢰할 만한 것인지 말할 수 있다는 뜻도 아니다. 이 말은 학교의 일반적인 사회적 역할 뿐만 아니라 사물을 가르치고 배우는 방식을 통해 교육이 어떻게 진리에 대한 확실한 이해를 촉진하는지를 탐구하겠다는 것을 의미한다. 교육은 이렇게 진리에 대한 비유를 제공하고 이를 통해 진리에 대한 설명을 제시한다. 그러나 나중에 알게 되겠지만 랑시에르는 진리에 대한 이러한 교육적 비유의 작용을 보여주면서 동시에 이러한 비유를 반박한다. 대신에 그는 일반적으로 교육에 의해 알려지지 않은, 보다 더 불가지론적인 진리관을 내놓는다. 우리는 또한 랑시에르의 불가지론적 진리관을 그의 '새로운 해방 논리'와 연결할 것이다. 앞으로 살펴보겠지만, 진리에 대한 불가지론적 관계는 기대 이상으로 랑시에르의 해방 논리에 대해 더 근본적인 것임을 보여준다.

『페다고지』의 설명적 역할

교육이론에 대한 랑시에르의 가장 중요한 공헌은 『무지한 스승』에 제시하고 있는 보편적 가르침에 대해 보다 분명한 설명을 했다는 점이 아니라, 서구 민주주의와 서구 정치철학의 맥락에서 본 학교 교육의 형식에 대한 관심을 두었다는 점에 있다. 이러한 공헌의 중요성은 학교에는, 나아가 교수법 일반에는 교육이론에서 일반적으로 간과되는 기능이 있다고 말하는 것으로 간결하게 표현할 수 있다. 이것이 학교 교육이 가지고 있는 설명적 기능이다. 즉, 학교는 가르치고 배우는 기회를 제공하는 동시에 학교가 존재한다는 사실 자체로 무언가를 실행한다. 학교는 플라톤의 공화국에서 설명하고 있는 모델에 따라 그 기능을 계속 수행한다.

> 교육이 교사의 단순한 지시를 넘어서 시각 및 청각적으로 누구에게
> 나 열려 있는 것들의 코러스로 언제든지 제공된다고 해도 공화국에
> 서의 교육은 철저히 법률에 의해 지배된다. (Rancière 1999, p. 68)

공화국은 '아르케정치'의 질서를 설명하는 학교를 설립했기 때문에 원활하게 운영된다(Rancière 1999, p. 65). 서구 민주주의 국가에서 학교는 이런 설명적 기능을 계속 수행한다. 랑시에르에 따르면 학교는 이중의 역할을 하고 있다. 학교는 그 교육 방식이 전통적이든 진보적이든 비판적이든 간에 시민들을 교육할 뿐만 아니라 지식의 영역에서 사회의 정치적 질서를 반영하는 질서 유지의 기능을 수행한다. 랑시에르가 지적했듯이, 대가master 앞에 있으면서 아무것도 아는 게 없는 학생 혹은 학습자에게 지식을 전달하는 대가라는 관념은 사실 단순한 방법론이 아니라 우주론이다(Rancière 2004b). 학교는 **설명**을 실행함으로써 질서를 부여한다.

언뜻 보기에 어떤 교육은 랑시에르가 비난한 이 설명적 패러다임에 포함되지 않거나 최소한 그럴 필요가 없는 것처럼 보일 수 있다. 즉, 어떤 방법론은 다른 방법론보다 덜 설명적이기 때문에 플라톤의 공화국 이후로 학교를 이끌어 온 이 '작동하는 알레고리'에 속하지 않은 것처럼 보일 수 있다. 예를 들어, 진보적인 교육은 전통적인 방법에 대한 비난과 관련하여 다름 아닌 너무 많은 설명이 초래하는 해로운 영향에 대해 비난하고 있다고 주장할 수도 있다. 존 듀이가 전통주의를 비판한 것도 이와 같은 맥락이다. 말하자면 듀이는 '언어

적 방법'보다도 직접적인 경험에 관한 교육적 상황을 만드는 데 관심이 더 있었다(Dewey 1910, p. 178). 그는 전통적인 교육이 추상적인 언어적 상징에 초점을 맞추는 것에 대해 비판적이었으며, 대신에 실천으로의 복귀를 옹호했다. 듀이는 『민주주의와 교육』에서 전통적인 교육에 대한 혐오감을 지적하면서, 교육자들은 단지 설명하는 것에 그치지 않고, 설명이 그릇된 것임을 알고 있을 때조차도 이러한 이중설명의 아이러니를 감지하지 않고 이 그릇된 것을 설명한다고 말한다.

> 교육이 '말하기'와 '듣기'에 관한 일이 아니라 활동적이고 구성의 과정이라는 것은 이론적으로는 인정이 되지만 실천에 있어서는 일반적으로 거의 무시되는 원칙이다. 이런 개탄스러운 상황은 이러한 원칙 자체가 단순히 말해지고 있는 것에 불과하기 때문이 아닐까? 이 원칙은 설교되고 강의가 이루어지고 글로 쓰이고 있을 뿐이다.
> (Dewey 1916, p. 38)

그래서 진보주의 교육은 설명의 함정을 잘 알고 있으며 주요 대변인은 설명이 아닌 다른 방법의 수립을 목표로 하고 있는 것처럼 보일 수도 있다.

그러나 **전통적인 교육에 대한 듀이의 논쟁과 설명의 교육이 아닌 진보적인 교육 운동을 확고히 하려는 그의 확장된 노력은 그 자체가 설명적 교수법의 일부이다.** 듀이는 인간이 어떻게 배우는지, 전통적인 교육이 어떻게 결함으로 가득 차 있는지, 교육자들이 어떻게 커리큘럼과 수업을 더 잘 조직하여 학습을 향상시킬 수 있는지를 **설명한다.** 듀이는 사실 (자신도 그렇게 하면서) 다른 사람들이 그렇게 한다고 그들을 비난하는 아이러니한 이중적인 설명을 시행하고 있는 것이다. 이것이 학교의 설명적 기능에 대한 랑시에르의 설명에서 얻는 교훈이다. 말하자면 사회성이라는 설명적 질서를 함께 나누지 않는 교육의 방법은 존재할 수 없다. 어떤 형태의 교육이든 하나의 방법이 되는 순간, 그것은 하나의 방법이라는 사실로 인해 인간이 어떻게 배우고, 무엇을 배워야 하는지에 대한 설명이 될 것이다. 어떤 형태의 교육이든 하나의 방법이 되는 순간, 그것은 네 가지 의미에서 '학교'가 된다. **첫째,** 추종자가 있는 관행을 확립한다는 의미에서 학교가 된다. **둘째,** 다수의 학생들이 비슷한 방식으로 교육받을 수 있는 여건을 조성한다는 의미에서 학교가 된다. **셋째,** 그것은 사회 질서에 기여하는 질서 정연한 지식 체계를 확립한다는 플라톤적 의미에서 학교가 된다. **마지막으로** 지식 습득의 설명적 질서를 재확인한다는 자코토주의적 의미에서 학교가 된다. 따라서 진보적인 교수법이 표면상으로는 비설명적인 교육을 옹호한다고 하지만 그것은 중요하지가 않다. 진보주의는 하나의 방법을 제시함으로써, 즉 학교가 될 수밖에 없는 방법을 제시함으로써 설명적 사회질서에 참여하고 있는 것이다.

비판적인 교육은 분명히 설명하는 것을 비판하기 때문에 설명적이 아닌 것처럼 보일 수도 있다. 예를 들어, 프레이리는 전통적인 교육이 과도한 설명으로 인한 억압적 심리의 역동성과 관련이 있기 때문에 이를 비판한다. 프레이리의 관점에서 보면 어떤 대상을 지나치게 많이 설명할 때 설명하는 측은 설명을 듣는 측에 대해 구조적 우월성을 지니게 된다. 이것이 바로 '은행 저금식 교육'의 상황이다. 이러한 상황에서 주인과 노예라는 헤겔 철학의 역동성이 시작된다. 설명을 듣는 자는 설명하는 자의 말을 통해 그의 인생을 대신 살아간다. 말하자면 '억압받는 자의 특징은 주인의 의식에 종속되어 있다'(Freire 1970, p. 31). 억압하는 자가 말을 할 때, 듣는 자는 타인을 위한 존재가 된다(Freire 1970, p. 31). 이런 심리적 역동성이 확립되는 것은 바로 전통적 교육에서 설명은 너무 많이 하고 대화는 충분히 이루어지지 않기 때문이다. 학생들은 설명을 들으면서 분열되고 소외된다. 이와 관련하여 프레이리는 다음과 같이 지적한다.

> 갈등은 다음과 같은 선택의 상황, 즉 온전한 자아가 될 것인가 분열이 될 것인가, 자기 내면에서 억압자를 몰아낼 것인가 몰아내지 않을 것인가, 연대할 것인가 소외될 것인가, 처방대로 따를 것인가 선택을 할 것인가, 관객이 될 것인가 주체가 될 것인가, 행동할 것인가 억압자의 행동을 통해 행동한다는 환상을 가질 것인가의 사이에서 벌어진다. (Freire 1970, p. 30)

학생들은 은행 저금식 체계에서는 스스로 행동하지 않는다. **왜냐하면 설명되고 있는 것을 듣느라 너무 바쁘기 때문이다.** '학생들이 요구받는 것은 무언가를 아는 것이 아니라 교사가 설명한 내용을 암기하는 것이다'(Freire 1970, p. 61).

그런데 프레이리의 경우에도 소위 문제 제기식 교육이라는 비판적 방법이 설명의 방식으로 도입된다는 것은 아이러니한 일이다. 다음과 같은 설명은 프레이리의 『페다고지』에서 자주 볼 수 있다.

> 대화를 통한 교육에서는 '학생을 가르치는 교사'와 '교사로부터 배우는 학생'이 더 이상 존재하지 않으며 '학생-교사와 함께 하는 교

사-학생'이라는 새로운 용어가 등장한다. 교사는 더 이상 가르치는 자로서의 단순한 교사가 아니라 학생들과 대화하면서 배우는 자이다. 학생들 역시 가르침을 받는 가운데 가르치는 자가 된다. (Freire 1970, p. 161)

따라서 **문제 제기식 교육이 설명에 대한 해독제의 형태로 제시된다는 사실에도 불구하고 프레이리의 이론은 설명적인 이론이다.** 말하자면 그 이론은 설명되고 있는 것이다. 학교라는 형태에 어울리는 방법으로 설명되고 있는 것이다. 비판적 교육의 최고 대변인이 설명을 피하는 방법을 제시하기 위해 최선의 노력을 기울였음에도 불구하고 프레이리 자신의 방법은 그가 은행 저금식 교육에서 비난하는 바로 그 설명적 질병으로 고통 받고 있다.

그런데 흥미롭게도 전통적인 교육조차도 어느 정도 설명을 피한다고 주장한다. 전통적인 교육은 오늘날 진보주의와 비판주의의 끝없는 설명에 대한 해독제로 그려진다(Hirsch 1999; Ravitch 1995 참조). 진보적이고 비판적인 교육에 대한 이 전통적인 교육의 반응에 따르면, 현재 너무 많은 설명이 진행되고 있다는 것이다. 진보적이고 비판적인 교육은 둘 다 학생들의 경험적, 사회적, 문화적 배경을 설명하기 위해 갖은 노력을 기울인다. 이들은 불평등을 시정하여 교육 경기장이 평준화 될 수 있도록 하겠다는 공공연한 의도로 그렇게 한다. 전통적인 관점에서 볼 때, 이것은 설명하면서 시간을 낭비하는 것이다. 학생들의 현재 사회문화적 상황을 통해 우회해서는 안 된다.[1] 그렇게 장황한 설명을 해서는 안 된다. 왜 그런가? **학교는 학생 개개인에 대해서 새로운 표현방식을 만들어야 하기 때문이다.** 이것은 학생의 학교 밖 상황에 좌우되지 않기 때문에 따로 준비할 필요가 없는 공적인 표현방식이어야 한다. 전통적인 관점에서 볼 때 학생은 그러한 공적인 표현방식을 배우기 때문에 어쨌든 충분한 설명이 있을 것이다. 그러나 억압받는 사람들의 암울한 상황에 대한 추가적인 설명에 몰두할 필요는 없다. 억압받는 사람들은 그들 자신의 상황을 안다. 그러한 상황은 더 이상의 설명을 필요로 하지 않는다. 그래서 전통적인 교육에서는 설명의 질서에 참여하는 것을 인정하면서도 과도한 설명은 논박한다. 전통적인 가르침에서도 설명은 하지만 너무 많이 하지는 않는다.

설명, 언어 그리고 진리

이 장에서 제시하는 **교육적** 진리관에 맞추어 랑시에르의 저작을 활용해서 설명의 문제를 진리의 영역으로 옮겨보자. 이러한 전환을 위해서는 설명적 질서와 진리 사이의 기본적인 관계를 이해할 필요가 있다. 왜냐하면 설명을 할 때 진리는 일련의 명제적 진술에 의해 도달할 수 있다고 가정하기 때문이다. 우리는 설명할 때 언어를 사용하여 진리를 표현한다. 우리는 진리와 모종의 언어적 관계를 설정한다. 우리가 언어를 사용해서 어떤 것을 설명할 때, 그 언어에서 진리로, 즉 설명하는 언어에서 설명되는 대상의 진리로 직선을 그린다. 랑시에르에게 있어서 언어에서 진리로 긋는 이 직선은 모든 형태의 학교교육을 이끄는 설명적 어리석음의 기초다. **무언가를 설명하려는 이러한 경향은 언어가 자의적이라는 언어의 핵심적인 측면을 놓치고 있는 것이다.** 이는 랑시에르가 교육 관련 저서를 포함하여 많은 저서에서 강조하는 사실이기도 하다. **언어는 자의적이기 때문에 언어에서 진리로 직선을 그을 수 없다.** 이와 관련하여 랑시에르는 '진리는 말로 표현할 수 있는 것이 아니다'라고 표현한다.

> 그것(진리)은 전체적이지만 언어는 그것을 조각낸다. 진리는 필연적이지만 언어는 자의적이다. 자코토의 가르침에서 보편적 가르침의 선언 이상으로 스캔들을 불러온 것은 언어의 자의성에 관한 이 명제였다. (Rancière 1991a, p. 60)

학교의 어리석음은 언어와 진리의 관계를 잘못 해석하는 것이다. 이는 학교가 언어의 자의적인 성격을 잘못 이해하고 있기 때문이다.

학교의 어리석음을, 즉 진리에 대한 교육적/설명적 관계를 더 명확하게 이해하기 위해서는 이 관계를 그 반대인 진리에 대한 언어의 자의적 관계와 더 충실히 병치하는 것이 필요하다. 교육뿐만 아니라 정치이론과 미학에 관한 랑시에르의 저작은 언어의 자의적인 성격에 대한 이해 및 서로 비교할 수 없는 언어와 진리의 관계에 중점을 두고 있다. 랑시에르는 정치이론에서 언어의 자의적인 성격을 '**표현의 비현실성** unreality of representation'(1995a, p. 51)으로 상정한다. 이는 언어가 현실을 직접적으로 나타낼 수 없다는 것을 의미한다. 언어는 진리를 말할 수 없다. **그러나 랑시에르는 언어의 자의성에 실망하기는커녕, 이 표현의 비현실성을, 진정으로 민주 질서에 참여하기를 열망하는 사람들을 위한 희망의 출발점으로 삼는다.** 따라서 '민주적 인간'은 언어와 사물 간의 간격을 품을 수 있는 존재이며 이 간격은 **속임수도 아니고 사기도 아닌 휴머니티이다**(Rancière 1995a, p. 51). 그러므로 언어가 너무 자의적

이어서 진리에 직접 접근할 수는 없지만 이는 진정한 민주주의에 참여할 사람들을 당황하게 하는 원인이 아니라 그들에게 희망의 포인트가 된다. 언어가 자의적이라는 것은 언제나 감각적인 것을 재구성할 희망이 있다는 것을 의미한다.[2] 언어가 자의적이지 않고 이미 진리에 고정되어 있다면, 인간은 감각적인 것의 나눔 속으로 자신을 다르게 삽입할 기회가 없을 것이다. 그렇게 되면 주체화의 기회가 사라진다. 그러므로 언어의 자의성은

> 매순간 자신이 말하는 것과 남의 말을 듣는 것을 모험으로 바꾼다. 이러한 모험은 두 가지 소원, 즉 말하고 싶은 소원과 듣고 싶은 소원 간의 긴장된 상호 작용을 전제로 하며, 각자는 매 순간 혼란의 심연에 빠질 위험으로 위협을 받는다. 이 혼란의 심연 위에 의미를 만들려는 의지의 줄타기가 펼쳐져 있다. (Rancière 1995a, p. 81)

사람들은 물론 언어와 진리의 관계가 자의적이란 사실을 무시한다. 그러나 그렇게 함으로써 사회 질서를 재구성하는 진정한 민주적 상호작용의 가능성도 무시한다.

랑시에르에 따르면 '치안'의 반대인 정치에 참여하는 사람들은 모두 의식적 또는 무의식적으로 언어의 자의성을 인정한다. 왜냐하면 정치에 참여하는 사람은 언어에는 두 가지 차원, 즉 표면상으로 언어를 진리에 직접 연결하는 차원과 반대로 언어가 진리에 고정되어 있지 않다는 것을 입증하는 차원이 있음을 알고 있다. 정치적 주체가 다른 사람을 이해하기 위한 조건은 고정되어 있기보다는 재분할된다는 사실을 인정할 때마다 두 번째 차원의 언어가 소환된다. 따라서

실제로 토론할 거리가 있는 모든 사회적 토론에는 토론의 장소와
대상 및 주제 자체가 논쟁의 대상이 되며 먼저 검증을 받아야 하는
구조가 관련되어 있다. (Rancière 1999, p. 55)

정치 행위자는 언어를 진리에 고정시키지 않는다. 그는 발화가 특정
한 진리에 얽매이기보다는 항상 논쟁의 여지가 있음을 이해하는 사람
이다. 정치 행위자는 '이러한 이차적 이해력second-degree understanding'
을 지니고 있다(Rancière 1999, p. 46). 이러한 이해력에는 '특정한 대화
장면을 구성하는 것'이 수반되는데, 이것은 발화자의 입장을 명확히
하여 또 다른 관계를 구성하는 문제이다'(Rancière 1999, p. 46). 정치
행위자는 언어가 자의적이라는 것을 알고 있으며, 그러한 자의성이
이해되도록 한다.

또한 랑시에르의 주장에 따르면 언어의 자의성은 이를 수용하는
사람들을 **시인**으로 만든다. 랑시에르는『정치적인 것의 가장자리에서』
(Rancière 1995a, p. 51)에서 '민주적인 사람은 말하는 존재이다. 이는
시적인 존재이기도 하다는 것을 의미한다'라고 서술하고 있다. 이는
언어의 자의성을 받아들이면서도 이어서 모종의 진리를 전달하는 사
람이라면 예술가의 기쁨이자 동시에 부담인 일종의 번역에 참여해야
하기 때문이다. 예술가는 보편적으로 받아들여지면서도 이전에 정확
히 표현된 적이 없는 진리를 전달하는 것이 얼마나 어려운 일인지,
그렇지만 얼마나 필요한 일인지를 알고 있다. **시인은 '감정이라는 침묵의
언어와 말로 표현된 언어적 자의성 사이의 틈새에서'**(Rancière 1991a, p. 68)
작업한다. 그러나 이것은 자신의 생각을 타인에게 전달하기 위해 언

어의 자의성에 맞서 싸워야 하는 합리적인 존재의 작업과 아무런 차
이가 없다.

> 우리 모두는 이중의 과정을 수행하는 정도만큼 예술가이다. 우리는
> 단순한 직인journeyman이 되는 것에 만족하지 않고 모든 작업을
> 표현의 수단으로 삼기 원하며, 무언가를 느끼는 것에 만족하지 않고
> 다른 사람들에게 그것을 전하려고 한다. (Rancière 1991a, p. 70)

언어를 통해 자신의 생각을 다른 사람들에게 전달할 때, 우리는
소수의 기호에 새롭게 질서를 부여해야 한다. 이 기호들은 다른 사람
에 의해 해석될 하나의 작품이 될 것이다. 이러한 질서 부여, 작품,
그리고 해석은 각자가 어느 정도의 예술가인지를 나타낸다.

다시 한번 말하거니와 예술적 의미에서만 본다면 언어의 자의성에
대한 주장은 유감스러운 일이 아니라 축하받을 일이다. 이는 언어의
자의성이 시인으로 하여금 인간 경험의 공통성에 대한 신뢰를 보여
주게 하며 언어가 불완전함에도 불구하고 의미를 만들어낸다는 것을
입증하는 것이기 때문이다. 언어는 처음부터 이런저런 진리와 연결
되어 있지 않으며 시인은 언어가 결코 번역이라는 과업에 어울리지
않다는 것을 알면서도 한 사람의 경험에서부터 통역자의 경험으로
진리를 번역하려고 한다. 따라서 언어는 진리와 직접 연결되어 있지
않다는 점에서 자의적인 것으로 여겨지기는 하지만, 그렇다고 해서
언어가 사용자 개인의 무작위적인 경험에 외롭게 운명적으로 얽매어
있다는 뜻은 아니다. 시인은 '모든 것을 말하는 것은 불가능하

다는 것을 알면서도 모든 것을 말하려고 노력하며, 다른 사람의 긴장, 다른 사람의 의지의 가능성을 열어주는 것은 번역자의 끝없는 긴장이라는 것을 아는 사람이다'(Rancière 1991a, pp. 69-70). 따라서 '우리는 라신Racine이 우리에게 말한 것, 즉 그의 생각이 우리와 다르지 않다는 것, 그리고 그의 표현은 우리의 역번역counter-translation에 의해서만 성취된다는 것을 이해한다'(Rancière 1991a, p. 70). 우리가 시 작품을 번역할 때 시인이 우리에게 요구하는 것은, 언어가 자의적일 수는 있지만 이 언어는 시인과 시를 읽은 사람들의 번역과 역 번역에 기반을 둔 공통성의 근거가 될 수 있음을 입증하는 일이다.

교육에서의 진리

모든 형식의 학교 교육은 언어의 자의성을 이해하는 정치 행위자와 시인들로부터 자신을 분리하기로 결정했다. 학교 교육은 일반적으로 언어의 자의성이 드러나는 것을 허용하지 않는다. 왜냐하면 그것이 노출되면 진리에 대한 설명적 가르침이 훼손될 것이기 때문이다. 교육이 원활하게 이루어지고 최신의 혁신적인 연구에 따라 다양한 방법을 활용할 수 있기 위해서는 언어를 통해 진리에 접근할 수 있다고 믿어야 한다. 설명적 가르침에서 보면 '진리는 말로 표현할 수 있는 것이 아니다. 진리는 전체적이지만 언어는 그것을 조각낸다. 진리는 필연적이지만 언어는 자의적이다'라는 것은 있을 수 없는 일이다(Rancière 1991a, p. 60). 만약 이게 사실이라면 학교는 불행한 벙어리로 전락할 것이다. 주제를 설명할 수도 없고 주제에 대한 설명을 피하는 방법에 대한 설명도, 주제에 대해 경험적으로 설명할 방법도,

주제 설명을 탈신비화하는 방법에 대한 설명도 불가능할 것이다. '진리는 공적 장소에서 벌어지는 어떤 갈등도 해결하지 않는다'는 것도 사실일 수가 없다(Rancière 1991a, p. 90).[3] 만일 이게 사실이라면 신문과 저널에서 지겹도록 홍보하는 교수법의 개선은 기록에서 삭제되어야 할 것이다. 대신에 학교는 진리에 '관하여' 무언가를, 학교를 정치적 행위자 및 시인과 분리시키는 무언가를 가르쳐야 하고, 또 그렇게 하고 있다. 학교는 사물을 설명해야 하며, 따라서 진리는 언어를 통해 접근할 수 있고 어리석음은 이 커튼 앞에 있지 않고 그 뒤에 있음을 보여주어야 한다. 학교는 가르치고 배우는 데 가장 효과적인 장소로 여겨지기 때문에 진리는 설명할 수 있고 언어는 자의적이지 않다는 긍정적인 증거물로서 존재하고 있는 것이다.

설명의 방식으로 교육하는 것은 어렵지 않다고 랑시에르는 제대로 지적했다. 따라서 학교는 한편에서 그 자신의 성공과, 다른 한편에서 언어와 진리 사이의 자의적 관계에 의해 생성된 '지식의 민주적 순환이라는 잠재적인 무정부 상태' 사이의 간격을 끊임없이 재확인한다 (Rancière, 1999, p. 69). '가르치는 데에는 다양한 방법이 있으며, 학습은 바보를 만드는 학교에서도 이루어진다. … 우리는 항상 누군가가 말하는 것을 들으면서 배운다'(Rancière 1991a, p. 102). 약간 다르게 말하면, 언어의 자의성이 설명적 교육의 성공을 방해하지는 않는다. 오히려 설명적인 학교는 학교라는 이름에 걸맞은 사회적 유기체의 원동력으로서 설명을 반복적으로 끌어들이는 동시에 그 자신의 성공을 위한 무대를 마련한다. 사실, 설명적인 교육의 제도는 사라질 수가 없는데 여기에는 두 가지 이유가 있다. **첫째**, 설명 제도는 '표준적인 제도가 되며 이러한 제도하에서 설명이라는 관례가 합리화되고 정당화된다'(Rancière 1991a, p. 122). 즉, 교육은 잘 설명했을 때만이 아니라 잘 설명했기 때문에 성공한 것으로 간주된다. **둘째,** 언어의 자의성도, 언어의 자의성에 대한 인식도 설명적 정당화를 방해하지 못한다. 그 이유는 바로 언어의 이런 자의성과 이에 대한 인식으로는 설명적 교육 제도에 의해 '합리화되고 정당화되는' 특정한 교육의 진리를 포함한 그 어떤 진리에 대해서 아무것도 입증을 하지 못하기 때문이다(Rancière 1991a, p. 122).

따라서 랑시에르의 저작에서 주목할 수 있는 것은 진리를 이해하는 방식을 교육적으로 뒤집는 것이다. 앞서 진리에 대한 전통적, 진보적, 비판적 관점에 대해 설명했다. 이들 관점들은 서로 다르지만 보다 일반적으로 계몽사상적 교육의 이해라는 틀로 안심하고 자리매김할 수 있었고 이러한 교육의 이해는 학생을 진리로 인도하는 수단으로 기능한다고 주장했다. 사실 앞에서의 설명은 진리의 지위가 교육에 대해 초월적이라기보다는 내재적일 수 있다는 것을 간과하고 있다. 따라서 교육과 진리의 관계를 설명한 방식은 잘못된 것으로 이해해야 한다. 우리는 처음부터 진리가 '저 너머에'의 어떤 것, 철학적 관점에서 유용하게 고려되는 것이고 그렇게 접근하면 진리와 교육의 관계에 대해 모종의 타당한 결론에 다다를 수 있다고 가정했다. 그러나 잠시 멈춰 다음과 같은 랑시에르의 말을 생각해 볼 수도 있을 것이다. '진리는 자신들이 그 친구라고 말하는 철학자들에게 의존하지 않는다. 진리는 단지 자신과만 친구일 뿐이다'(Rancière 1991a, p. 60). 교육과 관련하여 진리를 묘사하는 것은 설명식 교육 자체가 그러한 묘사를 뒷받침하는 관행을 확립한다는 사실을 무시하는 것이다. 결국 진리를 항상 그런 식으로 묘사하려면 교육을 받아야 한다. 그런데 여기에서 '교육을 받는다'는 것은 다년간 학교에 다녀야 한다는 것을 의미하지는 않는다. 이보다는 언어가 자의적이지 않으며 오히려 진리에 이르는 지름길을 구축한다고 가정하는 설명적 세계 이해 방식으로 우리를 안내한다는 것을 의미한다. 여기서는 이 길을 진리의 진리로 들어가는 지름길로 간주한다.

그러나 어떤 형태의 교육도 진리를 실어 나르는 수단으로서의 기능을 하지 않는다. 교육은 오히려 그 자체가 사회 질서를 설명하는 형식으로서 진리에 대해 이런 방식으로 이야기하도록 한다. 우리는 어쩌면 진리와 같은 인간의 근본적인 관심사에 대한 해답을 찾도록 하는 것은 철학이며, 교육철학은 진리와 교육의 관계와 같은 근본적인 교육적 관심사에 대한 해답을 찾도록 한다고 할 수도 있을 것이다. 그러나 진리가 철학의 관심사일 수도 있지만 우리를 진리의 위치에 도달하기 위해 언어적 탐구로 이끄는 것은 설명 형식의 학교이다. 이런 의미에서 학교는 철학 그 자체보다 훨씬 더 기본적인 철학적 훈련이다. 이는 '진리의 지위는 무엇인가?'와 같은 철학적 질문을 탐구하는데 충분한 교육을 받으려면 학교에 다녀야 한다는 것을 의미하지는 않는다. 사실은 이와 같은 '철학을 위한 충분한 교육'이라는 개념을 이해할 수 있게 하는 것은 설명적 질서의 논리다.

탐구할 개념으로서의 진리는 사실 설명적 교육의 질서라는 이중 전략의 적절한 예다. 진리의 언어적 접근 가능성이 설명적 질서의 필수조건임에도 불구하고, 그리고 가장 '초보적인' 가르침에서 이러한 접근 가능성을 가정하고 가르침에도 불구하고, 하나의 개념으로서의 진리는 철학을 공부하는 가장 '고급' 수준에 있는 학생들의 교육 과정에만 부과된다. 이러한 체제에서 가장 기본적인 문제는 장황한 사건의 질서에 대한 설명이 지체된 점에 대해 응답을 하는 것이다. 학교는 가장 기초적인 수준에서 진리에 대한 하나의 가정을 가르친다. 이러한 기본적인 가정에 대한 탐구는 먼 미래로 미뤄진다.

그러나 랑시에르는 교육의 내재적인 진리에 대한 설명을 제시한다. 그것은 사실, 의견, 감정, 아이디어, 논리 및 서사의 언어적 접근 가능성에 있어서 설명 체제의 신뢰에 대한 설명이다. 그것은 철학자들(만)이 진리의 지위에 대해 염려를 하지만 가장 기본적인 수준에서도 진리를 배울 수 있는 능력에 대한 언어적 확신을 고취하는 체제에 대한 설명이다. 그러한 능력이 전통적, 진보적 또는 비판적 방식으로 촉진되는지 여부는 중요하지 않다. 언어와 진리의 관계에 대한 관점은 이 세 형식의 학교 교육 모두에 내재되어 있다. 물론 진리에 대한 이러한 관점은 랑시에르의 시각이 아니다. 진리의 표현이 교육에 내재되어 있다고 해도 랑시에르가 자코토란 인물과 그의 보편적 가르침에서 옹호하는 형태의 교육에 내재되어 있는 것은 아니다. 랑시에르는 교수법에 대한 진리를 제시했지만 이는 보편적인 가르침이란 것이 설명 가능한 진리와는 무관하다는 것을 보여준다. 그는 진리에 대해 다음과 같이 생생하게 묘사함으로써 이를 보여준다. '우리 각자는 진리를 둘러싼 우리 자신의 포물선을 그린다. 어느 두 궤도도 같지 않다. 그리하여 설명자들은 우리의 혁명을 위험에 빠뜨린다'(Rancière 1991a, p. 59). '그럼에도 불구하고 진리는 우리에게 이질적이지 않으며

우리는 진리의 세계에서 추방되지 않는다'(Rancière 1991a, 58) '진리의
경험은 우리를 진리 부재의 중심에 붙들어 매고 우리로 하여금 그
로비 주위로 맴돌게 한다'(Rancière 1991a, p. 58). 진리는 행성이며 그
'영토'에는 해방된 사람만이, 그(또는 그녀)의 특별한 방법으로만 접근
할 수 있다. 착륙은 없을 것이며 설명할 수 있는 착륙은 결코 없을
것이다.

따라서 진리에 대한 랑시에르 자신의 관점은 언어가 진리에 직접
접근할 수 없다는 점에서 언어의 자의성에 대한 이해와 관련이 있다.
언어적으로 진리에 접근할 수 없다는 이러한 관점의 이면에는 진리
그 자체에 대한, 그리고 사람들에게 무관심한 진리에 대한 랑시에르
의 표현이 들어 있다. '진리는 결코 사람들을 하나로 결집시키지 않는
다. 진리는 우리에게 주어지는 것이 아니다. 진리는 우리로부터 독립
적으로 존재하며 단편적인 문장에 좌우되지 않는다'(Rancière 1991a,
p. 58). 그리고 반복해서, '진리는 공적 공간에서 갈등을 해소하지 않
는다'고 말한다(Rancière 1991a, p. 90). 진리에 대한 이러한 불가지론적인
이해는 다시 한번 설명의 어리석음을 강조한다. 왜냐하면 단편적인
문장들은 우리가 아무리 원한다 해도 진리를 설명할 수 없기 때문이다.
이것이 전형적인 설명문이 매우 일반적이면서도 동시에 전체적으로
오류인 이유이다. '당신은 이해하는가?'라는 전형적인 문장은 교육의
상황, 즉 설명의 상황에서 매우 일반적인 것이다. 그러나 이 문장은
진리를 주어진 것, 설명을 통해서만 이해될 필요가 있는 어떤 것으로
제시하기 때문에 전적으로 잘못된 것이다. 랑시에르가 『불화』에서
지적했듯이, '당신은 이해하는가?'라는 교사의 질문에는 바로 이렇게

말하는 능력을 규정하는 상황이 있다는 사실을 은폐한다. 그러므로 이 질문에 대해 '나는 이해한다.' 또는 '나는 이해하지 못한다.'라고 대답하는 것은 이 질문에 대해 말할 수 있는 능력을 부여하는 사회적 조건을 받아들이는 것이다(Rancière 1999, pp. 45-47 그리고 이 책 제3장). 우리에게 주어진 진리는 이러한 질문을 사랑한다. 질문에 대한 답이 '예'이든 '아니요'이든 그것은 중요하지 않다. 어느 쪽이든 진리의 조건은 이미 그 답에 부여되어 있다. 그러나 랑시에르의 진리관을 이해한다면 언제나 이런 질문에 의문을 제기할 것이다. 그러면 이와 같은 가장 흔한 문장들조차도 문제가 될 것이다.

진리와 해방

하지만 왜 진리인가? 왜 사람들은 진리에, 혹은 랑시에르의 교육적 진리 해석에 초점을 맞추는가? 분명한 대답은 진리란 탐구할 만한 철학적 주제이며, 진리에 관한 건전한 이론은 항상 철학적으로 중요하다는 것이다. 이러한 측면에서 볼 때, 진리에 대한 에세이는 자크 랑시에르와 같은 철학자에게 헌정된 책의 한 장에 아주 적합한 소론이다. 진리라는 주제를 다룬 철학 서적은 많이 있다. 그러나 '왜 진리인가?'라는 질문에 대한 답은 그렇게 쉽게 다루어져서는 안 된다. 우리는 이미 진리에 대한 철학적 논의와 같은 학술적 담론들이 설명적 질서에 봉사한다는 것을 랑시에르를 통해서 배웠어야 했다. 그러한 담론들은 해방하기보다는 통제한다. 손쉬운 통제 중심의 답변을 배경으로 그의 저작의 개입주의적 특성에 대한 랑시에르의 논평으로 돌아가 보자.

> 그의 저작 [그리고 여기서 랑시에르는 자신을 제3자로 언급하고 있다]은 항상 특정 상황에서 개입하는 형태이다. 그는 결코 정치, 미학, 문학, 영화 또는 다른 어떤 것에 대한 이론을 만들려고 하지 않았다. 그는 이미 많은 이론들이 있다고 생각하며 시장에서 구할 수 있는 모든 이론에 하나의 이론을 더 추가하고자 나무를 파괴하지 않을 정도로 나무를 사랑한다. (Rancière 2009a, p. 114)

사실, 진리에 대한 특별한 개입은 철학에서 인식론이라는 유서 깊은 전통을 요구하지 않는다. 우리는 단지 랑시에르의 특정한 진리 이론을 설명하려는 것이 아니다. 이는 그러한 설명이 랑시에르 자신이 말한 것처럼 또 다른 진리 이론을 세우려는 의도가 아니라는 사실과 일치하지 않기 때문이다. 다만 두 가지 목적을 위해 진리를 소개하고 있다. **첫째**, 위에서 언급한 목적을 위해, 즉 소위 개선된 학교의 역할에 대한 개입으로서 진리를 소개하고 있는 것이다. 앞에서 진리는 학교라는 형태를 통해 언어적으로 접근할 수 있는 것으로, 짐작컨대 설명적 언어를 통해 도달할 수 있는 종점으로 그릇되게 기여한다는 것을 보여주었다. 사실, 학교는 설명을 통해 우리를 진리에 이르게 하지 않는다. 대신, 학교는 그 자체로 설명의 형식으로 추정되는 효력을 발휘한다. 학교에서는 진실은 설명이 되어야 한다고 설명한다.

진리에 대한 이러한 개입의 **두 번째** 목적은 해방에 대한 설명을 더욱 진전시키는 것이다. 앞서 주장한 바와 같이, 해방에는 임마누엘 칸트의 저술에서 예시된 바와 같이 역사적으로 계몽주의 사상과 연결된 교육의 논리가 있다. 우리는 해방 논리의 이러한 유산이 다음과 같은 세 가지 가설로 특징지어진다는 점에 주목했으며, 랑시에르의 해방 프로젝트는 이 각각에 대해 반박한다. **첫째**, 해방은 누군가에게 주어지는 것이다. **둘째**, 해방자와 해방될 사람 사이에 근본적인 불평등이 있다. **셋째**, 해방되는 사람의 경험은 불신을 받는다. 또한 우리는 학교가 역사적으로 국민을, 특히 아이들을 해방되는 지점으로 이끄는 방법으로 자리매김되어 왔음을 지적했다. 사실, 해방의 형태는 학교라는 형태에 반영되면서 또 이를 반영한다. 해방은 학교 교육의 과정을 통해 실현되며, 학교 교육의 과정에는 해방에 대한 가정이 수반되어 있다고 볼 수 있다. 이제 학교의 설명적 성격과 설명의 중요성을 설명하는 학교 교육의 비유적 역할을 고려할 때, 설명의 비유와 그 실천 그리고 칸트 유산의 해방 논리 사이에서 몇 가지 동등한 점을 찾을 수 있다. 설명은 적어도 세 가지 점에서 해방의 논리와 구조적으로 동등하다. **첫째**, 설명은 누군가에게 주어지며, **둘째**, 설명은 설명자와, 사물에 대한 설명을 듣는 자 사이의 불평등을 가정하고, **셋째**, 설명은 사물에 대한 설명을 듣는 사람의 경험을 평가절하한다. 이러한 의미에서 학교는 설명의 중요성을 끊임없이 설명할 뿐만 아니라 해방에 있어서 설명이 핵심이라는 점을 끊임없이 설명한다. 학교는 스스로를 설명하며 해방 역시 설명하는 것이라고 설명한다.

하지만 한걸음 더 나아가야 할 필요가 있다. 왜냐하면 해방과 이러한 해방적인 설명 습관으로부터 도출되는 진리 사이에는 연관성이 있기 때문이다. 보다 더 정확히 말하면 해방과, 이러한 해방과 무관한

non-emancipatory 설명의 습관으로부터 도출되는 진리 사이에는 연관성이 있다. 이 연관성은 실로 간단하다. 그것은 우리로 하여금 랑시에르가 제시한 진리에 대해 탐구하도록 하는 데 동기를 부여하는 연관성이기도 하다. 그러한 동기 부여는 진리에 대한 철학적 경외심에서 비롯된 것이 아니고 사실은 그 반대이다. 그 연관성은 앞서 상세히 설명한 진리에 대한 뿌리 깊은 불경스러움irreverence에서 비롯된 것이다. 사실, 진리와 해방 사이의 연관성은 연관보다는 오히려 무연관non-connection에 가깝지만 그럼에도 불구하고 핵심적인 연관성이다. 해방과 진리 사이의 연관성은, 진리가 인간의 담론적 삶과 연결되어 있지 않다는 랑시에르의 단순하면서도 단호한 선언에 근원이 있다. 따라서 진리는 해방을 촉진하는 말과 생각 및 행동과 관련이 없다. '진리는 말로 표현할 수 있는 것이 아니다. 진리는 전체적이지만 언어는 그것을 조각낸다. 진리는 필연적이지만 언어는 자의적이다'(Rancière 1991a, p. 60). '진리는 공적 공간에서 갈등을 해소하지 않는다(Rancière 1991a, p. 90). '진리는, 자신들이 그 친구라고 말하는 철학자들에게 의존하지 않는다. 진리는 단지 자신과의 친구일 뿐이다'(Rancière 1991a, p. 60). '우리들 각자는 진리를 둘러싼 우리 자신의 포물선을 그린다. 어느 두 개 궤도도 같지 않다. 그리하여 설명자들은 우리의 혁명을 위험에 빠뜨린다'(Rancière 1991a, p. 59). 이러한 진술들은 한편에서 해방을 가져오는 말, 생각, 행동들과 다른 한편에서 진리 사이의 확실한 단절을 초래한다. 진리와 해방 사이의 관계는 연결이 아니라 널리 받아들여지는 역설적 비유conceit[4]이다. 이 비유는 피억압자의 설명적 우회로에서 시작하여 진리를 통과한 다음, 진리를 찾은 결과로 자유를 얻은 사람에게로 되돌아가는 우회로를 권고한다. 우리는 자유를 찾기 위해 집으로 돌아가기 전에 항상 먼저 진리의 영역을 방문해야 하기 때문에 이 비유는 설명에 의한 바보 만들기를 조장한다.

이러한 비유는 피에르 부르디외Pierre Bourdieu와 장 클로드 파세롱 Jean-Claude Passeron의 저술에 대한 랑시에르의 비판에 상세히 기술되어 있다(Rancière 2002; Rancière 2003a; Pelletier 2009). 랑시에르는 부르디외와 파세롱이 그들의 저서 『상속자와 재생산The Inheritors and Reproduction』에서 교육 실천가가 해방의 교육을 실행할 수 있게 하는 유일한 진리로 사회학적 진리를 설정하는 학교 교육에 대해 분석하는 방법을 보여주고 있다(Bourdieu and Passeron, 1979; 1977). 랑시에르의 분석에 따르면, 이들의 저서는 다음과 같은 역설적 비유를 설정하는 것으로 읽혀야 한다. 즉 교사는 사회학자가 지정해 준 길을 따라 교육의 진리에 도달해야 한다. 그러한 진리에 도달해야만 교사는 해방의 교육을 실천하는 것이 무엇을 의미하는지 이해할 수 있는 지점에 도달할 수 있을 것이다. 이와 관련하여 랑시에르는 다음과 같이 서술하고 있다.

> 가위질 당한 통계와 여론 속에, 진리[우리가 강조하는 것]와 가짜를 구분할 수 없는 탈신비화의 끝없는 수다 속에 감춰져 있는 비밀을 어디에서 찾을 것인가? '사회학의 특별한 어려움[여기서 랑시에르는 부르디외와 파세롱을 인용하고 있다]은, 어떤 면에서 모두에게 알려져 있기는 하지만 그들이 알려고 하지 않거나 시스템의 법칙으로 인해 그들로부터 숨겨져 있어서 알지 못하는 것을 가르친다는 사실에 있다'. (Rancière 2003a, p. 170)

이렇게 랑시에르는 사회학자의 저술에서 가장 명백한 역설적 비유를 분별해 낸다. 사회학자의 설명에 따르면 사회학적 설명을 통해서만 도달할 수 있는 진리를 밝히는 것이 사회학의 본질이다. 해방교육과 관련하여 교육과 관련한 '시스템의 법칙'을 이해할 수 있기 위해서는 먼저 사회학을 공부해야 한다. **상식으로는 진리와 모조품을 구분하는 지점에 이를 수 없기 때문에 진리에 이르려면 학문(사회학)이라는 우회로를 거쳐야 한다.** 물론 랑시에르는 부르디외와 파세롱에 대한 비판을 좀 더 진척시킨다. 그는 그들의 후기 저서가 실제로 초기 역설적 비유에다가 비꼬는 반전을 더한다고 지적한다. 왜냐하면 궁극적으로 그들은 교사가 교육 시스템의 사회학적 진리를 성공적으로 인식하게 되더라도 해방 교육은 거의 불가능하다는 것을 보여주기 때문이다. 그 이유는 교사 자신이 어쩔 수 없이 사회학자의 연구를 통해 명백하게 밝혀진 사회적 자본에 의해 만들어진 산물의 일부이기 때문이다. 따라서 해방이 불가능하다는 것을 보여주는 것이 사회학자의 역할일지라도, 그러한 불가능과 자신을 화해시키기 위해서는 먼저 사회학적 통찰을 해야 하는 것은 여전히 사실이다.

그러나 사회학자는 한 사람을 자유롭게(혹은 자유롭게 하지 않을) 하는 진리에 있어서 역설적 비유를 설정하는 많은 이들 중 오직 한 사람의 사상가일 뿐이다. 부르디외와 파세롱의 예는 사상의 진보에 질서를 부여하고 사상이 자유에 대해 너무 쉽게 생각하지 못하게 하는 보다 일반적인 경향에 대한 장소 표시자place-marker 역할을 한다. 그것은 학생들이 해방될 준비가 되었다고 하기 전에 진리를 통해 우회로에 학생들을 묶어 놓는 어설픈 습관의 사례가 된다. 사회학자의 예는 사회학자가 해방에서 더욱 멀어지게 하면서도 동시에 해방의 진리를 향한 길을 보여주고 있기 때문에 다른 이들보다 좀 더 아이러 니하다.

그러나 진리와 해방에 대한 랑시에르의 저술에서 모든 것이 비판 과 아이러니는 아니다. 우리는 이런 역설적 비유에 대한 랑시에르의 대안을 보여주면서 진리과 해방 사이의 단절을 좀 더 긍정적인 방식 으로 추적할 수도 있다. 그러기 위해서는 적절하게 표현하기가 불가 능한 분리된 실체로서의 진리의 위상이 랑시에르의 저서에서 정치적 해방과 교육적 해방 모두를 안내하는 방식을 살펴볼 필요가 있다. 다시 말해, '진리는 공적 공간에서 갈등을 해소하지 않는다'라는 사실 과 '진리는 말로 표현할 수 있는 것이 아니다'라는 사실은 정치와 교 육 모두에 해당하기 때문에 랑시에르 자신에게 있어서 해방 논리의 핵심이다.

예를 들어, 랑시에르는 해방된 사람의 경험을 신뢰하는(불신하기보 다는) 해방을 주장하는데, 그의 이 '새로운 논리'를 살펴보자. 이 논리 에 따르면 해방될 사람의 경험이 적절하고 올바른 이해로 대체된다 고 해서 해방이 이루어지지는 않는다. 랑시에르에게 있어서 하나의 단계에는 진리가 있고, 다음 단계에는 세상과 소통하는 언어적 실천 이 있다. 정치적 해방은 두 번째 단계에서 일어난다. 정치적 해방은, 인간이 사물을 보고 사물에 대해서 뭔가를 하고 또 사물에 대해서 이러니저러니 하는 언어적 영역 밖에서 일어나지 않는다. 해방은 진 리가 사물의 질서를 좌지우지하는 어떤 독립적인 영역에서 일어나는 것이 아니다. 진리가 공적 공간에서 갈등을 해소하고 진리가 언어로 표현되는 것이라면, 그리고 인간사에 맞게 완벽하게 번역될 수 있는 것이라면 그럴지도 모른다. 하지만 사실은 그렇지 않다. 언어와 진리는 다르다. 언어는 진리를 '조각낼' 뿐이다(Rancière 1991a, p. 60). 그리고 정치는 언어 안에서 일어난다. 정치는 파편화된 진리의 영역에서 일어난다. 사람들이 억압받거나 해방되는 것은 언어 안에서, 파편화된 진리 안에서이다. 이는 억압과 해방이 '단지' 언어적일 뿐이라고 말하는 것은 아니다. 오히려 억압과 해방이 **실제로** 언어적이기 때문에 진리와 관계가 없다고 말하는 것이다. 해방은 적절하고 올바른 이해에 좌우되지 않는다. 해방은 결코 그런 이해에 도달하지 못하기 때문이다. 해방은 세계에 대한 언어적 개입에서만 이루어진다. 그것은 주체화에 도달하는 것이며 이러한 주체화를 통해 감각적인 것을 나누는 것이 재구성되어 행하고 말하고 존재하는 방식이 다양해진다. 해방이 일어나는 단계와 진리가 생성되는 단계는 다르다. 사회학자나 교육자 또는 다른 누군가가 해방과 진리를 같은 차원에 올려놓은 가짜 상품을 팔려고 할 때, 그 판매는 취소되어야 한다. 랑시에르의 새로운 해방의 논리는 진리와 정치적 해방 사이의 이러한 단순한 연결을 거부한다. 그의 논리는 해방이 '진리에 부합해서'가 아니라 '진리에 부합하지 않음에도 불구하고' 촉진된다고 주장한다.[5]

다시 한번 말하지만, 진리가 철학적 담론에서의 지위 때문에 분석되고 있는 것이 아니라는 점을 언급하는 것이 중요하다. 그 대신 여기서는 랑시에르의 불가지론적인 진리를 해방과 연결시키려 하고 있다. 사실, **진리에 대한 불가지론은 해방에 관한 랑시에르의 저술에서 중심 개념으로 작용한다.** 랑시에르의 저작에서 볼 수 있는 몇 가지 해방 관련 사례는 이 사실을 더욱 강조한다. 우선 『정치적인 것의 가장자리에서』에 실린 프랑스 재단사들이 만들어낸 삼단논법을 예로 들어볼 수 있다. 이 삼단논법은 랑시에르의 새로운 해방 논리에 대한 논의에서 언급되었다(Rancière 1995a). 이 삼단 논법의 대전제는 '모든 사람이 법 앞에서 평등하다'는 것이고, 소전제는 따라서 '노동자들도 임금과 관련하여 법 앞에 평등해야 한다'는 것이었다. 이 삼단논법에서는 불평등을 입증할 것이 아니라 평등을 가정해야 한다고 요구했다. 흥미롭게도 노동자들의 파업으로 빚어진 상황은 진리를 전혀 고려하지 않고 있다. 진리는 이를 파편화할 뿐인 담론 수준에서 발생한다. 진리를 중요시했다면 파업의 목적은 부당하게 임금을 낮게 책정한 사람들의 사악한 의도를 증명하는 일이 되었을 것이다. 그러나 그것은 파업의 의도가 아니다. 이 파업은 오히려 이 노동자들이 일반적으로 '법 앞에' 평등해야 할 뿐만 아니라 임금과 관련해서도 평등해야 한다는 '아름다운 거짓말'을 보여주기 위한 것이다(Rancière 2006a, p. 10). 그것은 지금 여기에서 무엇이 진리인지를 재현하는 것이 아니라 미래에 진리가 될 것에 대한 가상의 서사를 제공하는 것이다. 따라서 **이 삼단 논법은 과학이나 진리의 문제라기보다는 시**poetry**의 문제이다.** 그것은 또한 철학자들이 들려주는 스토리의 문제다. 노동자들의 삼단논법은 랑시에르가 플라톤의 철학적 서사에서 보았던 것과 같은 '아름다운 거짓말'을 다양하게 만들어낸다. 랑시에르는 이 아름다운 거짓말에 대해 다음과 같이 설명한다.

플라톤 '신화'의 특이성은, 그 신화가 이야기에 대한 순전히 자의적인 주장에 의해 지식의 근거를 뒤집으면서 구성된다는 점이다. 역사학자와 사회학자는 어떤 특정한 삶이 어떻게 삶을 표현하는 특정한 생각을 자아내는지 보여주지만, 철학자의 신화는 이러한 필연성을 자의적인 '아름다운 거짓말'에, 동시에 최대 다수의 사람들에게 삶의 현실이 되는 아름다운 거짓말에 맡긴다. 필연성과 우연성의 동일성, 거짓말의 현실성은 진리와 환상을 분리하는 담론의 형태로 합리화될 수 없다. 그것은 하나하나 이야기할 수 있을 따름이다. (Rancière 2006a, p. 10)[6]

이 프랑스 재단사들에 의해 입증된 해방은 진리 '때문'이 아니라 진리임에도 '불구하고' 일어난다. 그것은 진리와 환상을 분리하기를 거부하는 시적이고 철학적인(철학자가 말하는 것과 같은 이야기를 한다는 의미의) 행위에 의해서 입증된다.[7]

주체화의 과정은 또한 랑시에르가 진리에 대해 신중한 불가지론의 입장에서 해방에 대해 설명하는 하나의 예가 되기도 한다. 앞서 언급한 바와 같이 주체화는 소위 '주어진 경험의 장 내에서 이전에는 확인할 수 없었던 일련의 신체 활동과 발화 능력을 통한 성과를 수반하며, 따라서 그 확인은 경험의 장에 대한 재구성의 한 부분이다'(Rancière 1999, p. 35). 그러나 우리가 주체화를 제시할 때에는 의심의 여지없이 어떤 약점이 있을 수 있다. 사실 랑시에르가 주체화를 설명하는 방식을 면밀히 살펴보면 주체화가 '실제로' 어떻게 일어나는지 이해하기가 쉽지 않다.[8] '경험의 장'이 언제, 어디서, 어떻게 '재구성'되는지는 알기가 어렵다. 그러나 주체화의 '현실'에 대한 이러한 관심은 바로 이 주제에 접근하는 잘못된 방식이며, 바로 여기가 진리에 있어서 불가지론이 작용하는 지점이다. 이는 단지 주체화의 '현실'에 대해 불가지론적이어야 한다는 말은 아니다. 그러한 태도는 단지 이 주제를 피하는 것일 뿐이다. 주체화란 위에서 언급한 시적이고 철학적인 의미에서 경험의 장을 재구성하는 것이라고 보는 편이 오히려 옳다. 즉 주체화는 감각적인 것을 재구성하는 과정으로, 현실에 '부합해서'가 아니라 현실과 '부합하지 않음에도' 불구하고 일어난다. 주체화는 새로운 말하기 방식이 담론의 장으로 올라올 때 일어난다. 이 새로운 말하기 방식은 이미 사실로 간주되는 기존의 영역에는 직접적인 지시 대상이 없을 것이다. 이것은 시poetry가 사실의 영역이 아닌 사실의 영역 밖에 있음에도 불구하고 존재한다는 의미에서 시적이다. 이 새로운 말하기 방식은 '진리와 환상을 분리하는 담론의 형태로 합리화될 수 없다'(Rancière 2006a, p. 10). 그러나 다시 한번 말하지만 이는 하나의 개념으로서의 주체화가 '진리와 환상을 분리하는 담론의 형태로 합리화될 수 없다'고 말하는 것이 아니다(Rancière 2006a, p. 10). 반대로 프랑스 재단사들의 파업과 같은 사례에서 주체화의 구체적인 사례를 들 수 있다. 여기서 말하는 것은 오히려 사실과 관계없이 자신의 세계를 표현하는 서사에 따라 주체화가 일어난다는 것이다. 주체화는 시와 아름다운 거짓말이 사실과 무관하게 각각 자신의 세계를 표현하는 것과 같은 방식으로 일어나는 것이다.

그리고 마지막으로 우리는 교육에서의 해방을 살펴볼 수 있다. 여기서 우리는 다시 인간의 평등이라는 '가정'이 있어야 한다는 랑시에르의 중요한 주장으로 돌아갈 수 있다. 언뜻 보기에, 이러한 가정을 주장하는 것은 다소 의심스럽고 자의적인 것처럼 보인다. 왜 평등을 '가정'하는가? '실제로' 인간의 평등을 '믿는 것'이 더 간단하지 않은

가? 왜 평등을 주장하지 않고 가정하는 것인가? 그러나 랑시에르의 진리에 대한 불가지론적 지향을 염두에 두면, 평등을 주장하는 것, 즉 진리로서의 평등을 주장하는 것은, 평등을 '진리와 환상을 분리하는 담론'의 일부로 위치시키게 된다는 것이 매우 분명해진다(Rancière 2006a, p. 10). 그렇다. 평등을 가정하는 주장은 사실 자의적이다. 이것이 자의적인 것은 언어가 자의적인 것과 같다. 이는 '진리는 필연적이고 언어는 자의적이란 의미에서 자의적이다'(Rancière 1991a, p. 60). 이러한 가정을 고집하는 것은 많은 사람들에게 이해가 되는 아름다운 거짓말을 고집하는 것과 같다.

사실, 평등을 가정하는 것은 해방의 교육자가 랑시에르의 연구에 따라 받아들이는 진리에 대한 보다 일반적인 불가지론적 태도의 한 가지 사례일 뿐이다. 이러한 태도는 『무지한 스승』에 등장하는 '무지한'이라는 단어의 다양한 함축적 의미에서 확인할 수 있으며, 랑시에르의 『분과학문들 사이에서 사고하기: 지식의 미학』(2006a), 그리고 에세이 「『무지한 스승』에 대하여」(이 책)에서도 볼 수 있다. 『무지한 스승』에 나와 있듯이 '무지'를 해석하는 한 가지 간단한 방법은, '자신도 모르는 것을 가르쳤던' 교사와 같은 해방적 교사에 대한 랑시에르의 설명을 따르는 것이다(Rancière, 이 책, p. 3). 말하자면 해방의 교사는 자신이 모르는 것들을 가르친다. 이런 의미에서 무지는 일종의 '비어있음void'을 의미한다. 무지는 알지 못하고 이해하지 못하는 것으로 이루어진다. 사실, 이 첫 번째 부류의 무지는 『무지한 스승』이 일반적으로 어떻게 받아들여졌는지를 설명한다. 언뜻 보기에 랑시에르는 무지의 '비어 있음'을 고수하는 해방적 교수법을 언급하고 있는 것 같다. 하지만 랑시에르의 글을 이런 식으로 이해하는 것은 문제가 있다. 해방의 교수법에 대한 자코토의 기본적인 경험을 자세히 살펴보면 이런 독해법의 문제가 드러난다. 이런 독해가 문제인 것은, 바로 플랑드르어를 사용하는 자코토의 학생들은 자코토가 전혀 모르는 언어를 사용하고 있었지만 자코토가 잘 알고 있는 언어를 실제로 배우고 있었기 때문이다. 자코토는 학생들이 배우고 있는 프랑스어에 대해 전혀 무지하지 않았다. 그래서 이 기본적인 경험에서 그는 절반밖에 무지하지 않았던 것이다. 그는 학생들이 어디에서 출발했는지는 알지 못했지만 어디를 향해 가고 있는지에 대해서는 잘 알고 있었다.

랑시에르의 저작에서 무지는 '비어 있음' 이상의 의미를 내포하고 있다. 그것은 또한 앞에서 설명한 진리에 대한 불가지론적인 관계를 의미한다. 이것이 앞서 살펴본 무지, 즉 '해방시키는 무지'이다(Rancière 2006a, p. 3). 자코토가 플랑드르어에 대해 무지했던 것은 사실이다. 그러나 이것은 무지의 절반에 불과하다. 나머지 절반은 '진리와 환상을 구분하는 담론'에 대한 무지와 관련이 있다(Rancière 2006a, p. 10). 이것은 그의 학생들이 프랑스어를 모르는 상태에서 프랑스어를 아는 상태로 어떻게 나아갔는지에 대해 아는 것과 관련된 모종의 불가지론에 대한 주장이다. 자코토가 플랑드르어 표현을 가지고 프랑스어 표현을 판단할 수 있는 방도는 전혀 없다. 랑시에르는 이 두 언어 표현을 엮을 수 있는 방법에 대해 어떤 진리를 가정하는 것도 무시해야 한다고 주장한다. 이 두 언어 표현은 어떤 해석적 지식에도 구속되지 않는다. 이 두 언어 표현들은 학생의 의지와 교사의 의지에 의해서만 구속된다. 해방의 교육자가 수동적인 무지를 실천할 수 있는 것은 사실이다. 그는 특정 지식이 비어 있는 상태로 남아 있기를 선택할 수 있다. 그러나 해방의 교육자는 또한 보다 일반적이고 능동적인 무지, 즉 진리를 무시하는 것을 실천할 수 있다.

이 장에서 살펴본 바와 같이, 랑시에르의 불가지론적 진리관은 학교의 설명 체제에 대한 비판과 해방에 대한 새로운 논리의 핵심이다. 랑시에르가 자신의 저서를 이야기꾼이나 논객의 저서로 그렸기 때문에 그의 이러한 진리관은 놀랄 일이 아니다. 그러나 이러한 진리관은 오늘날의 일반적인 지적 담론, 즉 진리와 부합되지 않더라도 일을 진행하기보다는 우선 진리에 도달하는 것을 목표로 삼는 담론에서 쉽게 받아들여지지 않는 입장이다. 그래서 이야기꾼이나 논객의 저서조차도 진리, 본질 그리고 다른 진리와의 관계라는 측면에서 쉽게 해부되는 것을 볼 수 있다. 우리는 어떤 근본적인 진리를 얻고자 하는 이러한 경향에 반대하여 앞 장을 랑시에르의 에세이에 배정했다. 우리는 랑시에르의 저서가 갖는 진리를 사회적 인정 투쟁의 측면에서 찾는 것은 불가능함을 보여주었다. 이제 우리는 다시 언어의 영역을 살펴볼 것이다. 앞에서 보았듯이 언어는 진리에 이르는 왕도를 제시하기보다는 진리를 '조각낸다.' 특히 우리는 학습하는 이들이 구두로 표현하는 언어를 살펴볼 것이다.

7장

학습자, 학생, 말하는 자

제7장

학습자, 학생, 말하는 자

학습자는 경지에 이른 한 사람의 양털 깎기나 수레 끌기 전문 일꾼
이 아니라 아직 5,000마리(퀸즐랜드에서는 10,000마리)의 양털을 깎지
않은 초보 일꾼이다.   (Gunn 1965, p. 35)

서문

이번 장에서는 말하기의 문제를 다루고자 한다. 이를 위해서 먼저
간단한 질문을 던질 것이다. 가르침을 받는 사람들을 어떻게 부를
것인가? 말하자면 교육의 대상은 누구인가? 이 질문을 하는 것은 언
어가 중요하다고 믿기 때문이다. 이것은 언어가 일종의 신비한 힘을
가지고 있어서가 아니라 단지 단어들이 다른 단어들과 연결되어 있
어서 특정 단어를 사용했을 때 다른 단어보다는 어느 특정 단어로
더 쉽게 이어지기 때문이다. 그러므로 우리는 근본적인 가정을 파헤
치는 것을 목표로 하는 것이 아니라(이것은 표면과 이면 간의 근본적인
구별을 암시하는 것이기 때문에) 의미와 표현의 경로를 따르는 것을 목

표로 한다. 이러한 경로는 감각적인 것의 특정한 나눔을 설정하고 이런 식으로 말하는 방식, 행동 방식 및 존재 방식 간의 특정한 관계를 명확히 한다. 이것이, 언어가 중요한 이유이다.

학습자

영어에는 교육의 대상을 지칭하는 몇 가지 단어가 있다. 다른 언어에는 영어로 쉽게 번역될 수 없는 단어가 있지만 다른 언어의 유사한 단어와 적절하게 연결되는 단어도 있다.[1] 여기서 우리는 특히 교육의 주체를 지칭하는 단어의 하나인 '학습자'에 관심을 둔다. 우리의 분석이 정확하다면 ─ 이러한 주장을 뒷받침하는 실증적 근거가 있다(see Haugsbakk and Nordkvelle 2007) ─ '학습자'란 단어는 지난 20~30년 동안 영어권 세계에서 급속도로 유명해졌다. 우리는 정책 문서, 교육연구 및 교육에 관한 일상의 언어적 표현에서 이를 확인할 수 있다(Biesta 2004; 2009 참조). '학습자'라는 단어의 부상은 '학습에 대한 새로운 언어'의 출현이 되었다. 즉 학생을 학습자로, 교사를 학습 촉진자로, 학교를 학습 장소로, 직업 교육을 학습 및 기술 분야로, 어른을 성인 학습자 등으로 지칭하게 된 것이다. 학습의 언어로 표현된 야심은 비록 해방이라는 '낡은 논리'를 통해서이기는 하지만, 강조점을 교사, 교육과정, 학교 그리고 다른 '투입 요소'로부터, 학습을 통하여 이익을 얻게 될 사람들의 활동과 정체성으로 옮기려는 시도로 해석될 수 있다는 점에서 부분적으로는 해방의 야심으로 이해될 수 있다. 그러므로 학습의 언어가 부상한 것과 학생들을 학습자로 지칭하는 것은 어떤 의미에서 학습자를, 우선 교사로부터 그리고 더 넓은 교육 시스템으로부터 해방시키려는 노력으로 볼 수 있다. 그러나 이로 인한 이득은 또한 손실이기도 하다. 왜 그럴까?

누군가를 학습자라고 부르기 위해서는 그는 배울 무언가가 있어야 한다는 단순한 관찰에서 시작할 수 있다. 이 '무언가'는 지식, 가치, 이해, 기술, 성향, 능력, 역량, 비판정신, 정체성, 자율성 등 배울 수 있는 것이라면 거의 모든 것이 될 수 있다. 그러나 누군가를 학습자라고 부를 때 놀라운 점은 무엇을 배워야 하는지가 핵심이 아니라는 사실이다. 중요한 것은 학습자를 결핍의 측면에서 바라본다는 것이다. 학습자는 무언가가 부족한 사람, 아직 완성되지 않은 사람이다. 아마도 10마리 양의 털을 깎으면 양털 깎는 사람으로서 유능하다고 느낄 수 있지만, 학습자라는 정체성의 꼬리표를 떼려면 앞으로 4,990마리(퀸즐랜드에서는 9,900마리)의 양이 더 필요하다. 영국에서는 학습자가 '운전 교습생'일 때 학습자의 정체성이 매우 잘 드러나는데, 이는 학습자가 자동차를 운전할 수 있는 공식적인 면허를 얻을 때까지 대문자 "L"이라고 쓴 학습자 표시판을 자신의 자동차 앞과 뒤에 부착해야 하기 때문이다. 학생을 '학습자'라고 부르거나 어른을 '성인 학습자'로 지칭하는 것도 근본적으로 이것과 다르지 않다. 이는 기본적으로 아직 지식이 없거나, 아직 숙련되지 않았거나, 아직 유능하지 않거나, 아직 자율적이지 않다는 것을 나타내기 위해 학습이라는 표시판을 부착한다는 것을 의미한다. 이것을 단순한 해방의 사례로 보기는 어렵다.

따라서 누군가를 학습자라고 부르는 것은 한편으로 배운 사람들,

아는 사람들, 무언가를 할 수 있거나 존재감이 있는 사람들과 다른 한편으로 알기 위해, 할 수 있기 위해, 존재감 있기 위해 아직 배워야 하는 사람들 사이의 불평등을 암시한다. 이것 자체는 문제가 되지 않는다. 양털을 깎거나 차를 운전하고 싶으면 반드시 배워야 할 것들과 숙달해야 할 기술들이 있다. 일단 이것이 성공적으로 이루어지면 우리는 이미 무언가를 알고 있고 그것을 할 수 있는 사람들과 동등하다고 생각할 수 있다. 문제가 발생하는 시점은, 무지에서 지식으로, 또는 무능력에서 능력으로 궤도가 옮겨가려면 학습자가 아직은 스스로 배울 수 없다는 가정하에 교육자의 개입을 필연적으로 요구한다고 주장할 때이다. 그러므로 아직 알지 못하거나 할 수 없는 것을 배울 필요가 있는 사람이라는 소극적 개념의 학습자가 있는 반면, 교육자의 개입 없이는 스스로 배울 수 없는 사람이라는 적극적인 개념의 학습자도 있다. 이와 같이 적극적인 개념의 학습자는 보다 근본적인 것이 결핍되어 있음을 시사한다. 여기서의 학습자는 단순히 배워야 할 것이 결여되어 있는 것이 아니고 바로 교육자의 개입 없이는 학습할 수 있는 능력이 결여되어 있다. 이런 문제에 대한 논쟁들은 교육자들에게 잘 알려져 있다. 이 논쟁에는 기본적으로 발달에 관련된 것과 교육과정에 관련된 것 두 가지가 있다. 발달 관련 논쟁에 따르면 아이는 아직 이 특별한 것을 배울 수 있도록 충분히 발달하지 않았다. 여기서는 예를 들어, 아이의 지적 능력이 아직 충분히 성숙하지 않았거나 전두엽이 이를 따라잡기를 기다리고 있다고 말한다. 한편 교육과정 논쟁에 따르면 주제는 있는 그대로 이해하기에는 너무 어렵기 때문에 교사가 더 작은 단위로 쪼갠 다음 학습자가 단계적으로 이해에 도달할 수 있도록 순서를 지정해 줘야 한다. 따라서 우리는 학습자들이 스스로 숨을 쉴 수 있을 때까지 당분간 **교육적 인공호흡기**를 착용하도록 한다. 거기에 이를 때까지 교사가 해야 할 주된 임무는 학습자 스스로 아직 이해할 수 없는 것을 학습자에게 **설명**하는 것이다.

따라서 설명은 '무지한 사람과 유식한 사람 사이의 불평등한 상황을 줄이기 위한 수단'으로 제공된다(Rancière, 이 책, p. 7). 하지만, 과연 그런가? 설명은 그렇다는 인상을 줄 수도 있다. 많은 사람들이 무언가에 대해 설명을 들었던 경험을 가지고 있을 것이며, 따라서 이런 말을 들었다면 '그렇다'고 대답했을 것이다. 그러나 설명자는 설명이 무지한 사람들을 위한 것임을 알 수 있으며, 따라서 자기는 단지 아는 것을 그들에게 전달할 뿐이라는 것은 사실이 아니다. 설명을 듣는 이들은 스스로 진리를 알아내야 한다. **설명이라는 행위를 통해서 전달되는 것은 아마 설명 그 자체가 아니라 설명이 '불가피하다'는 관념, 말하자면 학습자는 설명 '없이는' 이해가 불가능하다는 관념일 것이다. 학습자가 자신에게 설명해주는 것을 이해하려면 스스로 생각해 내야 한다는 것이 진실이다.** 랑시에르가 '누군가에게 무언가를 설명하는 것은 무엇보다도 스스로 그것을 이해할 수 없다는 것을 보여주는 것'이라고 한 것은 이를 두고 한 말이다(Rancière 1991a, p. 6). 다시 말하면 **'설명한다는 것은 상대의 무능을 드러내는 것'**이다(Rancière, 이 책, p. 7).

설명은 모르는 사람과 아는 사람 사이의 격차를 메우기보다는, 즉 불평등을 평등으로 바꾸기보다는 사실상 이 불평등을 제도화하고 어떤 의미에서는 불평등에 시동을 걸며 불평등을 끊임없이 확인한다.

그러므로 학습자가 설명을 필요로 한다는 것은 사실이 아니다. 오히려 설명의 행위는 학습자를, 설명이 없이는, 즉 '설명의 대가master explicator'가 개입하지 않고서는 학습할 수 없는 학습자로 만든다. 말하자면 학습자는 '설명적 질서'의 결과물이지(Rancière 1991a, p. 4), 설명적 질서를 필요로 하도록 만드는 사람이 아니다. 앞서 살펴본 바와 같이 설명적 질서는 이런 방식으로 '교수법의 신화' 위에 세워진다. 이것은 '유식한 마음과 무식한 마음, 유능한 자와 무능한 자, 똑똑한 자와 어리석은 자로 분할되어 있다는 세계의 우화인 것이다'(Rancière 1991a, p. 6). 그렇기 때문에 설명자의 '특별한 속임수'는 '이중적인 시작의 제스처'로 구성된다(같은 책, p. 6).

> 한편으로 그는 절대적인 시작을 선포한다. 이제야 비로소 배움의 행위가 시작된다. 다른 한편 그는 배워야 할 모든 것 위에 베일을 씌우면서 그것을 걷어 올리는 일을 자신만이 감당하려고 한다.
> (같은 책, pp. 6-7)

여기에 담긴 교사의 의도는 일반적으로 칭찬할 만하다. 왜냐하면 그는 '자신의 지식을 학생들에게 전달함으로써 학생들의 지식을 자신과 같은 전문가의 수준으로 끌어올리려' 하는 것이기 때문이다(같은 책, p. 3). '학생이 혼자서는 이해할 수 없었던 것의 베일을 체계적으로 벗기는' 교사의 '기술'은 '학생이 언젠가는 교사와 동등한 존재가 될 것이라고 약속하는 기술이다'(Rancière, 이 책, p. 9). 하지만 과연 이 약속은 지켜질 수 있을까? 설명의 고리에서 벗어날 수 있을까? 아니면 설명의 궤도에서 출발하자마자 영원히 거기에 있을 것이고,

설명자가 이미 이해하고 있는 것을 항상 따라잡고 이해하려고 노력은 하지만 이를 이해하려면 항상 설명이 필요하기 때문에 출발한 자리에 영원히 머물게 되는 것은 아닐까? 이렇게 보면 설명은 '어떤 목적지에 도달하기 위한 실천적 수단과는 완전히 다른 그 무엇'이지만 오히려 그 자체가 종점으로 보인다. 설명은 '기본 공리, 즉 불평등의 공리를 끊임없이 검증하는 것'이다(Rancière, 이 책, p. 7). 그렇다면 학습자가 되자마자 자동적으로 평생 학습자가 되는 것인가?

학생

학생을 설명자에게 묶어 놓는 무력함의 고리에서 벗어나게 할 수 있을까? 교육에 참여함으로써 학생이 바보가 되기보다는 해방되는 것이 가능할까? 아마 그럴 수 있을 것이다. 그러나 이는 더 많이 '다듬어진' 혹은 '진보적인' 설명을 도입함으로써 성취할 수 있는 것은 아니다.

> '바보 만들기'와 '해방'의 구별은 교육 방식의 차이가 아니다. 그것은 한편에서 전통적 또는 권위주의적 교육 방식과, 다른 한편에서 새롭고 또는 활동적인 교육 방식 간의 차이가 아니다. 바보 만들기는 모든 형태의 활동적이고 현대적인 교육 방식에서도 일어날 수 있다. (Rancière, 이 책, p. 11)

그렇다면 설명 없이 가르치는 것이 가능할까? 앞에서 보았듯이, 랑시에르는 이것이 가능하며 더 중요한 것은 설명 없이 가르치는 일에 전념할 때에만 학생을 바보로 만들지 않고 해방시킬 수 있다고 본다는 것이다.

이 가능성을 설명하면서 랑시에르는 자코토와 그의 학생들 간의 관계를 지적 능력과 지적 능력의 관계가 아니라 '의지와 의지'의 관계로 묘사한다(Rancière 1991a, p. 13). '한 사람의 지적 능력이 다른 사람의 지적 능력에 종속될 때'는 언제나 바보 만들기가 일어나는 반면, 지적 능력이 자신에게만 복종할 때는 '의지가 다른 의지에 복종하는 경우'에도 해방이 일어난다(같은 책, p. 13). 그러므로 해방교육의 핵심은 '자기 자신에게 지적 능력을 드러내는 행위'이다(같은 책, p. 28). 그리고 이런 행위는 보고 또 보고, 말하고 또 반복하는 것에 대한 절대적인 주의를 학생에게 요구한다(같은 책, p. 23). 앞서 논의했듯이 학생들이 자신들의 지적 능력을 사용하라는 요청을 받았을 때 선택할 경로가 완전히 알려진 것은 아니지만 랑시에르에 따르면 학생으로서 회피할 수 없는 것은 '자유의 행사'이며, 여기에는 '무엇이 보이는가, 그것에 대해 어떻게 생각하는가, 어떤 의견을 갖고 있는가'와 같은 세 가지로 구성된 질문이 요청된다. 그리고 이와 같은 질문은 무한히 이어질 수 있다(같은 책, p. 23). 그렇기 때문에 교사에게는 두 가지 '근본적 행위'만이 존재한다. **첫째**는 학생에게 질문하고 말을 하도록 하는 것이다. 말하자면 이것은 스스로를 인식하지 못했거나 포기했던 지적 능력이 드러나도록 하는 것이다. **둘째**는 지적 능력의 작용이 주의 깊게 수행되고 있는지 **확인**하는 것이다(같은 책, p. 29; 강조는 원본) 여기서 확인해야 하는 것은 지적 능력을 활용해서 얻은 '성과'가 아니라 지적 능력의 '활용', 즉 지적 능력의 작용이 주의 깊게 이루어졌는가 하는 것이다. 성과의 확인에 주목한다면 이는 설명의 과정으로 돌아가는 것이다.

앞에서 지적했듯이, 이 질문은 소크라테스식으로 이해해서는 안 된다. 소크라테스식 질문의 유일한 목적은 교사가 이미 알고 있는 지점으로 학생을 데려가는 것이다. 이것이 '학습의 길은 될 수 있지만', '해방의 길은 결코 아니다'(같은 책, p. 29). 해방의 핵심은 자신의 지적 능력을 다른 사람의 지적 능력과 동등하다고 생각하고 다른 사람의 지적 능력을 자신의 지적 능력과 동등하다고 생각할 때 이러한 지적 능력으로 할 수 있는 것이 무엇인지를 의식하는 데 있기 때문이다(같은 책, p. 39). 따라서 끊임없이 확인되어야 할 것은 '모든 말하는 존재의 평등의 원리'(같은 책, p. 39)이며 '지적 능력에는 위계가 없고' 지적 능력의 발휘에 있어서만 불평등이 있을 뿐이라는 믿음이다(같은 책, p. 27). 결국, '일반 사람들을 괴롭히는 것은 가르침이 부족하다는 사실이 아니라 자신들의 지적 능력이 열등하다는 믿음이다'(같은 책, p. 39). '해방을 추구하는 교사에게 요청되는 것은 무지하다고 여겨지는 사람에게 현재 알고 있는 것에 대해 만족해버리는 것, 말하자면 더 이상 알 수 없음을 인정하는 것에 대해 만족해하는 것을 금지하는 일이다'(Rancière, this volume, p. 9). 그러므로 유일하게 꼭 필요한 것은, 사람들에게 자신들은 스스로 알고 생각할 수 있는 존재들이며 자신들을 위해서 대신 알고 생각할 수 있다고 주장하는 사람들에게 의존하지 않는다는 점을 상기시키는 일이다.

따라서 자코토의 접근법은 반권위주의적이지는 않다. 말하자면 교육이 개별학습이든 집단학습이든 교육자의 권한을 박탈해 학습자를 해방시켜 교육이 학습으로 해체되도록 하려는 접근이 아니다. 교육자는 여전히 있어야 할 자리에 있지만, 설명자로서 존재하는 것이 아니다. 말하자면 그는 우월한 지적 능력이 아니라 학습자에 대한 모종의 의지가 있는 사람으로서 학생에게 노력을 요구하고 노력이 이루어진 것을 확인하는 사람으로서 존재하는 것이다. '무지한 사람도, 교사가 할 수 있다고 믿고 그의 능력을 실현할 수 있도록 한다면 교사가 모르는 것을 스스로 배울 수 있다'(Rancière 1991a, p. 15). 이것은 바로 교육의 주체가 되는 사람의 정체성을 변화시키는 것이다. 그것은 더 이상 '학습자'의 정체성이 아니다. 즉 이 정체성은 자신의 지적 능력이 다른 사람의 지적 능력에 종속되어 있어서 설명자의 수준으로 '향상'되기 위해서는 교사의 설명이 필요한 사람의 정체성이 아닌 것이다.[21] 교육의 주체가 된 사람은 면학에 힘쓰도록 요청받으며 따라서 문자 그대로 '학생'이 된다.

말하는 자

랑시에르의 교육 사상을 심리학 용어로 읽고 그것을 교수학습 이론으로 이해하고 싶은 유혹이 있을 수 있다. 이런 측면에서 보면 랑시에르의 사상에는 한편으로, 우리가 알고 있는 것, 예를 들어, 아동 발달이나 커리큘럼, 교육에 대해 알고 있는 것과 대비되는 것 같은 놀라운 주장들이 있다. 다른 한편으로, 사람들의 학습방법과 관련된 구성주의적 견해에 공감하는 것처럼 보이는 더 친숙한 아이디어들도 있다. 그러나 랑시에르의 핵심은 사실 '더 나은 교수법'이 아니라 완전히 다른 길, 즉 '자유의 길'(Rancière, p. 14)과 해방에 관한 것이다. 교육을 해방과 자유에 관한 것으로 본다면, 랑시에르의 핵심은 정치적인 것이며, 따라서 철저하게 교육의 요체인 것이다(Biesta 2006 참조). 그리고 이 모든 것에 걸려 있는 질문은 매우 간단하다. '누가 말을 할 수 있는가?'

다시 말하지만 이 질문을 심리학적인 용어로 읽어서는 안 된다. 여기서의 질문은 누가 말하는 능력이나 재능을 가지고 있는지에 관한 것이 아니다. 만일에 이런 의미로 읽는다면 이는 말하기 영역에서 장애가 있거나 능력이 없는 사람들이 있다는 말이 될 것이다. **'누가 말을 할 수 있는가' 하는 질문은 어떤 의미에서 누가 말할 수 있도록 허용되는가에 관한 것이다.** 그러나 여기서 '어떤 의미에서'란 표현은 중요하다. 이 '허용됨'이란 말을 학습자가 입을 열 수 있도록 허용할지 여부를 결정하는 권한을 주장하는 교사의 측면에서 읽어서는 안 되기 때문이다. 그렇게 읽는다면 '누가 말을 할 수 있는가'란 질문을 불평등의 가정에서 시작하는 인정 철학의 틀(Honneth 1996) 안으로 끌어들이게 될 것이기 때문이다. 이런 틀에서 누구는 다른 이들이 말할 수 있게 하는 힘을 가지고 있고, 또 다른 누구는 말을 할 수 있다고 생각하기 전에 강력한 힘을 가진 다른 사람들의 허락이 필요하다고 보는 위치에 있기 때문에 여전히 극복하고자 하는 바로 그 불평등과 배제를 재현하고 있다. 그렇다면 이것은 '설명적 질서'에서 일어나는 일을 묘사하는 또 다른 방법일 뿐이다. 왜냐하면 설명은 아직 말할 수 있는 능력이 없다고 여겨지는 사람들을 '이치에 맞게' 말할 수 있는 이성과 이해의 수준으로 끌어들이려는 시도라고 볼 수 있기 때문이다.

말하는 문제를 이런 식으로 보는 것은 학습자가 '목소리'를 내기보다는 '소음'을 만드는 것으로 배움을 시작한다는 것을 암시할 뿐만 아니라 학습자에게는 그들의 소음이 실제로 무엇을 의미하는지 설명해주는 교사가 필요하다는 것을 의미한다. 이런 식으로 목소리를 낸다는 것은 교사가 학습자들에게 그들이 생각하고 말하는 것을 말해줘야 한다는 것을 의미할 것이다. 이것은 또한 학생들의 생각과 말을 교사의 생각과 말로 '덮어쓰기' 하고, 따라서 학생 스스로 생각하고 말하는 '능력'을 부정하는 것이다. 그러므로 '누가 말을 할 수 있는가' 하는 질문이 '누가 말할 수 있도록 허용되는가' 하는 질문에 관한 것이라고 하는 것은, 다른 사람에게 말을 할 수 있게 하는 힘을 가진 누군가를 지목하려는 문제에 관한 것이 아니라, 특정한 감각적인 것의 나눔을 가리키는 것이다. 이 감각적인 것의 나눔에서 어떤 '소리'는 '소음'으로, 다른 '소리'는 '목소리'로 존재한다.

인간은 특정한 감각적인 것의 나눔 안에서 말을 한다. 이 경우, 말하기는 정체성을 확인하는 문제, 말하자면 기존의 정체성, 즉 기존 질서 내에서 있어야 할 자리를 받아들이는 문제이다. 그러나 이것이 '말하는 일에 나설 수 있는' 유일한 방식은 아니다(Hallward 2005 참조). 말하기는 **정체화**identification의 행위가 되는 데 그치지 않고 **주체화**subjectification**의 행위**도 될 수 있다. 즉, 말하기는 이미 자신을 기다리고 있는 정체성을 취하는 문제에 관한 것일 필요가 없다. 말하기가 기존 감각적인 것의 나눔을 보완하는 것이라면, 다시 말해 말하기가 이러한 나눔에 이질적인 요소를 도입하는 것이라면, 말하기는 모든 말하는 존재의 평등을 '검증'할 수가 있다. 말하기와 관련된 이 두 가지 방식 간의 차이는 보기보다 덜 두드러진 것일 수도 있다. 어떤 수준에서, 특정한 감각적인 것의 나눔을 해체하고 재구성할 수 있는 힘을 갖고 있는 것처럼 보이는 것, 그리고 랑시에르가 정의하는 정치의 의미에서 정치적 '효과'를 가진 말하기로 간주될 수 있는 것은 두 번째 형태, 즉 주체화로서의 말하기뿐이다. 그것은 치안 질서 내에서 '평등에의 새로운 기입new inscriptions'을 일으키는 형태의 말하기다(Rancière 1999, p. 42).

그러나 이러한 평등에의 기입이 갖는 '힘'은 질의 문제일 뿐만 아니라 양의 문제이기도 하다. 주체화로서의 말하기는 새롭고 다양한 종체화의 기회를 만들어낸다. 랑시에르가 말했듯이, 이런 형태의 말하기는 **추가적인 논증을 위한 새로운 가시 영역**을 만들어낸다(같은 책, 강조는 추가). 그리고 이러한 정체화는 소위 최초의 정치적 행동의 '힘' 혹은 '중요성'을 높인다. 그러므로 정체화로서의 말하기가 반드시 정치적 의미가 없는 것은 아니다. 중요한 것은 정제화가 치안 질서 내에서 '평등에의 기입'과 일치하는지 여부이다. 따라서 '평등에의 기입'이라는 개념은 또한 치안 질서와 정치 사이의 구별을 도덕적 용어로 생각해서는 안 된다는 것을 말해준다. 즉 치안 질서와 정치를 '좋은 것'과 '나쁜 것', 혹은 '평등과 관련이 없는 것'과 '평등과 관련이 있는 것'으로 구별해서 접근해서는 안 된다는 것을 나타낸다. 우리는 랑시에르가 '더 나쁜 치안이 있고 더 나은 치안이 있다(1999, pp. 30-31)'고 강조했음을 알고 있다. 이것이 제도가 중요한 이유이며 정체화로서의 말하기 역시 정치적 의미를 가질 수 있는 이유이기도 하다. 그러나 더 나은 치안은, '당연한 것으로 여겨지는 사회의 질서나 입법자들의 과학을 고수하는' 치안이 아니라 '평등주의 논리에 의해 저질러진 모든 강제 진입'으로 인해 그 '자연적 논리'에서 벗어난 치안이다(같은 책, p. 31). 따라서 치안 질서는 '모든 형태의 선을 산출할 수 있으며, 한 유형의 치안이 다른 치안에 비해 무한히 선호될 수 있다'(같은 책). 그러나 앞서 살펴 보았듯이, 치안이 '달콤하고 친절한 지'(같은 책) 여부에 따라 정치와 반대가 되고 안 되고 하지는 않는다.

교육의 주체인 사람들을 '학습자'라고 부를 때, 그들은 아직도 배워야 하고 그들의 학습은 설명에 의존하는 것으로 간주되는 위치에 바로 놓이게 된다. 그러므로 그들은 아직 말을 할 수 있는 존재가 아니라는 말을 듣는다. 학습자는 교육이 마무리되기 전까지는 소음만 낼 뿐이며, 그들이 말을 한다고 하면 그것은 그들이 낸 소음의 의미에 대해 교사가 설명을 해 준 결과이다. 앞서 논의했듯이 이것은 그들이 결코 자신의 말을 할 수 없다는 것을 의미한다. 그런데 교육의 주체인 이들을 '학생'이라고 부를 때, 그들은 교사의 설명 없이도, 교육적 '인공호흡기' 없이도 학습할 수 있다는 가정에서 출발한다고 할 수 있다. 이런 의미에서 우리는 지적 능력과 지적 능력의 관계가 아니라 다른 관계, 즉 의지와 의지의 관계를 설정하고 있다(다른 관계를 시작한다고 할 수도 있다). 그렇게 함으로써 우리는 학생들이 대가의 설명이라는 새로운 지적 능력을 추가로 습득해야 한다는 것을 부인하고 있다(Rancière 1991a, p. 8 참조). 이것이 바로 해방의 교육은 모든 인간의 지적 능력이 평등하다는 것을 가정하는 것에서부터 시작된다는 랑시에르의 주장에 함축되어 있는 의미이다. 이는 '모든 지적 능력의 모든 작용이 동일하다'는 것을 의미한다기보다는 '모든 지적 훈련에는 하나의 지적 능력만이 작용한다'는 것을 강조하는 것이다(Rancière,

이 책, p. 11). 해방의 교사는 학생들에게 그들의 지적 능력을 활용하라고 요구하는 것 이상(또한 그 이하)의 일을 하지 않는다. 그들은 소위 무지한 사람이 더 이상 아는 것은 불가능하다는 것을 인정하고서 (…) 만족해하는 것을 금지한다(같은 책). 그러나 학생들은 공부를 해야 한다고 말하는 것만으로는 아직 충분하지 않다. 결국, 다른 사람들의 설명(세계는 이러한 설명으로 가득 차 있다)으로부터 배우는 학생이 되느냐 아니면 자신의 '궤도'를 따르는 학생이 되느냐 하는 것은 결정적인 차이가 있다(Rancière 1991a, p. 59). 그러므로 중요한 것은 학생들이 공부를 한다는 사실이 아니라 **말을 한다는 것**이다. 랑시에르^{Rancière}가 말했듯이, 우리 지적 능력의 '선도적 미덕은 **시적인 미덕이다**'(같은 책, p. 64). 말하는 행위 속에서 사람은 자신의 지식을 전달하지 않고 시를 쓴다. 그는 번역을 하고 다른 사람들도 그렇게 하도록 초대한다(같은 책, p. 65). 해방을 추구하는 교사는 '말을 하도록 요구한다. 즉 스스로 인식하지 못했거나 포기해버렸던 지적 능력을 발휘하도록 요구한다'(같은 책, p. 29; 강조 추가). 랑시에르의 관찰이 갖는 중요성은 바로 여기에 있다.

─ 나도 말할 수 있다

따라서 모든 학생들이 말을 할 수 있다고 가정하는 것, 보다 정확하게는 처음부터 말을 할 수 있다고 가정하는 것이 해방 교육의 특징이라고 할 수 있다. 다시 말하면 학생들은 말하기 능력이 부족하지도 않고 소음을 내는 것도 아니라는 가정에서 교육을 하는 것이다. 요컨대 학생들은 이미 말을 한다는 가정에서 출발하는 것이다. 물론 이것은 설명적 질서의 옹호자들이 세계를 보는 방식이 아니다. '그들은 세계와 우연히 부딪히면서 아직까지 볼 수 없었던 세계, 그렇게 하도록 가르쳤을 때만 분별할 수 있는 세계를 탐험하는 작은 동물을 상상한다'(Rancière 1991a, p. 11). 반면에 해방의 교사는, '사람의 아이는 무엇보다도 말하는 존재'라는 가정에서 출발한다(같은 책).

> 자기가 들은 말을 반복하는 아이와 『텔레마코스의 모험』에 '몰두한' 플랑드르의 학생은 아무렇게나 진행하지 않는다. 그들의 온갖 노력과 탐험의 방향은 다음과 같은 점에 모아진다. 누군가 그들에게 말을 건넨다. 그들은 학생이나 학식 있는 이들로서가 아니라 인간으로서 그 말의 뜻이 무엇인지 인식하고 거기에 반응하고 싶어 한다. 당신을 시험하는 누군가에게 대답하는 방식이 아니라, 평등의 징표 아래 당신에게 말을 건네는 누군가에게 대답하는 방식으로. (같은 책).

확실히 신생아들이 내는 소리는 우리의 귀에 꽤 이질적이다. 그러나 그 소리들을 소음으로 분류할 때, 우리는 심리적인 사실을 말하는 것이 아니라 정치적 차별을 끌어들이고 있는 것이다. 이는 그들이 말할 수 있는 능력이 결여되어 있음을 말하는 것이며, 따라서 신생아는 그 소리가 무엇을 의미하는지 우리로부터 들어야 한다는 것을 시사한다. 이는 또한, 우리가 그들에게 이 사실을 말할 수 있는 위치에 있음을 의미한다. 그렇게 할 때 우리는 불평등의 가정에서 시작하여 무력함의 사이클에 갇히게 된다. 이에 대한 대안은 불평등을 보완하거나 해소하려 할 것이 아니라 단지 출발점을 달리 하는 것이다. 그것은 말하는 모든 존재의 평등을 가정하는 것이다. 결국, '평등은 주어지거나 주장되는 것이 아니다. 그것은 실천되고 검증되는 것이다'(Rancière 1999, p. 137). 그러나 그것은 무력함의 사이클에 이질적인 요소를 도입하는 것이기 때문에 '동어반복이나 부조리한 것'으로만 보일 수도 있다(Rancière 1991a, p. 15). 그러므로 학생들은 '말하는 자 speakers'라고 가정하는 데서 출발하는 것은 '가장 어려운 도약'(같은 책, p. 16)이지만, '우리는 어려움을 무릅쓰고 이를 인정하고 그 효력에 대하여 공개적인 검증을 추구해야 한다'(같은 책; 강조는 원본).

말하는 모든 존재의 평등을 가정하는 것으로부터 시작한다고 해서 순진하게 평등이 **존재한다고** 가정하는 것은 아니다. 말하자면 불평등이 어떻게 존재하고 어떻게 평등으로 변화시킬 수 있는지에 대한 특별한 통찰력을 가지고 있다고 순진하게 가정하는 것은 아니라는 의미다. 랑시에르에 따르면 '불평등에 관해서 알아야 할 것이 아무것도 없다'(Rancière 1991a, p. 46).[3]

불평등이 지식에 의해 변형되어 제공되는 것이 아니듯이 평등 또한 지식을 통하여 도달할 수 있는 목적지가 아니다. 평등과 불평등은 두 가지 상태가 아니라 두 개의 '의견', 즉 교육 훈련을 작동시키는 별개의 공리로서 이 둘 사이에는 공통점이 없다. 우리가 할 수 있는 일은 주어진 그 공리를 검증하는 것뿐이다. 학교 교사의 설명 논리는 불평등을 공리로 제시한다. … 반면에 무지한 교사의 논리는 불평등이 아닌 평등을 공리의 원칙으로 삼는다. 그것은 교사와 학생 관계의 불평등한 상태를, 결코 오지 않을 미래의 평등에 대한

약속과 관련 짓지 않고 기본적인 평등의 현실과 관련을 짓는다. 무
지한 자가 교사의 요청을 실천에 옮기려면 교사가 말하는 것을 이
미 이해하고 있어야 한다. 말하는 존재들의 평등은 바로 불평등이
존재하는 기반으로서의 불평등 관계에 앞서 존재한다. (Rancière,
이 책, p. 9)

간단히 말해서, 요점은 지적 능력의 평등을 증명하는 것이 아니다.
'그것은 지적 능력이 평등하다는 가정하에서'(Rancière 1991a, p. 46), 그
'아름다운 거짓말'(Rancière 2006a, p. 10) 아래에서 '무엇을 할 수 있는
지를 보는 것이다'.

우리는 이미 '설명적 질서'가 단지 교육의 논리가 아님을 언급한
바 있다. 그것은 동시에, 그리고 아마 무엇보다도, **사회적** 논리이며
이 논리의 이름은 '진보'이다. 진보는 사회 전체의 허구 속에 구축된
교육적 허구다. 이 교육적 허구의 핵심은 불평등을 발달의 지체로
표현하는 것이다(Rancière 1991a, p. 118). 그렇기 때문에 진보는 '세속적
인 권력'으로서 공교육을 필요로 한다(같은 책, p. 131). 그러나 진보에
들어서자마자, 즉 '불평등한 사람들로부터 평등한 사회 만들기'를 시작
하자마자, 우리가 가야 할 길은 오직 하나, 즉 '사회의 전체적인 유아화,
사회를 구성하는 개인들의 전반적인 유아화general infantilization'일 뿐이
다(같은 책, p. 133). 랑시에르는 덧붙여, '나중에 이것은 평생교육, 즉 설
명 질서의 사회적 확장이라고 불릴 것'이라고 했다. 이와 관련하여
랑시에르는 조세프 자코토를 가리켜 진보란 이름으로 평등의 소멸
을, 교육의 이름으로 해방의 소멸을 인식했으며, '해방적 평등이라는
모든 진보적이고 교육적인 번역을 거부한 유일한 사람'이라고 했다

(같은 책, p. 134). 이러한 배경에서 랑시에르는, **해방은 사회제도를 통해 실현될 수 없다**고 경고한다. 평등을 불평등에서 출발하여 달성할 수 있는 것으로 생각하기 시작하자마자 우리는 이미 평등의 가능성을 포기한 셈이다. 따라서 '평등에는 단계가 없다'는 통찰에 등을 돌릴 때 '지불해야 할 무거운 대가'는 '사회적 해방도 없고 해방적 학교교육도 없다(Rancière, 이 책, p. 15)'는 것이다. 평등을 불평등에서 시작하여 성취할 수 있는 것으로 생각하기 시작하자마자 이미 평등의 가능성을 포기한 것이다. 그 이유는 다음과 같은 통찰에 기인한다. 즉 '설명은 불평등을 표현하고 재현하는 사회적 방법이며, 만일 제도가 이런 표현의 작동 장치라면 지적 해방은 부득이 사회적, 제도적 논리와 구별된다'(같은 책). 그러므로 교육의 주체인 사람들을 어떻게 지칭하는지도 중요하지만 그것은 평등의 공리를 검증한다는 점에서 중요하다. 어쩌면 이 점만이 중요하다고 할 수도 있다. 그것은 학교를 더 진보적이거나 해방적으로 만들기 위해 설명하고 시행할 수 있는 전략이 아니다. 말하자면 설명적 질서는 해방적 질서로 대체될 수 없다. 무력함의 사이클은 다른 지점, 다른 가정, 즉 평등의 가정에서 시작할 때만 중지될 수 있다. 이 사이클을 중지시키는 것은 평등의 가정하에서 무엇을 할 수 있는지를 알기 위함이다. 학생들을 말하는 자로 지칭하자는 제안은 교육의 종착점이 아닌 출발점을 제공한다.

8장

결론: 세상은
학교가 아니다

제8장

결론: 세상은 학교가 아니다

1994년, 랑시에르의 『무지한 스승』에 대한 짧고 비난조의 평론이 〈프렌치 스터디즈 French studies〉 저널에 실렸는데, 여기에 이 평론의 전문을 싣는 것은 그 메시지를 홍보하고 싶어서가 아니라 유아화된 사회의 역기능을 강조하는 방식을 알리기 위함이다.

1987년 프랑스어로 처음 출판된 이 책은 부르봉 왕가의 복귀로 벨기에-네덜란드 왕국에 정착하여 18세기 후반 학교 교사에서 군인이 된 조셉 자코토의 급진적 교수법이 지닌 의미에 대한 고찰로 구성되어 있다. 원래 알튀세르와 가까웠던 유명한 좌파 지식인인 저자는 자코토의 사상과 그 영향력을 설명하기보다는 포스트 마르크스주의의 세계에서 진정한 해방으로 가는 길을 설명하는 플랫폼으로 사용했기 때문에 '고찰'이란 단어를 사용한 것은 올바른 용법이다. 사실 이 텍스트를 보면 어느 지점에서 자코토가 끝나고 어디에서 랑시에르 자신의 이야기가 시작되는지 구분하기 어려운 경우가 종종 있다. 랑시에르는 자코토의 통찰력이 현재에도 매우 중요하다고 믿는다. 그의 통찰력에는 우리 모두가 여론형성층에 속할 수 있고 또 그래야 한다는 해방적인 메시지를 담고 있다. 개인의 해방은 사회의 변화가 아니라 의지의 변화에서 비롯된다. 랑시에르 교육철학의 타당성에 대해 논평하는 것은 프랑스 앙시앵 레짐 교육 역사가의 직분이 아니며, 책이 쓰여진 방식으로 볼 때 자코토의 교육신념과 실천에 대한 상세한 정보가 부족하다고 아쉬워하는 것 또한 평론가의 직분이 아니다. 주제와 저자 모두 분명히 루소주의에, 어떤 면에서는 개인의 변화 없이 사회의 변화가 무의미하다는 것을 강조한 계몽주의의 보수적인 갈래에 많은 빚을 지고 있다고 말하는 것으로 충분하다. 마찬가지로 랑시에르에게는 분명 실존주의적 경향도 있다. 이 번역의 필요성이 있었는지는 또 다른 문제다. 크리스틴 로스Kristin Ross의 흥미로운 서론에서 분명히 알 수 있듯이, 이 책은 교육 개혁을 둘러싼 1980년대 프랑스 사회주의 정당 내의 논쟁과 부르주아 사회가 도래했다는 넓은 관점에서의 좌파적 신념에서 가장 잘 이해될 수 있다. 그렇다면 이것은 이미 우파의 권력 복귀와 함께 다소 시대에 뒤떨어진 파리라는 특정한 배경에서 확고히 굳어진 저서이다. 프랑스 밖에서, 그리고 특히 앵글로 색슨 세계에서 이 저서는 많은 독자를 확보할 것 같지 않다. 대륙 전역에서 실업이 증가하고 있는 시대에, 일하는 남녀 직장인들은 강제적인 여가가 그들에게 그들의 에너지를 창조적인 담론으로 바꿀 수 있는 기회를 부여할 것이라는 아이디어에서 큰 위안을 얻을 것 같지 않다. 유럽의 독학자들은 언제나처럼 소수파가 되고 생피에르 섬에서의 루소처럼 자신 및 자연과 소통이나 하며 살게 될 운명인 것 같다. (1994, pp. 104-105)

랑시에르의 글은 어떻게 접근해야 하는가? 어디에 포함시켜야 할 것인가? 그 특징을 무엇이라고 할 것이며, 어떤 학문 분야로 분류해야 하는가? 이 짧은 리뷰의 논리를 분석하다 보면 이 논평가처럼 랑시에르 저서의 부적절한 점 몇 가지를 알게 될 것이다. 우선 랑시에르의 글이 좌파 지식인으로서의 지위에 물들어 있다는 사실을 알게 될 것이다. 랑시에르는 알튀세르와 단절했음에도 불구하고 이전에 그와 가까이 있었기 때문에 그가 자코토의 교수법을 균형 있게 제시하기를 기대하는 것은 불가능한 소망임을 알게 될 것이다. 또한 랑시에르는 자코토의 가르침에 대한 구체적인 세부 사항을 충분히 제시하지 않았기 때문에 빈틈없는 역사가가 아니라는 것도 알게 될 것이다. 또한 그의 교육 사상은 루소에게서 많은 빚을 지고 있고, 사회적 변혁보다는 개인적 변화에 대한 주장에 크게 영향을 받고 있음도 알게 될 것이다. 그리고 그의 사상이 1980년대 프랑스의 교육개혁 논의에 빚을 지고 있음 또한 사실이다. 이러한 사실은 이제 세상이 바뀌었기 때문에 그의 『무지한 스승』은 이미 시대에 뒤떨어졌음을 보여준다. 우리는 이미 1980년대에 이어 1990년대를 돌아보며 세 번째 천 년을 맞이하고 있다. 뿐만 아니라 이 리뷰를 믿는다면, 랑시에르의 저서는 분명 영어권 세계에서 환영받지 못할 것이다. 그리고 마지막으로, 우리는 이 텍스트가 기본적으로 독학주의라는 고독한 실천방식에 대한 논의임을 알게 될 것이다. 이 실천방식은 암묵적으로 랑시에르의 저서를 특징짓는 것으로서 그의 저서가 외롭게 남아있는 또 하나의 이유를 제공한다.

이러한 문제들에 대해 하나하나 반박할 수 있고, 따라서 이 리뷰가 왜 잘못되었는지 설명하는 것은 가능하지만 그러한 설명은 우리가 이 책에서 해왔던 랑시에르의 저술에 대한 개입과는 전혀 다르다.

사실, 이 리뷰에서 얻은 것의 거북함을 설명한다면, 역설적으로 그 주장을 뒷받침하는 셈이 될 것이다. 이 리뷰에서 배운 것은 두 가지 측면에서 살펴볼 수 있다. **어느 면에서** 우리는 '사실들'을 배운다. 이것들은 미심쩍은 사실들이지만 리뷰 작성자의 펜에 의해, 그리고 리뷰가 실린 저널의 지위에 의해 정당성을 인정받는다. 그것들은 일련의 결론으로 제시된다. 이 리뷰는 랑시에르의 글에 대한 몇 가지 사실들로 결론을 내린다. 그러나 **또 하나의 측면**에서, 이 리뷰는 랑시에르와 그의 저술에 대한 몇 가지 사실들을 설명하기 위해 이 결론을 이용한다. 이 리뷰에서 랑시에르는 특정 유형의 지식인 혹은 특정의 역사가이며 특정한 전통의 교육철학에 영향을 받고 있고, 그의 저서는 어느 특정한 10년의 결과물이며, 마지막으로 그의 주지주의에는 고독이라는 특징이 있다고 설명된다. 간단히 말해서, 이 리뷰는 랑시에르를 학교로 데려갔다.[1] 이는 그가 역사와 철학의 주제 영역에서 어느 지점에서 있는지를 설명한다. 이것은 그의 친구들과 가족이 그의 학문 활동의 특성에 어떻게 영향을 미쳤는지 설명한다. 또한 이 리뷰는 그가 1980년대 어떤 교과과정을 이수했는지를 설명하고 있다. 그리고 그가 어떤 유형의(고독한) 학습자인지를 설명하고 있다.

이러한 일련의 설명에 반대론을 펴는 것은 설명하는 행위에 동참하는 일이 된다. 랑시에르가 성적표에 나와 있는 것 이상으로 역사와 철학에서 뛰어났고, 친구들이 그의 학업을 방해하지 않았으며, 1980년대에 얽매이지 않았다거나 다른 사람들과 잘 어울렸다고 주장하는 것만으로도 그를 학교로 돌려보내는 것이다. 이 리뷰와 논쟁을 벌인다면 그를 가르친 교사는 지식이 충분하지 않았다는 것을 보여주게 될 것이다. 그의 교사가 인정하는 바에 따르면 랑시에르는 교육철학과 교육실천에 대해 '무지한' 사람이다. 이 교사와 논쟁을 벌인다면 우리는 이 주제에 대해서 그보다 더 많이 안다고 해야 할 것이다. 이런 식으로 논쟁하는 것은 바로 우리가 원치 않는 설명적 질서를 세우는 셈이 된다. 이것은 랑시에르의 저작에 개입하기보다는 그에게 학교 교육을 받게 하는 것을 의미한다. 이 리뷰와 논쟁을 벌이는 대신, 이 리뷰를 랑시에르의 저술과 관련해서 하지 말아야 할 것의 사례로서 그대로 두는 것이 낫다. 유아화된 사회에서 다른 사람의 말을 설명하는 것은 얼마나 쉬운 일인가.

특히 학술적 글쓰기에서는 감각적인 것의 재분할을 바꾸는 방식보다는 치안 유지 방식으로 표현하고자 하는 마음이 드는 것이 사실이다. 말하자면 아이의 태도가 아니라 어른의 태도로 말하고 싶어지는 것이다. 학자는 과거에 학교를 다닌 성인이다. 이런 경험으로 인해서 그는 자신의 생각으로 다른 사람들을 교육하는 방법을 알고 있다. 어른은 설명할 줄 안다. 어른은 진리에 도달하는 법을 안다. 반면에 어릴 때는 진리에 대해 무지하다. 그는 설명적 질서의 관행을 아직 모른다. 또한 다른 사람의 생각을 정연히 따르는 법을 아직 모른다. 그는 줄을 서서 기다리는 법을 모른다. 대신 근접에서 근접으로from proximity to proximity 이동한다. 세상을 학교로 여겨서는 안 된다는 것을 아직 모른다. 아이는 자크 랑시에르를 학교로 끌어들이는 대신 계속하여 추억 속의 벨소리를 고대하는 아이로 살아간다. 이러한 아이는 학교 교육에서 이탈한 아이truant처럼 말한다.

세상은 학교에 의해 설명되지 않는다

물론 어떤 면에서 세상은 분명 학교가 아니다. 학교는 우선 교사와 학생이 각자의 역할을 통해 서로 만나서 교육이 이루어지는 공간이다. 이와 달리 세상은 어디에나 존재하며, 그 속에서 수많은 역할과 인물, 만남을 허용한다. 이 점에서 학교는 단지 한정된 공간일 뿐만 아니라 일정한 관행, 즉 제한과 경계가 있는 관행을 수반한다. 어쩌면 학교가 설정하고 규정하는 가장 두드러진 제한 중 하나는 해석의 제한일 것이다. 학교는 지식, 기술 및 가치의 전달을 위한 기관으로서 설립된 만큼 특정 지식, 기술 및 가치를 단순히 전달만 하는 것이 아니라 이들을 가치 있고 올바르며 나아가 사실인 것으로 승인한다. 예를 들면 학교는 학습해야 할 내용을 구체화하는 커리큘럼의 구성과 올바른 메시지를 전달하기 위한 교수법의 개발 등 프로세스의 입력 측면에서만 이런 일을 하는 것이 아니다. 모든 교사들은 자신들이 가르치는 것과 학생들이 배우는 것이 반드시 일치하지 않는다는 것을 알고 있기 때문에, 산출의 측면, 그중에서도 평가를 통해서도 이런 가치 판단을 수행한다. 예를 들면 올바른 해석을 내놓는 학생들에게 보상을 한다든가 아직 목표에 도달하지 못하여 제대로 이해할 때까지 추가교육이 필요한 학생들을 가려내는 것과 같은 일이 여기에 해당한다.

세상은 학교가 아니라는 것을 이해하는 데 랑시에르의 저서가 도움을 준다고 말하는 것은 학교와 세계의 차이를 강조하기 위해서가 아니다. 앞에서 지적했듯이 세상은 분명 학교가 아니다. 세상이 학교가 아니라고 하는 것은, 말하자면 세상이 학교처럼 되어서는 안 된다고 말하는 것이다. 이 주장을 이런 식으로 읽으면 사회가 실제로 학교처럼 운영되는 방식과 그 정도를 알 수 있고, 또한 그것이 왜 그리고 어떻게 문제가 되는지를 알 수 있게 된다. 이와 같이 해석에 제한을 두는 기관으로 학교를 특징지을 수는 있지만, 그렇다고 해서 사회에는 그러한 제한이 없다는 것을 의미하지는 않는다. 사회에서도 해석에 대해 적극적인 감시가 많이 이루어지고 있을 뿐만 아니라 해석에 대해 드러내놓고 감시하는 사람들은 종종 정당한 이유로 이렇게 하고 있다고 주장하려 할 것이며, 때로는 이러한 이유가 실제로 좋은 것일 수도 있다. 랑시에르의 용법으로 말하면 감각적인 것은 어떤 식으로든 분할되어야 하며(분할되지 않을 수 없다) 사회가 완전히 **'제멋대로'**일 수는 없다고 할 수 있다. 그러므로 '선택'은 아르케^{arche}와 안-아르케^{an-arche 2)} 사이에 있지 않고 '나쁜' 치안과 **'더 나은'** 치안 사이에 있다. 그리고 여기서 모든 인용 부호는 중요하다. 그 이유는 무엇보다도, '선택'은 중립적인 장소에서, 말하자면 테이블 위에서 모든 옵션을 열어 놓은 상태로 이루어질 수 있는 것이 아니기 때문이다. 이 선택은 훨씬 더 실험적인 것으로, 다음에 무슨 일이 일어날지에 대한 충분한 보장 없이 특정한 기존 감각적인 것의 분할을 흔들어 놓는다. 하지만, 어떤 충격도 충분하지 않을 것이다. '나쁜' 치안과 '더 나은' 치안의 구별(또한 판단)은 평등을 기준점으로 삼아야 한다. 그러므로 해방은 단지 해석에 설정된 한계를 붕괴시키는 것이 아니다. 그것은 단순히 진리에 자유로운 통치권을 부여하는 것에 관한 것이 아니다. 그렇기 때문에 완전한 해석의 자유(이 맥락에서 '자유'라는 단어를 사용하는 것이 적절하다면)는 평등과 동일한 것이 아니다.

그러므로 언어의 자의성 그 자체는 정치적이거나 해방적이지 않다. 모든 것은 자신의 말과 행동이 평등의 가정에서 출발하여 그 검증을 목표로 하는지, 아니면 불평등의 가정에서 출발하는지에 달려 있다. 설명은 후자의 가정을 설정하여 말하고 존재하고 실행하는 방식이다. 우리는 다시 설명의 관행을 학교에서 확실하고 안전하게 찾는 것에서 시작하여 사회에서 작동하는 다른 일련의 사회적 관계를 가정할 수 있는데, 랑시에르의 저서는 설명이란 것이 사회에서도 ― 사회적 논리로서 ― 어느 정도 작동하면서 학교 교육의 설명적 개념에 따라 사회관계 및 치안관계를 모델링하는지를 파악하는 데 도움이 된다. 설명적 질서는 시간적 측면에서의 불평등, 즉 발달의 지체로서의 불평등을 나타내며, 따라서 시간을 위대한 해방자로서 제시한다. 설명적 질서에는 항상 약속이 따른다. 미래에는 상황이 달라질 것이고, 졸업 후에 뒤쳐졌던 것을 따라잡았을 때 평등이 도래할 것이라고 약속한다. 그것은 제3세계가 제1세계와 동등해지는 순간이 될 것이다(아마도 도중에 제2세계도 제칠 것이다). 그것은 더 이상 평생 학습의 필요성이 없어지고 어떤 아이도 뒤쳐지지 않는 시점이 될 것이다. 설명적 질서에 수반되는 약속에는 과제 혹은 숙제도 함께 주어진다. 거기에는 여전히 따라잡는 일을 계속해야 할 사람들을 확인하는 사람들이 시행할 평가가 포함되며, 따라서 확인을 하는 사람들은 주어진 과제가 충분히 잘 달성되었는지 여부를 판단할 수 있는 위치에 서게 된다. 설명적 질서의 종말론적 제스처는 일단 뒤쳐진 것으로 확인되면 따라잡는 일이 과연 가능한지에 대한 의문뿐 아니라 따라잡고자 하는 목표가 뒤쳐진 사람이 과연 원하는 지점인지에 대한 의

문도 불러일으킨다. 평등의 문제를 진지하게 받아들인다면, 우리는 설명적 질서에서, 즉 세계를 누군가 다른 사람들을 교정하기 위해 조건을 설정하는 학교로 바꾸는 것에서 벗어나야 한다. 말하자면 평등을 진지하게 받아들이지 않는 데 대한 변명으로 설명을 사용하는 것을 피해야 한다.

랑시에르는 학교가 아니다

사람이 학교가 아니라는 것은 분명해 보일지도 모른다. 그러나 어떤 의미에서 랑시에르는 학교가 될 수도 있다. 랑시에르의 저서가 학문과 지적 활동에 있어서 하나의 물결을 일으킨 데에서 이를 알 수 있다. 랑시에르의 저서는 인정의 학교, 예술의 학교, 철학의 학교로부터 지지를 받고 있다. 그것은 회의, 블로그 사이트, 지금 읽고 있는 도서와 같은 책에서 호평을 받고 있다. 그리고 랑시에르의 교육은 그의 교수법과 관련된 저작을 살펴보는 사람들을 사로잡고 있다. 왜냐하면, 자코토 자신은 항의하겠지만 『무지한 스승』에서 따라야 할 교육방법을 찾아내는 것은 쉽기 때문이다. 『무지한 스승』의 독자들은 자코토의 항의에도 불구하고 지적 해방의 총체적인 성장을 촉진하기 위해 자코토 스타일의 복음을 전파하려고 했던 자코토 추종자들의 입장을 쉽게 취할 수 있다. 자코토 자신은 해방적 평등이라는 그의 버전이 진보를 위한 모종의 교육 프로그램으로 번역될 수 있다는 점을 부인했다. 그럼에도 불구하고 자코토의 방법은 분명 사라지지 않았다. 자코토와 마찬가지로 랑시에르는 이런 방법을 폐지하려고 했다. 그는 자코토의 보편적인 가르침의 종언을 극화하여 그렇게 하려고 했다. 『무지한 스승』의 대단원에서는 결국 자코토의 방법이 사라진 것을 그리고 있다. 그러나 랑시에르가 주장하는 것처럼, **보편적인 가르침은 결코 받아들여지지 않겠지만 결코 소멸되지도 않을 것이다.** 보편적 교육이라는 연극은 사람들이 자신의 지적 노정을 따라갈 수 있는 유일한 방법이다. 그럼에도 불구하고, 보편적인 교육은 결코 **반복할 수 있는 방법**으로 받아들여지지 않을 것이다. 사실, 『무지한 스승』을 자세히 읽어보면 자코토의 종언은 그의 방법에 있어서 어떤 가능한 성공보다 더 의미가 있다는 것을 알 수 있다. 이는 학교에서 시행하는 어떤 교육방법의 종언을 말하고 있다. 자코토의 방법은 결국 다른 사람들이 그것을 **설명적인 것으로 받아들였기 때문에** 세월의 시련을 견뎌내지 못했던 것이다.

이 자코토 방법의 종언에 『무지한 스승』에 대한 자신의 경험을 추가해 보자. 우리가 이 책을 읽는다고 가정하자. 우리는 저자가 교육방법이 아니라고 주장하는 책을 읽고 있다. 그리고 이 책을 읽을 때 자코토나 랑시에르가 주장하거나 부인하는 것이 무엇이든 이 두 사람이 혼합되어 주장되거나 부인된다는 느낌이 분명 든다. 랑시에르의 목소리로 자코토를 이야기하고, 이어서 자코토의 말을 인용한다. 그러면 자코토와 거의 같은 목소리로 바뀌면서 우리가 읽고 있는 것이 랑시에르인지 자코토인지 전혀 분명하지가 않다. 그러고 나서 랑시에르는 문체상으로도 자코토의 방법을 두 방법의 융합, 즉 그 자신과 자코토의 융합으로 바꾼다. 자코토의 방법이 살아남지 못했다고 한다면 정확히 누가 그것을 사라지게 내버려두었는지 알기 어렵다.

자코토 스스로 자신의 방법을 포기한 것일까, 아니면 랑시에르가 2세기 후에 그 방법을 다시 한번 죽게 내버려둔 것일까.

더욱 흥미로운 것은 가르치지 말라고 주장하는 이 책의 가르침이다. 우리가 자코토(혹은 랑시에르)의 가르침에 동조한다면, 우리 앞에는 교육의 길로서 따라가야 할 저서가 놓여 있다. 그러나 그 길은 랑시에르가 제시한 단계를 통해 종점에 이르려고 줄곧 따라가서는 안 되는 것으로 밝혀졌다. 그러므로 우리가 공감해야 할 대상은 **자코토의 교육방법이 아니라 그의 이야기이며 랑시에르의 교육방법이 아니라 그의 이야기이다.** 그 책은 이야기일 수밖에 없는 방법을 우리에게 남겨주고 있으며, 그 **책이 교육적인 것은 그 내용을 어떻게 번역할 것인지에 대해 확신이 없더라도 바로 독자들에게 그 내용을 자신의 경험으로 번역하도록 요청한다는 점이다.** 말하자면 이 책은 가르침의 프레임을 떠나 읽어야 한다는 것이다. 랑시에르가 다른 데서 언급했듯이 **이 책의 스타일은 연구자뿐만 아니라 예술가의 표현방법과도 흡사하다.** 이 책은 독자들에게 자신의 삶을 번역할 수 있는 이야기를 제공한다. 이 책은 독자들이 읽고 나서 그들 나름대로 해방된 이야기꾼이 될 것을 요청한다. 교육방법을 일반화할 수 없어서 독자가 그 효과를 미리 예측할 수 없는 책을 접했을 때, 그 책에 들어 있는 언어적 표현의 의미는 독자 자신의 경험에 맡겨진다. 우리는 배울 수는 있지만 이는 이야기를 통해서만 가능하다.

이러한 랑시에르의 **이야기**를 배경으로 놓고 볼 때 우리는 랑시에르를 학교 교육으로 끌어들이지 말도록 경고할 필요가 있다. 그의 교육에 대한 저서를 다양한 방법으로 실천에 옮긴다 해도, 이러한 경고를 무시한다면 랑시에르의 포인트는 방법이 아니라 스토리에 있다는 그의 핵심적 주장을 놓치게 될 것이다. 랑시에르를 학교 교육으로 끌어들이지 않으려면 다음과 같은 방식으로 그의 사상을 널리 유포된 다른 교육 전통과 분리시키는 것이 중요하다. **첫째**, 랑시에르는 자신의 저서를 통하여 진보주의의 경험적 측면을 근본적으로 개혁할 것을 주장하는 또 한 사람의 진보적 교육자가 아니다. **그의 사상은 학생과 커리큘럼 간의 매우 긴밀한 접촉에 바탕을 둔 교육적 성공의 비법이 아니다.** 자코토의 학생들이 그들의 교육과정인 『텔레마코스의 모험』과 직접 접촉을 한 것은 사실이지만 이것이 성공 비법은 아닌 것이다. **둘째**, 랑시에르는 급진적인 구성주의 방법을 주장하지 않는다. 구성주의의 핵심 주장에 따르면 학습자는 강의를 통하여 부과된 강사의 지식을 받아들일 것이 아니라 자신의 지적 능력이 머무는 지점을 발판삼아 배움을 진척시켜 나가야 한다. 그러나 랑시에르의 사상은 강의를 포기하기 위한 비법이 아니다. **셋째**, 여러 번 강조했듯이 랑시에르의 사상은 비판적 교수법을 다시 반복하는 것이 아니다. 해방에 초점을 맞추고 있는 것은 사실이지만 그는 해방이 교육적 관심사가 될 수도 있고 그렇지 않을 수도 있음을 강조했다. 랑시에르의 교육 사상이 무엇을 위한 비법이 아니라는 목록은 끝없이 열거할 수 있을 것이다. 여기서 중요한 것은 랑시에르의 교육 사상이 단지 **모종의 교수법을** 위한 비법이 아니라는 점이다. 다시 말하지만 그것은 스토리이지 방법이 아니다. 따라서 실행을 기다리는 것이 아니다. 이보다는 **교육과 관련해서 이전과는 다른 이야기가 회자되기를 기대하는 것이다.**

하지만 세상에는 여전히 학교가 존재한다

지금까지 세상은 학교가 아니며 세상을 학교로 모델링하는 것이 일반적으로 왜 좋은 생각이 아니라는 것인지 설명했지만 여전히 학교로 가득 찬 세계는 존재한다. 그렇다면 어떻게 해야 할 것인가? 랑시에르의 텍스트를 학교라는 제도와 교육의 개념에 대한 비판으로 읽어야 할까? 이것은 이반 일리치의 탈학교 사회와 유사한 주장인가? 아니면 독일어로 '안티 페다고긱 anti-Pädagogik'이라 불리는 것의 한 예로서 바로 교육과 그 제도에 대한 생각을 급진적으로 해체하라는 요청인가? 우리는 그렇게 생각하지 않으며 여기에는 여러 가지 이유가 있다. **가장 먼저** 염두에 두어야 할 것은 랑시에르의 교육 관련 저서가 무엇보다도 학교가 아니라 사회에 대한 비판이라는 점이다. 보다 더 정확하게 말하면, 사회의 특정한 관행, 즉 설명이란 관행에 대한 비판이다. 요컨대 설명이 실제로 중요하지 않은데도 해방을 위해 설명을 하는 경우에는 언제나 해방에 반하는 결과를 초래한다. 이러한 논리에서 보면 '학교'는 필수불가결하거나 독점적인 공간이 아니라 우선 설명의 관행을 위한 비유로 기능한다.

둘째, 랑시에르의 '개입'에서 확인할 수 있는 그의 주장이 해방에 관한 것이라는 점을 잊지 않는 것이 중요하다. 랑시에르의 교육 관련 저작을 학교와 학교 교육에 대한 비판으로 본다면, 그것은 학교와 학교 교육이 불평등을 극복하려고 함으로써 해방을 실현하려고 노력한다는 것을 전제로 하는 비판일 뿐이다. 학교는 어차피 이 영역에서 할 일이 없기 때문에 랑시에르의 비판은 대상과 방향을 잘못 잡았다고 주장하는 사람들도 있을 수 있다. 그들은 학교가 단지 지식과 기술의 전달, 가치의 주입, 그리고 좋은 품행을 함양하기 위해 존재한다고 주장하는 것일 수도 있다. 그러나 랑시에르의 비판을 자세히 살펴보면, 그의 주장은 학교 교육의 과제에 대한 이러한 협소한 개념을 거부하려는 것임을 알 수 있다.

사회 모두를 위해 중요한 관심사이지만, 그는 불평등의 극복을 위한 특정한 해방의 논리를 거부한다. 어떤 의미에서 이러한 입장은 랑시에르의 비판을, 교육은 해방과 관련이 있고 또 그래야 한다고 믿는 전통 속에 확고히 자리 잡게 한다. 이 전통은 철학적으로는 칸트에서 푸코 혹은 그 너머에 이르기까지, 그리고 교육적으로는 루소에서 파울로 프레이리, 클라우스 몰렌하우어, 헨리 지루와 같은 작가들에게까지 이어진다. 그러나 랑시에르는 이러한 저자들과 해방에 대한 관심을 공유하고 있지만, 그가 제안하는 해방의 논리는 근본적으로 다르다.

학교에는 나름 본연의 역할이 있으며 이러한 학교는 설명이 아니라 해방적이어야 한다고 말했지만, 여기에는 명심해야 할 **세 번째** 요점이 있다. 이러한 학교에는 '교육의 대가schoolmasters'가 있으며 잠재적으로 해방적인 교육의 대가도 있다. 그리고 일련의 과업, 즉 지적 해방과 관련된 과업이 있다. 그러나 사회 해방을 위한 제도로서의 학교, 불평등 근절을 위한 제도로서의 학교는 더 이상 존재하지 않는다. 그럼에도 학교가 있다는 것, 그리고 이런 학교에 아직도 교육의 대가가 있다는 것은 사실 매우 중요하다. 이것은 무엇보다도 학교에서 여전히 해방이 일어날 수 있다는 것을 알려주기 때문이다. 그러나 이는 학교가 해방을 위한 유일한 또는 필수불가결한 공간이라는 것을 의미하지는 않는다. 학교가 있다는 것과 교육의 대가가 있다는 사실은 또 다른 이유 때문에 중요하다. 그것은 랑시에르의 비판이 너무나 쉬운 교수활동과 학습 간의 대립에 영향을 미치지 않는다는 것을 일깨워 준다는 것이다. 교수활동과 학습 간의 대립이란, 교수활동은 권위주의적이고 보수적이며 나쁜 것인 반면 학습은 해방적이고 진보적이며 좋은 것으로 보는 것이다. 랑시에르가 말하는 해방 교육의 대가는 제3의 선택을 나타내는데, 이것은 전통적인 교육의 언어에서 교사의 권위에 관한 것이다. 그러나 이 권위가 학생에 대한 절대적인 권력을 의미하지는 않는다. 권력을 가진 교사와 권위가 있는 교사의 차이점은, 한편에서 학생들의 말을 덮어쓰는 교사, 학생들에게 그들의 말이 실제로 무엇을 의미하는지 설명하는 것을 자신의 임무로 보는 교사와, 다른 한편에서 학생들에게 그들이 이미 말할 수 있다는 것을 상기시키는 교사, 학생들이 자기네는 말할 수 없다는 것을 인정하며 현실에 만족해버리는 것을 거부하는 교사 간의 차이이다.

이 모든 것은 '설명'을 계속 유지하는 학교들이 폐지되어야 한다는 뜻인가? 학교에는 설명의 여지가 없다는 것을 의미하는가? 답은 '예'와 '아니요' 둘 다 될 수 있다. 설명 자체가 잘못된 것은 아니다. 모든 설명이 필연적으로 부정적인 것을 유발하지는 않는다. 그러나 설명은 세 가지 경우에 문제가 된다. **첫째**, (설명이) 해방의 수단으로 해석될 때, **둘째**, 사회가 어떻게 운영되는지에 대한 비유로 받아들여질 때, **셋째**, 사람들이 실제로 어떻게 사물을 배우는지를 설명하는 것으로 여겨질 때이다. 이런 경우가 아니라면 설명을 할 수도 있다. 이런 상황에서 이루어지는 설명에는 아무런 문제가 없다. 감각적인 것의 분할 영역 내에서 말하는 것과 같은 설명은 사람들에게, 특히 학생들에게 해를 끼치지 않는 다양한 방식으로 이루어질 수 있다. 설명은 학습이 어떻게 이루어지는지를 설명하지 않으면서도 학습의 길잡이가 될 수 있다. 그러나 설명은 결코 해방의 길이 될 수는 없다. 바로 이 지점에서 학교 및 학교 교육의 난점 중 하나에 직면하게 된다. 학교는 단지 해방을 위한 제도만이 아니며 학습을 위한 제도이기도 하기 때문이다. 물론 사회에서 정치가 이루어질 수 있는 것처럼 해방도 학교에서 일어날 수 있다. 그러나 해방은 만들어지거나 보장될 수 있는 것이 아니다. 해방은 확실히 설명할 수 있는 그 무엇이 아니다. 해방은 사물이 실제로 어떻게 존재하는지에 대한 더 깊은 통찰력을 생성한다고 주장하는 특정한 학습 과정과 궤적(설명적이든 아니든)의 결과가 아니다. 결국 불평등에 대해서는 **알아야 할 것**도 **배워야 할 것**도 없다. 이런 의미에서 해방은 전적으로 실천적이다. 해방은 다른 가정 - 모든 인간은 평등하다는 원칙, 지적 능력에는 위계가 없다는 가정- 에서 출발하여 이런 가정에서 무엇을 할 수 있는지를 아는 것이다. 여기에는 지식도 학습도 그리고 물론 설명도 필요하지 않다. 그러므로 설명하는 학교는 필연적인 것이 아니다.

학교가 아니라면 세상은 무엇인가?

학교가 아닌 세상을 당황하지 않고 상상할 수 있을까. 그렇지 않은 것 같다. 이를 알아보려면 의무교육이라고 불리는 설명적 진보의 위대한 행진에 주목할 필요가 있다. 예를 들어, 선진국에서는 일정한 나이의 모든 아이들이 학교에 다녀야 한다. 또는 아이가 교육을 받기 위해 집에 머문다 해도 어떤 식으로든 교육을 받아야 한다. 자녀가 학교 밖에서 배우는 것을 뜻하는 영어 표현(홈스쿨링)이 학교 교육과의 의미론적 관계를 유지한다는 것은 이를 말해주는 하나의 사례이다. 결국 아이를 학교 교육에서 벗어나게 할 방도는 없다. 오히려 학교는 지위가 바뀌어 가정이 된다. 누구나 아이로서 인생을 시작하기 때문에 의무교육이 존재하는 곳이면 어디든 '세상은 학교다'라고 말할 수 있을 것이다. 모든 아이들이 취학해야 하는 선진국에서는 학교에 대한 경험을 가지고 있다. 그리고 선진국에서는 자기네 아이들이 모두 취학한다는 사실에 만족하지 않는다. 국제개발기구들은 빈곤이 만연하고 아이들이 다닐 학교가 없는 곳에 학교 문을 더 많이 개설하도록 하기 위해 밤낮없이 일한다. 실제로 교육받은 인류를 향한 행진은 계속 이어진다. 이는 근본적으로 설명 체제에 갇힌 사람들이 이러한 체제로부터 유익함을 얻을 수 있다고 가정하기 때문이다. 설명은 긍정적인 것, 좋은 것으로 받아들여지기 때문에 설명이 부족한 것은 뭔가 결핍된 것, 발전이 덜 된 것으로 여겨지며, 따라서 학교의 형식을 설명 체제로 바꿀 필요가 있다고 보게 되는 것이다.

어쩌면 학교라는 형식이 너무 오랫동안 일반화되어 왔기 때문에 학교가 운영되지 않는 세상은 상상하기 어려울지도 모른다. 아마도 그래서 학교와 무관한 공간, 사물, 아이디어, 또는 학교에 다닐 필요가 없는 사람을 생각하기 어려운 것인지도 모른다. 자크 랑시에르란 인물을 예로 들어보자. 확실히 앞에서 언급한 서평과 같이 랑시에르의 저작에 대한 잘못된 인식은, 랑시에르가 학교를 경시한 것이 — 말하자면 학문 간 경계를 경시한 것이 — 일부 사람들에게 합법적인 말하기 방식으로 받아들여지기 어려운 것으로 이해되는 점이다. 더욱이 랑시에르의 텍스트를 정치철학의 담론으로, 특히 인정의 담론과 같은 특정 담론의 전통으로 몰아넣으려는 학자들이 있는데 이러한 시도는 랑시에르 저작의 탈학교 해석에 대한 불편함을 드러내는 것이다. 그래서 그의 저서는 학교를 벗어났기 때문에 잘못된 것으로 간주되거나, 옳기는 하지만 그래도 학교 교육은 필요한 것으로 여겨진다는 것이다. 또한 랑시에르의 책을 소개하는 많은 노력들이 이루지고 있는데, 문자 그대로 그의 책 가운데 어느 하나를 소개하는 형식을 취하든, 아니면 그의 저서가 아직은 널리 알려져 있지 않아 소개까지는 필요 없는 한 사람의 사상가에 대한 보다 일반적인 서론 형태의 설명 방식을 취하든, 이러한 노력들 역시 랑시에르를 학교 교육으로 끌어들이려는 또 다른 방식을 보여준다. 그들은 학교 교육에서 이탈하는 것truancy에 대한 일반적인 두려움을 보여준다. 당신이 지금 결론 부분을 읽고 있는 이 책 역시 비슷한 맥락으로 해석할 수도 있다. 이러니저러니 해도 결국 이 책 또한 교육받지 않은 것에 대한 공포심을 유발한다고 할 수 있다. 이 책은 랑시에르의 사상을 엿볼 수 있는 하나의 창을 제공한다. 그런데 **이것은 설명이 아닌가? 또 하나의 학교가 아닌가?** 우리는 이 책이 학교가 아니라는 점을 보여주려고 노력했다. 우리는 이 책을 랑시에르의 저작에 대한 가르침 혹은 설명이라기보다는 **개입**으로 묘사하려고 노력했다. 어떤 사람들에게는 그러한 구별에 대한 기대가 충분히 충족되지 않았을 수도 있다. 그리고 다른 사람들, 말하자면 여전히 교육받은 세계를 원하는 사람들에게는 이러한 구별이 중요하지 않거나 의미가 없을 수도 있다. 만일 이 책이 이야기를 들려주었다면, 그리고 다른 사람들이 이 책을 읽고 자신들의 이야기를 할 수 있다면 그것은 수업이라기보다는 하나의 '개입'이 될 수 있을 것이다.

그러나 설명의 질서를 고집하는 것은 발전의 논리나 오래된 관행과는 다른 데서 비롯된 것인지도 모른다. 어쩌면 언어 자체가 해방(혹은 해체 – 옮긴이)되어버릴지도 모른다는 두려움에서 생겨났을 수도 있다. 랑시에르가 되풀이하여 주장하듯이, 언어는 진리와 본질적인 관계가 없다. 진리는 전체적이지만 언어는 그것을 조각낸다. 진리는 필연적이나 언어는 자의적이다. 그러나 앞에서 살펴보았듯이, 설명의 질서는 진리와 언어의 관계를 다르게 주장할 것이다. 전통적이든 진보적이든 비판적이든 모든 학교와 그 운영자들은 언어가 진리를 표상하고 설명한다고 가정한다. 그리고 학교는, 세계는 끊임없이 설명될 필요가 있고 언제나 설명될 수 있다고 반복하여 설명한다. 즉, 학교의 설명에 따르면 세계는 설명되어야 하는 것이다. 그렇게 함에 있어서 언어가 그러한 설명을 할 수 있다고 설명한다. 따라서 만일 세상이 학교가 아니라면 세상은 언어가 진리와 아무런 관련이 없는 공간이 될 것이다. 그렇게 되면 세상은 학문의 발전에 안내받지 않고 언어가 제멋대로 떠돌아다니는 공간, 바꿔 말하면 사람들이 질서정연하게 구성된 특정 지식의 행렬에서가 아니라 '근접성에서 근접성'으로 언어와 만나는 장이 될 것이다. 또한 세계는 어린 시절의 두서없는 생각의 흐름이 일상의 질서가 되고 평가의 척도를 적용할 수 없는 장이 될 것이다. 뿐만 아니라 모든 측정은 기준 없이 이루어질 것이고 두서없이 흐르는 세상 모든 것이 동일하다고 가정하게 될 것이다. 그렇게 되면 교육받지 않은 세계는 또 다른 측면에서 두려움의 대상이 된다는 것을 쉽게 이해할 수 있다. 그런 세계는 소위 인식론적 상대주의로 이어지기 때문에 두려운 것이 된다. 자의적인 언어가 지배하는 세계, 교육받지 않은 세계가 두려운 것은 이 사람의 진리와 저 사람의 진리를 판단할 기준이 없는 곳에 모든 사람을 방치할 것이기 때문이다.

그러나 마지막으로 다음 사실을 기억해야 한다. 교육에서 탈피한 세계는 철저히 교육에 얽매인 사람들에게만 두려움의 대상이 된다. 학교 교육에서 탈피한 이들 사이에서 해방된 언어는 적enemies이 없다. 아이들 사이에서도, 예술가들 사이에서도 적이 없다. 평등을 출발점으로 삼는 사람들 간에는 적이 없다.

미주

제1장

1) 이 에세이는 찰스 빙햄(Charles Bingham)이 번역한 것으로, 원래 2002년 6월 리우데자네이루 주립대학교에서 열린 '교사의 가치 – 교육의 평등과 다양성(O valor do mestre – igualdade e alteridade na educação)'이라는 제목의 컨퍼런스에서 발표되었다. 허가를 받아 여기에 인쇄했다.

2) 랑시에르의 『The Ignorant schoolmaster』는 국내에서 『무지한 스승』으로 번역되어 나왔다(양창렬 옮김, 궁리, 2016). "무지한 스승이라는 표현은 반어법으로 보이지만 이어지는 저자의 논의에서 짐작할 수 있다시피 가르치고자 하는 지식을 가지고 있지 않으면서도 학습자를 배움에 끌어들이는 권위가 있는 교사라는 점에서 무지를 위장한 산파술에서의 교사와 구분된다는 것이 저자의 생각이다(옮긴이).

3) Fenelon, F. Telemaque. 최병곤·김중현 (옮김) (2007). 『텔레마코스의 모험(1-3)』. 책세상. (옮긴이)

4) 'intelligence'를 '지능'으로 옮긴 경우도 있으나(예: 양창렬 옮김. 『무지한 스승』. 궁리) 우리말에서 지능은 지능지수를 연상시키기 때문에 여기서는 '지적 능력'으로 번역했다(옮긴이).

5) 저자에 따르면 일반적인 교사는 자기가 '아는 것'을 전달하는 교사지만 무지한 교사란 자신의 지적 능력(학습 내용을 이해하고 있다는 것)과 학생으로 하여금 알도록 하는 것이 별개임을 믿는 교사이다. 학생이 학습내용을 이해하는 것은 교사의 지적 능력(설명)에 의해서가 아니라 교사의 의지(학생이 스스로 지적 능력을 발휘하게끔 하는 의지)를 통해서 이루어진다는 것이다. 교사가 자신의 지적 능력을 발휘하여 학생으로 하여금 학습내용을 이해하도록 한다면 학생은 끊임없이 교사에게 의존하게 되기 때문에 교사의 지적 능력은 가르치는 활동에 개입해서는 안 되는 것인데 소위 '지식의 전달은 이 두 요소를 뒤얽히게 만듦으로써 학생을 결국 '바보 만들기(프: abrutissement, 영: stultification)로 이끈다는 것이 저자의 핵심 사상이다(옮긴이).

6) 여기서 랑시에르는 학습자가 무언가에 대해서 알고자 할 경우 누군가로부터 설명을 들어야 하는 것이라면 그 설명 속에 설명이 필요한 부분이 있을 것이고, 그러면 그것에 대해서 다시 설명을 해야 하기 때문에 설명은 무한이 계속될 수밖에 없다고 가정하고 있다. 이런 가정을 받아들인다면 모르는 사람

에게 설명을 통해 알도록 하려면 그 설명에 대한 설명에 대한 설명에 대한…설명이 무한히 지속되어야 한다. 그러므로 학습자는 영원히 교사를 능가할 수 없다. 교육은 교사의 질을 뛰어넘을 수 없다는 말을 연상시키지 않는가? 이러한 무한 퇴행의 역설에서 벗어나려면 '설명 없는 가르침'의 논리가 필요하다. 모든 학습자는 이미 이러한 역설에서 벗어나 있는데, 설명하는 자만이 이 역설의 함정에서 벗어나지 못하고 있다는 것이 랑시에르의 생각이다(옮긴이).

7) 설명을 통해서 무언가를 알도록 하는 것은 설명을 하는 자와 설명을 통해 알게 되는 자 사이의 불평등을 영원히 극복할 수 없게 한다는 의미이다(옮긴이).

8) 시간과 시간성은 서로 관련되어 있지만 동일하지는 않다. 시간이 현재에 일어나는 시간의 경과 또는 흐름과 관련된다면 시간성은 과거, 현재, 미래의 개념과 관련이 있다(옮긴이).

9) 양창렬 교수가 『무지한 스승』에서 'abrutissement'을 '바보 만들기'로 번역한 것을 따랐다(옮긴이).

10) 미래에 평등이 도래할 것이라는 희망을 통해서 현실에서의 불평등에 따르는 제반 어려움을 인내하도록 하는 것을 의미한다(옮긴이).

11) 'partage du sensible(프)', 'distribution of the sensible(영)'을 국내에서는 '감성의 분할'과 '감각적인 것의 나눔' 등으로 번역되고 있는데 여기서는 'the sensible'을 번역할 때 '감각적인 것의 나눔'으로 옮긴 진태원 교수의 번역어를 따랐지만 'distribution'은 문맥에 따라을 '나눔' 혹은 '분할'로도 옮겼다. 랑시에르에 따르면 우리가 흔히 말하는 정치는 사실 사회를 위계적으로 조직하고 통치하는 질서로서 '치안(la police)'이라고 부르는 것이 적절하다. 정치란 치안이 만들어놓은 이러한 질서(특정한 분할선에 의거해 감각적인 것을 배분하고 나눠놓은 질서)를 거슬러 감각될 수 있는 것을 다시 나누고 할당하고 분배하려는 행위를 말한다(옮긴이).

12) Jacques Rancière. Disagreement. 진태원 옮김(2015). 『불화』. 길. (옮긴이).

13) 'pedagogy'가 '아이(paidos)를 이끄는 것(agein)'을 뜻하는 그리스어에 어원을 두고 있는 점으로 미루어 보면 'society pedagogicized'란 어른이 아이를 대하듯이 모든 것을 일일이 설명해줘야 하는 사회를 뜻한다고 볼 수 있다. 랑시에르가 소위 평생교육의 맹점을 '사회를 통째로 어린애 취급하기, 다시 말해 사회를 구성하는 개인들을 일반적으로 아이 수준으로 떨어뜨리기'라고 분석한 것도 같은 맥락이다(자크 랑시에르 저, 양창렬 옮김(2016). 『무지한 스승』. 궁리. p. 246 참조(옮긴이).

14) 달리 명시되지 않는 한, 이 번역자의 서문에 있는 인용문은 「On Ignorant Schoolmasters」에서 발췌한 내용을 참조한 것이다.

15) 랑시에르가 교육 혹은 교사와 관련하여 줄곧 비판하는 것은 소위 '설명'하는 일이다. 저자의 이러한 관점을 받아들여 랑시에르 에세이의 번역자는 설명하는 일을 피하고자 한다는 뜻을 밝히고 있다(옮긴이).

16) 우리나라의 대학수학능력시험과 같이 시험의 결과가 중요한 의사결정의 근거가 되고 응시자에게는 매우 중대한 영향을 미치는 시험을 말한다(옮긴이).

17) 랑시에르는 『불화』에서 스키타이인의 노예 반란을 다룬 헤로도토스의 『역사』의 한 대목을 소개하고 있다. 스키타이족 전사들이 정복 싸움에 지쳐 있는 것을 틈타 노예들이 농기구 대신 창과 활을 들어 반란을 일으킨다. 이때 스키타이 전사 한 사람이 동료들에게 이렇게 말한다.

> 우리는 창과 활을 버리고, 각자 말채찍을 들고 그들에게 다가가는 것이 좋을 것 같소. 무기 대신 채찍을 든 것을 보면 자신들이 노예임을 알고 감히 우리에게 맞서지 못할 것이오." (옮긴이)

18) 치안은 기존 질서를 인위적으로 변화시키려 해서는 안 되는 자연적 질서 혹은 자연적 논리로 간주하는 원리라고 한다면 평등은 이런 논리에 주거침 입하듯이 '강제진입'해서 기존 질서를 자연적 질서로 간주하는 것이 허구임을 밝히는 원리라는 의미이다(옮긴이).

제2장

1) 랑시에르는 자신의 방법을 3인칭으로 설명하면서 다음과 같이 표현하고 있다. '요약하자면 랑시에르의 저서들은 무엇에 관한 "이론"이 아니라 "개입", 말하자면 논쟁을 불러일으키는 개입이다. 이는 이 저서들이 정치적 입장을 취한다는 의미만은 아니다. 이는 이 저서들에 들어 있는 아이디어의 내용이 무엇인지, 어떤 역할을 하는지에 대한 논쟁적 관점을 함축하고 있음을 의미한다.' (Rancière 2009a, p. 116).

2) 'ex'는 emancipation의 접두사 'e'를 가리킨다(옮긴이).

3) 온라인 어원사전, http://www.etymonline.com (2008년 3월 11일 마지막으로 접속)

4) 여기서 프랑스어 단어는 'partage'이며, 이는 '배분(division)' 또는 '분할(distribution)'로 번역할 수 있다. '분할'이 각각의 특정한 감성을 분류하여 모든 것에 자리를 제공한다는 사실을 강조하는 반면, '배분'은 주체화가 감각적인 것의 분할을 재분할함으로써 분할하기도 하고 방해하기도 한다는 사실을 강조한다.

5) 지각적 조직화는 정보처리 대상의 여러 요소들을 따로따로 지각하지 않고

자신의 경험과 외부 정보를 통합하여 전체적으로 대상에 대한 이미지를 결정하는 것이다. 다시 말하면 시각적 요소를 그룹화하여 시각의 전체적인 의미를 쉽게 결정할 수 있도록 정보처리 대상의 여러 요소들을 통합하는 메커니즘 혹은 프로세스이다(옮긴이).

6) 랑시에르는 프랑스어로 간혹 (항상 그런 것은 아니며 또 항상 일관되지는 않지만) la politique와 le politique 사이에서 번역하기 어려운 구별을 한다(그러나 번역자가 항상 일관성 있게 지적하지는 않는다). 전자는 일반적인 의미에서 정치의 영역을 가리키는 반면, 후자는 치안 질서를 중지시키는 계기를 나타낸다('la police' 혹은 'l'ordre policier'). 랑시에르에 따르면, 후자는 정치에 대한 '적절한' 관념이며 그는 여러 간행물에서 특히 정치철학과 특정 형태의 정치가 얼마나 정치적 '모멘트'를 억압하려고 했는지를 보여주었다.

7) 랑시에르의 글 가운데 일부는 그가 사회계급과 관련된 불평등 문제에 대해 주로 또는 전적으로 관심을 갖고 있다는 인상을 줄 수 있지만, 해방에 대한 랑시에르의 논의 구성은 분명히 여기에만 국한되지는 않는다. 해방은 말하는 어떤 존재와 말하는 또 다른 존재의 평등을 검증하는 것이다. 그러므로 불일치는 언제나 '소음'과 '목소리' 간의 경계를 재분할하는 것에 관한 것이다. 이는 지금까지 '소음'을 낼 수밖에 없다고 여겨졌던 사람들에게 목소리를 허락한다는 인정의 정치라는 측면이 아니라 모든 인간은 '소음'이 아니라 '목소리'를 낸다는 '단순한' 주장에 근거한다. 이 문제에 대해서는 3장과 7장에서 다룬다.

8) 『불화』는 랑시에르의 저서 『La Mésentente』의 우리말 제목이기도 하다. '불화(mésentente)'의 영어 번역은 대체로 'disagreement'인데 최근에는 'dissensus'로 옮기기도 한다(옮긴이).

9) 프랑스어 'partage'에는 분할(division)과 공유(share) 두 가지 의미가 들어 있다. 우리말의 '나눔'과도 유사한 측면이 있다(옮긴이).

10) 랑시에르의 '시적(poetic)' 혹은 '시(poetry)'라는 표현은 "소음 유발자"에 머물던 학생이 자신의 "목소리"를 내는 것, 혹은 기존의 질서에서 몫이 없던 자들이 기존 질서의 틀과 한계를 뛰어넘는 정치 행위에 참여하는 것과 같은 역동성을 나타낼 때 사용하는 용어이다(옮긴이).

11) 학생은 교사의 '의지(will)'에 대해서는 따라야 하지만 '지적 능력(intelligence)'에 있어서는 우열의 차이를 가정할 필요가 없다는 의미이다(옮긴이).

12) '논의 파트너'라는 개념은, 랑시에르의 저서가 이미 공간이 정해져 있는 단지 하나의 목소리일 뿐인 것으로 간주한다. 우리는 해방에 대한 논의에 그의 목소리를 추가하기보다는, 랑시에르의 저서를, 그의 용어로 한다면, 개입으

로, 또는 불화의 무대로 읽을 수 있을 것이다. 이런 의미에서 랑시에르의 저서 자체는 정치적 행위로 볼 수 있다.

제3장

1) 랑시에르에 따르면 '말하는 동물은 기호의 숲을 통해 의사소통을 시도하는 먼 옛날의 동물(distant animals)이다'(Rancière 2002, 이 책).

2) 레비스트로스의 용어로, 보는 사람의 입장에 따라 다양한 의미부여, 복수의 해석, 심지어 모순적인 해석까지 가능한 기표를 지칭한다(옮긴이).

3) 감각적인 것의 나눔이란 특정 정치체제에 몫을 갖고 참여할 수 있는 자와 그렇지 않은 자를 나누는 감각의 체계를 의미한다. 랑시에르는 이렇게 나눔을 유지하는 데 기여하는 행위를 '치안', 기존의 나눔에 불화 혹은 불일치를 유발하는 행위를 '정치'라 부른다(옮긴이).

4) 『불화』(영어의 Disagreement)에 나오는 잘못의 논리(the logic of tort, 혹은 the logic of 'wrong')에 대해서 드랑티(Jean-Philippe Deranty)는 다음과 같은 견해를 밝혔다. '잘못(tort)'이라는 단어의 어원이 말해주듯이, 랑시에르의 논리는 뒤틀린 논리이다. 이것은 더 높은 종합으로 이끄는 변증법적 논리가 아니다.

5) 어떤 의미에서는 정치 자체가 개념화되기를 거부하면서도 개념화한다고 할 수 있다. 정치는 감각적인 것의 나눔에 대한 침입을 기획하면서도 이러한 나눔에 의해 무대화되는 것을 거부한다.

6) 랑시에르는 『마르크스주의를 다시 생각하다』에 실린 인터뷰에서 이 점에 대해 다음과 같이 지적했다.

> 요점은 폭발을 예측할 수 없다는 것이다. 폭발을 예상한다면, 바로 위험을 무릅쓰고 폭발 자체의 법칙 혹은 진행 형태로부터 그것을 차단하거나 우회할 수도 있다. 교육이 이러한 형태의 폭발을 유발할 수 있다는 것은 사실이지만, 변혁의 형태와 그것이 폭발이 되는 방식을 예측할 수 있는지는 불분명하다. (Rancière 2008, p. 411)

7) 정치, 교육학 및 미학에서 랑시에르의 평등 개념에 대한 추가 논평은 메슐랑(Mechoulan, E. 2004) 및 메이(May, T. 2008b, 2008a)를 참조할 수 있다.

8) 랑시에르는 학문 간 경계를 허무는 것을 '영역 해체(indisciplinarity)'라고 표현한다.

> 나의 관심은 영역 분할의 문제에 있기 때문에 내가 항상 하고자 하는 것은 학문 간 구분을 피하는 것이었다. 경계의 분할은 누가 무엇에 대해 말할 자격이 있는지를 결정하는 것이다. 학문의 구분은 생각할 자격이 있다고 간주되는 사람들

과 그렇지 않은 사람들, 즉 과학의 주체로 여겨지는 사람들과 그 대상이 된다고 생각되는 사람들을 보다 근본적으로 분리하는 것이다. (Rancière 2007b)

9) 랑시에르에 의하면 '바바라'가 가족이나 친한 친구인 '동료들' 사이에서 자신의 자리를 차지하려는 것은 일종의 정치적 행위이다. 앞에서 그가 아이의 모국어 학습을 정치적 행위와 견준 것(이 책, p. 81)은 언어 학습을 이런 측면에서 보았기 때문이다(옮긴이).

10) 'irascibility'는 성을 잘 내는 기질 혹은 급한 성미 등과 같이 사람의 성격을 나타내는 말이지만 여기서는 언어의 의미가 규칙적이지 않고 맥락에 따라서 다양하게 변화한다는 것을 나타내고 있기 때문에 '복잡성'으로 옮겼다(옮긴이).

11) 랑시에르는 자신의 언어학적 프로젝트를 의심에 대한 구조주의적 해석 및 무한 독해에 대한 데리다의 해석과는 다른 것으로 생각한다. 랑시에르는 68년 5월 혁명에서 영감을 얻었다. 그는 자신의 언어 프로젝트를 설명하면서 '나의 접근 방식은 플라톤의 저술에 대한 다른 해석 [데리다와 다른 해석]에서 시작된다'고 했다. 이와 관련하여 그는 다음과 같이 말하고 있다.

> 일련의 단어들을 활용할 수 있는 합법적인 화자와 합법적인 대화 상대가 없으면 플라톤의 '적절한' 논리는 중지된다. 이는 모든 사람이 적절한 자리에 있어야 하며 적절한 역할에 참여해야 한다는 논리다. 문자 그대로의 해석이라는 이 단어를 지나치게 사용하면 담론의 질서와 그 사회적 기능 사이의 관계가 중지된다. (Rancière 2000, p. 115)

12) 설명하는 주인과 억압하는 주인이라는 랑시에르의 이중 사용을 잠시 상기해 보면, 거기서도 랑시에르는 주인-노예 변증법과 관련하여 통상의 심리학적 설명을 피하고 있다는 점에 주목할 필요가 있다. 일반적으로 주인과 노예의 만남이 노예 의식의 소외, 주인 의식에 대한 종속이라는 관점에서 제기되지만, 랑시에르는 주인과 노예 사이에 공유된 언어적 이해의 요소가 억압의 도구가 아니라 무엇보다도 평등의 표시라는 것을 보여줌으로써 이러한 설명을 뒤집는다. 따라서 주인과 노예의 언어적 평등은 소외에 대한 모든 심리학적 설명에 선행한다.

13) 2009년 인터뷰에서 랑시에르는 자신의 교육학적 아이디어를 프레이리의 구체적인 저서가 아니라 피억압자의 교육에 대한 그의 일반적인 개념과 비교한다. 그는 다음과 같이 지적하고 있다.

> 피억압자들을 위한 특정한 교육학이 있다면 그것은 지적인 해방이라는 일반적인 관념의 특정한 경우로 간주되어야 한다. 왜냐하면 해방의 관념은 기본적으로 부자나 가난한 자들에게나 동일하기 때문이다. (Ranciere 2009b)

이 진술의 보편성은 랑시에르의 저서를 파울로 프레이리 저서와의 대화에 삽입하는 것이 훨씬 더 가치 있다는 것을 보여준다.

14) 빈 그릇에 지식을 채우는 것을 진보로 보게 되면 이 그릇을 채우는 일은 끊임없이 뒤로 미뤄진다는 의미이다(옮긴이).

15) 교육을 심리적인 측면에서 접근하게 되면 모종의 목표를 달성하기 위한 처방을 찾게 되는데, 랑시에르가 볼 때 이는 질서 혹은 규칙의 패러다임이다. 이런 패러다임에서 접근하는 것은 교육활동의 역동성을 무시하는 것이며, 이는 랑시에르가 추구하는 해방으로서의 교육과 다른 길이라고 보는 것이다(옮긴이).

16) 우리는 하틀리 바낙(Hartley Banack)이 교육 심리학의 숨겨진 역기능에 대해 사려 깊게 논평한 것에 대해 감사하고 싶다.

17) 랑시에르는 '아렌트(Hannah Arendt)와 인간의 권리'에 대한 토론에서 이 '동어 반복'과 '반드시 필요한 도움'이라는 이분법에 내재된 배제를 다루었다. 그는 다음과 같이 지적한다.

> 시민의 권리는 인간의 권리이지만, 인간의 권리는 정치화되지 않은 사람의 권리이다. 이것은 권리가 없는 사람들의 권리이며, 이것은 아무것도 아니다. 또는 이렇게 말할 수도 있다. 인간의 권리는 시민의 권리이며, 이러이러한 입헌 국가의 시민이라는 사실에 수반되는 권리이다. 이것은 권리를 가진 사람들의 권리라는 것을 의미하며, 이는 동어 반복에 해당한다. (Ranciere 2004c, p. 302)

> 권리가 없는 사람들의 권리든 권리가 있는 사람들의 권리든 이는 공허함 또는 동어 반복이며 모두 기만적인 속임수이다. (Ranciere 2004bc, p. 303)

이 상황은 사실상 해방의 유일한 기회가 자신을 억압했다고 하는 바로 그 제도에서 비롯된 억압받은 학생의 상황과 동일하다. 분명 이러한 학생에게는 이미 자유로운 사람들에게 자유가 무엇을 의미하는지 알려주는 교육 외에는(학교의 시민들 외에는) 다른 수단이 없다.

18) '근접에서 근접으로' 이동하는 이러한 사고의 움직임과 관련하여 랑시에르는 도서관을 자유롭게 돌아다니고 인터넷을 사용하는 문제에 대해 다음과 같이 언급했다.

> 그것은 자유롭고 바람직한 방식으로 언어를 유통시키는 문제이며 이것이 인터넷에서 일어나고 있는 일이라고 생각한다. 그렇기 때문에 일부 반동적인 사람들은 인터넷에 대해 화를 많이 내며 사람들이 웹에 접속하여 원하는 모든 것을 찾을 수 있다는 것이 끔찍하다며 이는 연구와 지적 능력에 반하는 일이라고 말한다. 나는 '아니요'라고 말하고 싶다. 그것은 지적 능력, 즉 동등한 지적 능력이 작동하는 방식이다. 인터넷에서 자유롭게 서핑하는 것처럼 사람들은 도서관을 자유롭게 돌아다닌다. 내가 볼 때 지적 능력의 평등하다는 것은 이것을 가리킨다. (Ranciere 2006b)

제4장

1) "inclusion"은 문맥에 따라 '포용', '포함', '포괄'로 옮겼음(옮긴이)

2) 경영전략에서 주로 사용하는 개념으로, 인사이드-아웃(inside-out)은 조직 안의 특성이 조직 밖의 성과를 결정한다는 것이고, '아웃사이드-인(outside-in)'은 반대로 조직 밖의 요인이 조직 내부를 결정한다는 것이다. 여기서는 타자가 민주적 질서 속으로 들어오는 데 있어서 내부자와 타자 중 '어느 쪽이 주체인가'라는 물음과 관련된 의미로 쓰이고 있다. 통상적으로 주장되는 내부자가 주체가 되어 타자를 포용할 조건을 설정해야 하다는 '인사이드-아웃'의 관점과는 달리 랑시에르는 민주화가 아웃사이드-인의 과정이어야 한다고 주장한다(옮긴이).

3) 민주화를 추구함에 있어서 도달해야 할 이상적인 최종 상태(ideal end state)가 이미 알려져 있고, 민주화의 정도는 얼마나 많은 사람을 그 상태로 끌어들이느냐에 달려 있는 것으로 본다는 점에서 종래의 논의는 목적론적 혹은 결과론적이면서 양적인 접근이라는 것이 저자의 생각이다(옮긴이).

제5장

1) 호네트는 다음과 같이 지적한다. '프레이저가 "내재성과 초월성의 변증법"의 원리를 사용한 것은 정당하다. 그러나 내가 보기에는 분명 "초월성"이 의미하는 바를 제대로 살리지 않고 있다'(Honneth 2003, p. 238).

2) 프랑스에서 종교 색채가 뚜렷한 모든 상징물의 공립학교 내 착용을 법률로 금지한 것(옮긴이).

3) 인정 투쟁의 대표적 이론가인 악셀 호네트는 분배를 파생적인 것으로 다루면서 인정을 모든 것에 우선하는 근본적 도덕 범주로 간주한다. 반면에 낸시 프레이저는 분배가 인정에 포섭될 수 있다는 주장을 부정하고 분석적 차원에서 두 범주를 동등하게 근원적이며 상호 환원이 불가능한 정의의 차원들로 보는 '관점적 이원론'을 제안한다(옮긴이).

4) 이는 호네트의 입장에 대한 프레이저의 설명이다(Fraser and Honneth 2003, p. 45).

5) 진퇴양난을 뜻한다. 스킬라와 카리브디스는 그리스 신화 속의 바닷가에 사는 괴물들이다. 전쟁을 끝낸 오디세우스가 귀향을 하는 도중에 첫 번째 코스인 좁은 해협에 이르렀을 때 양쪽에서 스킬라와 카리브디스가 버티고 서 있자 그는 스킬라를 선택하여 부하 6명만을 내어 주고 해협을 통과하였다. 이 표현은 어려운 선택의 문제에 부딪혔을 때 보다 피해를 덜 받는 쪽으로

선택하는 것을 의미한다(옮긴이).

6) '추첨에 의한 통치'에 관하여 랑시에르는 다음과 같이 말한다.

> 정치는 거기에서 시작된다. 그러나 그것은 또한 거기에 고유한 탁월함을 출생의 유일한 권리로부터 분리하려고 시도할 때 이상한 대상, 상위 지위를 차지하기도 하고 하위 지위를 차지하기도 하는 일곱 번째 칭호(추첨에 의한 통치, 즉 민주주의를 가리킴 – 옮긴이), 칭호가 아닌 칭호와 마주치는 곳이기도 하다. 그럼에도 불구하고 아테네인은 그것이 가장 정당한 것으로 간주된다고 말한다. 그것은 '하늘과 행운의 은총'을 가진 권위의 칭호, 즉 우연이라는 신의 선택, 제비뽑기이다. (Rancière 2006c, p. 40)

7) '유아화된(pedagogicized)'은 우리말에 없는 표현이지만 어른이 아이를 대하듯이 모든 것을 일일이 설명해 주는 행태를 의미하는 말로 쓰였다. 우리는 불행하게도 '세월호 사건'을 겪으면서 아이들로 하여금 모든 것을 지시한 대로 움직이도록 했던 그간 우리 교육의 맹점에 대한 자기반성의 목소리들을 내놓기도 했었다. 여기서 '설명'을 통한 교육이 학생을 어린애로 묶어놓는다는 저자의 교육관을 읽을 수 있다(옮긴이).

8) 경제적 불평등, 문화적 무시 등 다차원의 부정의를 극복하기 위한 현시대 학자들 간의 논쟁에 대해서는 주디스 버틀러 외.『불평등과 모욕을 넘어 – 낸시 프레이저의 비판적 정의론과 논쟁들』(2016). 그린비 참조(옮긴이).

9) 좌우 지향(left-right orientations)과 같이 시민들이 직면한 복잡한 정치 현실을 이해하는 중요한 이념적 방향성을 가리킨다(옮긴이).

10) 랑시에르가 줄곧 비판하는 설명 페다고지의 대표적인 방법이다(옮긴이).

제6장

1) 학생들의 사회 문화적 상황이 교육적으로 중요한 요소라고 해서 이에 대해 길게 설명하는 것이 교육적으로 정당화되는 것은 아니라는 의미이다(옮긴이).

2) 언어가 자의적이라는 것은 해석(또는 재해석)의 여지 혹은 가능성을 남기는 것이다. 그리고 이 해석의 가능성은 기존 질서를 재편성할 수 있는 단초가 된다(옮긴이).

3) '진리는 공적 장소에서 벌어지는 어떤 갈등도 딱 잘라 해결하지 않는다. 진리는 고독하게 자기를 의식하는 인간에게만 말을 건넨다. 진리는 두 의식 사이에 갈등이 터지자마자 자리를 뜬다.' 랑시에르 지음. 양창렬 옮김(2008). 『무지한 스승』. 궁리. p. 171(옮긴이).

4) 'conceit'은 흔히 '기상(奇想)'으로 번역되는 일종의 시의 기법으로서 외견상

유사성이 없는 이질적인 개념이나 이미지들을 매우 재치 있고 기발한 기법
으로 비교하는 일종의 비유적 표현이다. 다시 말하면 두 가지 사물이나 또는
개념을 교묘하고 대담하게 연결하여 뜻밖의 유사성을 발견하려 하는 지적인
시 수사법으로, 가까운 것들을 결합하는 것이 아니라 멀리 동떨어진 것들을
폭력적으로 결합하는 비유를 통해서 시의 새로운 감동과 긴장을 유발하게
하는 기법을 가리킨다. 여기서는 문맥상 '역설적 비유'라 옮겼다(옮긴이).

5) 진리가 해방의 조건이 될 수 없다는 랑시에르의 주장은 이데올로기와 과학
의 구분을 주장한 알튀세르에 대한 비판과 맥락을 같이한다. 랑시에르의 스
승인 알튀세르는 세계에 대한 진리(과학)를 통해서만 해방이 가능하다고 보
았지만 랑시에르에 따르면 이는 일반 대중을 영원히 지식인의 지배하에 묶
어 놓는 형이상학적 주장일 뿐이다. 주형일(2012). 『랑시에르의 무지한 스승
읽기』. 세창출판사 참조(옮긴이).

6) 랑시에르는 여기에서 플라톤 스타일의 '아름다운 거짓말'을 칭찬하고 있지
만, 그 거짓말의 내용을 묵과하지 않는다는 점에서 아이러니도 바로 지적한
다. 랑시에르는 다음과 같이 말한다.

> 그가 조건의 조직화된 분포를 가장 단호하게 진술하는 순간, 그는 그것을 가장
> 근본적으로 부정하는 것, 이야기의 힘, 그리고 담론의 계층 구조와 이 담론이
> 뒷받침하는 계층구조를 폐지하는 공통 언어의 힘에 의지한다. (Rancière
> 2006a, pp. 10-11)

7) 랑시에르는 정치의 시학, 그리고 이와 관련해서 아름다운 거짓말의 필요성, 어
느 특정의 정치적 존재론의 반대에 대해 상세히 설명하면서 이렇게 지적한다.

> 나는 다음과 같이 생각한다. 예술과 정치의 관행을 추론할 수 있는 존재의 일반
> 적인 공식은 없다. 또 처방적인 것과 서술적인 것은 항상 함께 얽혀서 가능한
> 것의 풍경을 구성한다(서술하는 사람들은 세계의 가능성을 재구성하고, 처방
> 하는 사람들은 그 자체가 축적된 처방들로 이루어진 세계의 특정 상태를 가정
> 한다). 그리고 이러한 풍경의 구성은 결국에 가서는 시가 된다. 즉 공공의 사고
> 자원을 일상 언어로 표현한 것이 된다. (Rancière 2007b)

8) 랑시에르가 주체화를 개념적으로 설명하려고 할 때 그의 경험의 한계에 주
목할 필요가 있다. 이러한 한계는 우리가 강조하려는 시적 서사와 서술적
논리의 차이와 직접 관련이 있다. 기본적으로 랑시에르는, 예를 들어, 주체화
가 '경험의 장을 재구성하는 것'(Rancière 1999, p. 35)이라고 말할 때 서술적
논리의 도구를 사용하여 시적 사건, 즉 주체화를 기술하려고 한다. 이는 마
치, 이런 말이 무언가를 증명이나 하듯이, 토니 모리슨의 소설이 '경험의 장
을 재구성한 것'이라고 말하는 것과도 같고 그런 한 줄 서술에 만족하는 것
과도 같다.

제7장

1) 예를 들어, '학생(student)'이라는 단어는 라틴어의 영향을 받은 국가에서 잘 여행하는 것처럼 보인다. 그런데 '학습자(learner)'와 같은 단어의 경우는 그렇지가 않다. 비록 발음과 의미가 비슷한 네덜란드어의 'leerling'이 있기는 하지만 말이다. 프랑스어의 'élève'는 영어로 옮기기가 더 어렵다. 이 단어는 '들어올리다(lift up)'를 뜻하는 'élever'란 동사에서 유래했으며, 이와 관련하여 또한 일부 영어 단어에서 찾을 수 있는 논리를 예시한다. 아래에서 이 문제로 돌아간다.

2) 여기서 프랑스어 'élève'의 근거를 찾을 수 있다.

3) 불평등의 메커니즘을 아는 것은 평등의 실현에 도움이 안 된다는 것이 랑시에르의 기본적인 관점이다. 말하자면 인간의 지적 능력이 평등한지 불평등한지, 불평등한 상태에서 어떻게 평등한 상태로 나아갈 것인지를 고민할 것이 아니라 평등하다고 가정하고 교육을 하면서 평등을 실천 속에서 '확인'해야 한다는 것이다(옮긴이).

제8장

1) 누군가에게 무언가를 설명하는 방법의 틀을 고수하고 있다는 의미이다(옮긴이).

2) '아르케(arche)'는 그리스어로 '시초'나 '원인', '원리' 또는 '지배'를 뜻하는 말로서 정치적인 의미로 쓰일 때는 정치 공동체가 어떤 합당한 근거나 원리에 따라 질서를 이루고 있음을 가리킨다. '아르케 정치'는 랑시에르가 『불화』에서 도입한 개념으로, 정치적 활동을 소수의 집단에게만 할당하고, 데모스 또는 인민은 정치의 영역 밖으로 배제하고 오직 삶의 필요와 관련된 일에만 종사하도록 만드는 것이다. 반면에 '안-아르케(an-arche)'란 '아르케 없음', 곧 '원리 없음'을 가리키며, 따라서 정치의 측면에서 '안-아르케' 정치란 아무나 할 수 있는 정치를 의미한다. 플라톤은 당시의 민주주의를 '안-아르케' 정치, '잘못된' 정치라 판단했다. 무정부(anarchy)의 어원이기도 하다(옮긴이).

참고문헌

Allan, J. (2003). *Inclusion, Participation and Democracy: What Is the Purpose?* Dordrecht: Kluwer.

Beetham, D. and Boyle, K. (1995). *Introducing Democracy. 80 Questions and Answers.* Cambridge: Polity Press.

Benhabib, S. (1996). Toward a deliberative model of democratic legitimacy. In S. Benhabib (ed.), *Democracy and Difference* (pp. 67-94). Princeton: Princeton University Press.

Biesta, G. J. J. (1998). 'Say you want a revolution…' Suggestions for the impossibile future of critical pedagogy. *Educational Theory 48* (4), 499-510.

_____ (2004). Against learning. Reclaiming a language for education in an age of learning. *Nordisk Pedagogik 24* (1), 70-82.

_____ (2005). What can critical pedagogy learn from postmodernism? Further reflections on the impossible future of critical pedagogy. In I. Gur Ze'ev (ed), *Critical Theory and Critical Pedagogy Today. Toward a New Critical Language in Education* (pp. 143-159). Haifa: University of Haifa.

_____ (2006). *Beyond Learning: Democratic Education for a Human Future.* Boulder, CO: Paradigm Publishers.

_____ (2007). Education and the democratic person: Towards a political understanding of democratic education. *Teachers College Record 109* (3), 740-769.

_____ (2009a). Good education in an age of measurement. *Educational Assessment, Evaluation and Accountability 21* (1), 33-46.

_____ (2010). How to exist politically and learn from it: Hannah Arendt and the problem of democratic education. *Teachers College Record 112* (2), 558-577.

Bingham, C. (2002). Paulo Freire's debt to psychoanalysis: Authority on the side of freedom. *Studies in Philosophy and Education 21* (6), 447-464.

_____ (2008). *Authority is Relational*. New York: Suny Press.

_____ (2009). Under the name of method: On Jacques Rancière's presumptive tautology. *Journal of Philosophy of Education 43* (3), 405-420.

Bourdieu, P. and Passeron, J. C. (1979). *The Inheritors*. Chicago: University of Chicago Press.

Bourdieu, P., Passeron, J. C. and Nice, R. (1977). *Reproduction in Education, Society and Culture*. London: Sage Publications.

Brockliss, L. W. B. (1994). Review of *The Ignorant Schoolmaster*. *French Studies XLVIII*, 104-105.

Deranty, J-P. (2003). Jacques Rancière's contribution to the ethics of recognition. *Political Theory 31* (1), 136-156.

Dewey, J. (1910). How We Think. Boston: Heath. Republished 1991 by Prometheus Books, Amherst, NY.

_____ (1916/1944). *Democracy and Education. An Introduction to the Philosophy of Education*. New York: Free Press.

Dryzek, J. S. (2000). *Deliberative Democracy and Beyond. Liberals, Critics, Contestations*. Oxford: Oxford University Press.

Eagleton, T. (2007). *Ideology: An Introduction. New and Updated Edition*. London/New York: Verso.

Elster, J. (ed) (1998). *Deliberative Democracy*. Cambridge: Cambridge University Press.

Fraser, N. (1997). *Justice Interruptus: Critical Reflections on the 'Postsocialist' Condition*. New York: Routledge.

Fraser, N. and Honneth, A. (2003). *Redistribution or Recognition? A Political-philosophical Exchange*. London/New York: Verso.

Freire, P. (1970). *Pedagogy of the Oppressed*. New York: Continuum.

Fukuyama, F. (1992). *The End of History and the Last Man*. Harmondsworth: Penguin.

Gibson, A. (2005). The unfinished song: Intermittency and melancholy in Rancière. *Paragraph 28* (1), 61-76.

Gundara, J. S. (2000). *Interculturalism, Education and Inclusion.* London: Paul Chapman.

Gunn, J. S. (1965). *The Terminology of the Shearing Industry. Part 1 (A-L).* Sydney: University of Sydney, Australian Language Research Centre.

Gur Ze'ev, I. (ed) (2005). *Critical Theory and Critical Pedagogy Today. Toward a New Critical Language in Education.* Haifa: University of Haifa.

Gutmann, A. (1993). Democracy. In R. E. Goodin and Ph. Pettit (eds), *A Companion to Contemporary Political Philosophy* (pp. 411-421). Oxford: Blackwell.

Habermas, J. (1987). *The Theory of Communicative Action. Volume Two: Lifeword and System: A Critique of Functionalist Reason.* Boston: Beacon Press.

_____ (1988). *Theorie des kommunikativen Handelns. Erster Band.* Frankfurt am Main: Suhrkamp.

Hallward, P. (2005). Jacques Rancière and the subversion of mastery. *Paragraph 28* (1), 26-45.

Haugsbakk, G. and Nordkvelle, Y. (2007). The rhetoric of ICT and the new language of learning. A critical analysis of the use of ICT in the curricular field. *European Educational Research Journal, 6* (1), 1-12.

Held, D. (1987). *Models of Democracy.* Cambridge: Polity Press.

Hirsch, E. D. (1999). *The Schools We Need and Why We Don't Have Them.* New York: Anchor Books.

Honig, B. (1993). *Political Theory and the Displacement of Politics.* Ithaca, NY: Cornell University Press.

_____ (2001). *Democracy and the Foreigner.* Princeton, NJ: Princeton University Press.

Honneth, A. (1996). *The Struggle for Recognition: The Moral Grammar of Social Conflicts.* Cambridge, MA: MIT Press.

James, W. (2009). *Pragmatism*. Retrieved 2 August 2009. http://www.gutenberg. org/dirs/etext04/prgmt10.txt

Kant, I. (1982). Über Pädagogik [On Education]. In I. Kant, *Schriften zur Anthropologie, Geschichtsphilosophie, Politik und Pädagogik* (pp. 695-761). Frankfurt am Main: Insel Verlag.

_____ (1992[1784]). An answer to the question 'What is enlightenment?' In P. Waugh (ed), *Post-modernism: A Reader* (pp. 89-95). London: Edward Arnold.

May, T. (2007). Jacques Rancière and the ethics of equality. *SubStance 36* (2), 20-36.

_____ (2008a). *The Political Thought of Jacques Rancière: Creating Equality*. University Park, PA: The Pennsylvania State University Press.

_____ (2008b). Jacques Rancière: Literature and equality. *Philosophy Compass 3* (1), 83-92.

McLaren, P. (1997). *Revolutionary Multiculturalism: Pedagogies of Dissent for the New Millennium*. Boulder, CO: Westview Press.

Méchoulan, E. (2004). On the edges of Jacques Rancière. *SubStance 33* (1), 3-9.

Mollenhauer, K. (1976). *Erziehung und Emanzipation*. [Education and emancipation.] München: Juventa.

Mouffe, C. (1993). *The Return of the Political*. London/New York: Verso.

_____ (2000). *The Democratic Paradox*. London/New York: Verso.

The Online Etymology Dictionary, http://www.etymonline.com (last accessed 11 March 2008).

Pelletier, C. (2009). Emancipation, equality and education: Rancière's critique of Bourdieu and the question of performativity. *Discourse 30* (2), 137-159.

Rancière, J. (1991a). *The Ignorant Schoolmaster. Five Lessons in Intellectual Emancipation*. Stanford, CA: Stanford University Press.

_____ (1991b). *The Nights of Labour*. Philadelphia, PA: Temple University Press.

_____ (1995a). *On the Shores of Politics*. London/New York: Verso.

_____ (1995b). Politics, identification, and subjectivization. In J. Rajchman (ed.), *The Identity in Question* (pp. 63-70). New York/London: Routledge.

_____ (1999). *Disagreement: Politics and Philosophy*. Minneapolis, MN/London: University of Minnesota Press.

_____ (2000). Dissenting words: A conversation with Jacques Rancière. *Diacritics 30* (2), 113-126.

_____ (2001). Ten theses on politics. *Theory & Event 5* (3). Retrieved 5 March 2007. http://muse.jhu.edu.proxy.lib.sfu.ca/journals/theory_and_event/v005/5.3ranciere.html

_____ (2002). Sur "le maitre ignorant." Lecture given at the State University of Rio de Janeiro, 2002. Retrieved 5 December 2008. http://multitudes. samizdat.net/Sur-Le-maitre-ignorant

_____ (2003a). *The Philosopher and His Poor*. Durham & London: Duke University Press.

_____ (2003b). Comments and Responses. *Theory & Event 6* (4). Retrieved 28 August 2009. http://muse.jhu.edu.proxy.lib.sfu.ca/journals/theory_and_event/v006/6.4ranciere.html.

_____ (2004a). *The Politics of Aesthetics*. London: Continuum.

_____ (2004b). Entretien avec Jacques Rancière. Entretien paru dans le No. 1 de la revue "Dissonance": "Beyond Empire." Mise en ligne le dimanche 18 Avril 2004. Retrieved 9 November 2008. http://multitudes.samizdat.net/article1416.html

_____ (2004c). Who is the subject of the rights of man? *South Atlantic Quarterly 103* (2/3), 297-310.

_____ (2006a). Thinking between disciplines: An aesthetics of knowledge. *Parrhesia 1*, 1-12.

Rancière, J. and Lie, T. (2006b). Our police order: What can be said, seen, and done. Interview published in Eurozine online. Originally published in

English in *Le Monde diplomatique* (Oslo). Retrieved 22 August 2007. http://www.eurozine.com/articles/2006-08-11-lieranciere-en.html

_____ (2006c). *Hatred of Democracy*. London/New York: Verso.

_____ (2007a). The emancipated spectator. *ArtForum*, March 2007. Retrieved 5 January 2009. http://findarticles.com/p/articles/mi_m0268/is_7_45/ai_n24354915/pg_13/

_____ (2007b). Jacques Rancière and indisciplinarity. *Void Manufacturing*, posted on 15 October 2008. Retrieved 12 June 2009. http://voidmanufacturing.wordpress.com/2008/10/15/jacques-ranciere-interview-2007.

_____ (2008). You can't anticipate explosions: Jacques Rancière in conversation with Chto Delat. *Rethinking Marxism 20* (3), 402-412.

_____ (2009a). A few remarks on the method of Jacques Rancière. *Parallax 15* (3), 114-123.

_____ (2009b). *Interview with Jacques Rancière. Kafila: Media, Politics, Decent* (website). Retrieved 1 April 2009. http://kafila.org/2009/02/12/interviewwith-jacques-ranciere/

Ravitch, D. (1995). *The Schools We Deserve*. New York: Basic Books.

Ruitenberg, C. W. (in press). Queer politics in schools: A Rancièrean reading. *Educational Philosophy and Theory*.

Tenort, H.-E. (2008[3]). *Geschichte der Erziehung. Einführung in die Grundzüge ihrer neuzeitlichen Entwicklung*. Munchen: Weinheim.

Torres, C. A. (1998). *Democracy, Education and Multiculturalism. Dilemmas of Citizenship in a Global World*. Lanham, MD: Rowman and Littlefield.

Warren, M. (1992). Democratic theory and self-transformation. *American Political Science Review* 86, 8-23.

Young, I. M. (2000). *Inclusion and Democracy*. Oxford: Oxford University Press.

찾아보기

인명

저자 및 역자 소개

저자

찰스 빙햄(Charles Bingham)

캐나다 사이먼 프레이저 대학교(Simon Fraser University)의 교육학부 조교수이다. 철학적 관점에서 커리큘럼과 교육을 연구하며 인정, 권위, 진리 및 셀프 패션(self-fashioning) 같은 주제들이 교육과정과 교육적 상호작용에서 의미가 있다고 보고 이런 주제들에 포커스를 맞춘다.

『No Education Without Relation』(2004)의 공동 편집자이며 『Schools of Recognition: Identity Politics and Classroom Practices』(2001), 『Authority is Relational: Rethinking Educational Empowerment』(2008) 등의 저서가 있다.

사상적으로 니체, 푸코, 랑시에르, 데리다, 가다머, 프란츠 파농, 바흐친 등의 영향을 받았다.

거트 비에스타(Gert J. J. Biesta, 네덜란드 로테르담 출생)

아일랜드 메이누스대 교수이자 스코틀랜드 에딘버러 대학교 교육대학의 교수이기도 하다. 네덜란드, 핀란드, 영국, 노르웨이, 스웨덴, 미국 등 여러 나라에서 연구 및 교육 등 다양한 학술활동을 해 왔으며 외국 출생으로서는 최초로 미국 교육철학학회 회장을 역임한 바 있다(2011-2012). 2019년 6월 22일 서울시립대학교에서 열렸던 <2019 학교민주시민교육 국제포럼>에서 기조강연을 하기도 했다.

『World Centred Education: A View for the Present』(Routledge, 2022),

『The beautiful Risk of Education』(Paradigm, 2013), 『Beyond Learning』 (2006)(박은주 옮김, 『학습을 넘어서』, 교육과학사, 2022) 등 공저 포함 20권 이상의 저서가 있으며, 본 도서(『Jacques Rancière: Education, Truth, Emancipation』)는 2011년 미국교육연구협회 B부문 우수 도서상 수상작 이기도 하다.

역자

이민철

서울대학교 교육학과 및 동 대학원을 졸업하였다. 중·고등학교에서 교사를 거쳐 교감, 교장 및 서울교육연구정보원 원장 역임 후 퇴임하였다. 제5대 서울시교육청 학생인권위원회 위원장으로 활동했으며 현재 복잡성교육학회 전임이사로 활동 중이다.

번역서로 『학습하는 학교』(공동, 2019), 『복잡계의 새로운 접근-복잡반응과정』(2022)이 있으며, 논문으로는 「서울 혁신미래교육 실현을 위한 교육과정 및 수업·평가 방안 연구」(공동, 2015), 「복잡반응과정의 교육적 의미」(2020), 「가르침과 배움 사이-복잡반응과정, 해체론, 그리고 랑시에르의 시선」(2023)이 있다.

교육의 평등, 제3의 길
자크 랑시에르의 시선

초판 발행 | 2023년 5월 25일

저 자 | 찰스 빙햄, 거트 비에스타
역 자 | 이민철
펴낸이 | 김성배
펴낸곳 | 도서출판 씨아이알

책임편집 | 신은미
디자인 | 백정수, 김민수, 엄해정
제작책임 | 김문갑

등록번호 | 제2-3285호
등록일 | 2001년 3월 19일
주소 | (04626) 서울특별시 중구 필동로8길 43(예장동 1-151)
전화번호 | 02-2275-8603(대표)
팩스번호 | 02-2265-9394
홈페이지 | www.circom.co.kr

ISBN | 979-11-6856-146-5 (93370)